कविता का शुक्लपक्ष

ये कविताएँ आचार्य शुक्ल ने उद्धृत कीं...

महात्मा गांधी अन्तराष्ट्रीय हिन्दी विश्वविद्यालय
के लिए प्रकाशित

महात्मा गांधी अन्तरराष्ट्रीय हिन्दी विश्वविद्यालय

कविता का शुक्लपक्ष

ये कविताएँ आचार्य शुक्ल ने उद्धृत कीं...

सम्पादक

बच्चन सिंह

अवधेश प्रधान

राजकमल प्रकाशन

ISBN : 978-81-267-0380-7

मूल्य : ₹995

पहला संस्करण : 2001
दूसरा संस्करण : 2010
This book is printed on **Print on Demand** Technology : 2024

प्रकाशक : राजकमल प्रकाशन प्रा. लि.
1-बी, नेताजी सुभाष मार्ग, दरियागंज
नई दिल्ली-110 002
शाखाएँ : अशोक राजपथ, साइंस कॉलेज के सामने, पटना-800 006
पहली मंजिल, दरबारी बिल्डिंग, महात्मा गांधी मार्ग, प्रयागराज-211 001
1, अनमोल सोराबजी संतुक लेन, धोबी तलाव, मरीन लाइंस, मुम्बई-400 002
वेबसाइट : www.rajkamalprakashan.com
ई-मेल : info@rajkamalprakashan.com

KAVITA KA SHUKLA PAKSH
Edited by Bachchan Singh & Avadhesh Pradhan

पं. विद्यानिवास मिश्र के प्रीत्यर्थ

विश्वविद्यालय का वक्तव्य

आमतौर पर यह धारणा है कि विश्वविद्यालय स्तर पर हिन्दी साहित्य, भाषा और संस्कृति का जो अध्ययन-अध्यापन होता है वह अधिकतर रूढ़िग्रस्त और उबाऊ हो गया है। महात्मा गांधी अन्तरराष्ट्रीय हिन्दी विश्वविद्यालय के प्राथमिक सरोकारों में से एक यह है कि पाठ्यक्रम, पाठ्यचर्या और पाठ्यसामग्री को एक नई शताब्दी की नई चुनौतियों और प्रश्नाकुलता के अनुरूप ताजातरीन करते हुए इस क्षेत्र में नए विकल्पों को खोजा, विकसित और विन्यस्त किया जाए। तभी यह विश्वविद्यालय हिन्दी अध्ययन-अध्यापन और अनुसन्धान के क्षेत्रों में कुछ ठोस, प्रासंगिक और कारगर विकल्प प्रस्तुत कर सकता है।

हमारे विश्वविद्यालय ने देश और विदेश के श्रेष्ठ विशेषज्ञों से विचार-विनिमय कर इस दिशा में कुछ प्रयत्न करना शुरू किया है। हमारा लक्ष्य हिन्दी साहित्य, भाषा और संस्कृति को उसकी समग्रता, जटिलता और बहुलता में आलोकित करते हुए उनकी नए प्रश्नों, चिन्ताओं और उत्सुकताओं से दो-चार होने की अपार क्षमता और उसकी वर्तमान अनेक दिशाओं को इंगित करना भी है।

चूँकि नए किस्म के पाठ्यक्रम और पाठ्यचर्या के लिए नए किस्म की पाठ्यसामग्री अनिवार्य है, इस विश्वविद्यालय ने एक अपेक्षाकृत महत्त्वाकांक्षी प्रकाशन-योजना हाथ में ली है। यह पुस्तक उसी योजना का एक हिस्सा है।

इस प्रकाशन योजना में हिन्दी के प्रमुख लेखकों के प्रतिनिधि संचयनों, विविध विषयों पर आधारित संकलनों, यथा प्रेम, प्रकृति, अध्यात्म, मृत्यु और अनुपस्थिति, समाज, नदी, ऋतु विषयक कविताओं के संकलनों के साथ-साथ ऐसे लेखकों के चयन भी प्रकाशित करने की योजना है जो साहित्य की तथाकथित मुख्यधारा में कतिपय कारणों से विशेष उल्लेख न पा सके किन्तु जिनकी रचनात्मकता से परिचित होने पर हिन्दी साहित्य की समझ समृद्ध ही होगी।

इनके साथ ही अनेक विशिष्ट प्रकाशनों की योजना है। बीसवीं सदी के उत्तरार्ध की हिन्दी-कुल की भाषाओं (भोजपुरी, अवधी, बुंदेलखंडी,

मालवी आदि) की कविताओं का संचयन, हिन्दी के आरम्भिक गद्य का संचयन, मध्यकालीन काव्य का संचयन, सूफी-काव्य का संचयन, बीसवीं सदी के उत्तरार्ध की हिन्दी कथा, कविता, आलोचना आदि के चयन, महत्त्वपूर्ण लेखकों और कृतियों के द्विभाषी संस्करण (हिन्दी-उर्दू, हिन्दी-अंग्रेजी, हिन्दी-पोलिश आदि) तैयार किए जा रहे हैं।

इस प्रकाशन योजना की एक विशेषता यह है कि इसके निर्माण में लोकतान्त्रिक और पारदर्शी प्रक्रिया अपनाई गई है। अपने-अपने क्षेत्र के विशेषज्ञों की समितियों ने प्रकाशन योग्य सामग्री के साथ-साथ सम्पादकों का चुनाव भी किया है। निश्चय ही पुस्तकों में उनकी अपनी दृष्टि तो झलकती है, उसके साथ ही वे एक सामूहिक विवेकसम्मत प्रक्रिया का परिणाम भी हैं। इन्हें तैयार करते समय इस बात का ध्यान तो रखा ही गया है कि इस सामग्री का उपयोग भारत के बाहर उन केन्द्रों में भी किया जाना है जहाँ हिन्दी पढ़ाई जा रही है। यदि ये पुस्तकें सामान्य पाठकों के अतिरिक्त हिन्दी के छात्रों और शिक्षकों के लिए उपयोगी सिद्ध हुईं तो हमें संतोष होगा।

यह संकलन : क्यों और कैसे ?

क्यों ?

आचार्य शुक्ल हिन्दी के प्रथम अप्रतिम साहित्येतिहासकार और श्रेष्ठ आलोचक हैं। इस संकलन के आधार पर उनके इतिहास का पुनर्मूल्यांकन हो सकता है। यही बात उनकी आलोचना के सम्बन्ध में भी कही जा सकती है।

साहित्येतिहास साहित्य होकर ही इतिहास होता है। आधुनिक काल को छोड़कर शेष कालों का इतिहास कविता का ही इतिहास है। अतः उनमें प्रभूत कविताएँ उद्धृत की गई हैं। ये कविताएँ इतिहास को प्रामाणिकता देती हैं। साहित्य की प्रवृत्तियों का इतिहास इसके अभाव में प्रामाणिक नहीं बनता। किसी काल का ठोस प्रमाण उस काल की कृतियों में छिपा रहता है। कृतियों के पाठ या अर्थापन से इतिहास की सामाजिक, आर्थिक, सांस्कृतिक स्थितियों से सामंजस्य बैठाया जाता है। सच पूछा जाए तो यह सामंजस्य ही इतिहास होता है।

इतिहास के विविध सन्दर्भों में प्रसंगानुकूल उन कविताओं को चुनना पड़ता है जो रागबोध की दृष्टि से भी महत्त्वपूर्ण हों और सन्दर्भण की दृष्टि से भी। चुनने की यह प्रक्रिया उसी के वश की है जो काव्य के गूढ़तर रहस्यों से परिचित हो। किन्तु जो लोग यह समझते हैं कि यह संकलन हिन्दी कविता की सर्वश्रेष्ठ 'एंथोलॉजी' हो सकती है वह इतिहास के सन्दर्भ को भूल जाते हैं। इसमें सन्देह नहीं कि बहुत सारी श्रेष्ठ कविताएँ उनके इतिहास और आलोचना ग्रन्थों में संगृहीत हैं। इससे उनकी अचूक काव्य दृष्टि का पता लगता है। पर इतिहास की माँग के फलस्वरूप घटिया कविताएँ भी उद्धृत हैं। किन्तु उनका काम इतिहास की कड़ियाँ मिलाना है। आलोचना के ग्रन्थों में ऐसा कुछ नहीं मिलेगा। वहाँ पर उद्धृत कविताओं का सन्दर्भ दूसरा है।

इतिहासकार और आलोचक को शब्द और भाषा की गहन पहचान होनी चाहिए। इतिहासकार को यह पहचान दो तरह से करनी पड़ती है—कालगत भाषा और क्रमागत विकसित होती हुई भाषा। यदि ध्यान से देखा जाए तो आदिकाल से लेकर आधुनिक काल तक का भाषा-विकास भी इतिहास में छिपा हुआ है। इसमें शुक्लजी की भाषाविज्ञता भी अनुस्यूत है।

इस संकलन की एक और विशेषता की ओर भी ध्यान देना चाहिए—कविताओं

में रूप का नैरन्तर्य और परिवर्तन। कुछ लोगों का विचार है कि साहित्य का इतिहास साहित्य रूपों और उनके परिवर्तन का इतिहास होता है। शुक्लजी को यह एकांगिकता स्वीकार्य नहीं है। पर शुरू से ही रूपों के नैरन्तर्य, परिष्कृति और परिवर्तन के प्रति वे सतर्क हैं। इन परिवर्तनों को वे कभी शब्द शक्तियों के आधार पर, कभी क्रियारूपों और लय के आधार पर पहचानते हैं।

आदिकाल के सामान्य परिचय में छन्दों के कुछ टुकड़े उद्धृत किए गए हैं। इनके आधार पर भाषा-विकास का अनुमान लगाया जा सकता है। इससे यह भी पता चलता है कि एक काल-खंड की कालावधि में भाषा किस तरह एक-एक कदम बढ़ाकर आगे बढ़ रही है—प्राकृताभास हिन्दी, अपभ्रंश, खड़ी बोली, देसिल बयना। यह दूसरी बात है कि शुक्लजी की भाषा-सम्बन्धी ये मान्यताएँ अब स्वीकार्य नहीं रह गई हैं। पर इतना स्पष्ट है कि इतिहास लिखते समय वे भाषा-विकास के प्रति सतर्क थे। किन्तु भाषा-विकास की यह प्रक्रिया अपने आप में महत्त्वपूर्ण नहीं है। इसका सम्बन्ध, छन्दों से छन्दों का सम्बन्ध, इतिहास की वस्तुनिष्ठता से है। उदाहरणार्थ, कबीरदास की एक साखी लीजिए, जिसे शुक्लजी ने उद्धृत किया है :

अगिन जो लागी नीर में काँदों जलिया झारि।
उतर दखिन के पंडिता रहे विचारि विचारि॥

इतिहास के प्रथम संस्करण में इसके स्थान पर दूसरी साखी है :

कबीर जंत्र न बाजई टूटि गए सब तार।
जंत्र विचारा क्या करे चले बजावनहार॥

कबीर की वाणी को वे कभी 'अटपटी' और कभी 'सधुक्कड़ी' कहते हैं। इस सन्दर्भ में इन शब्दों पर बहस की जरूरत नहीं है। दूसरे उद्धरण में से कबीर का अटपटापन व्यक्त नहीं होता है। अतः उसे संशोधित-प्रवर्द्धित संस्करण में बदल दिया गया। आगे चलकर वे अवधी, व्रजी, खड़ी वोली पर सन्दर्भ-गर्भित टिप्पणियाँ करते चलते हैं। भाषा-सम्बन्धी उनकी टिप्पणियों को भी एक स्थान पर एकत्र करने की जरूरत है। पहले ही कहा जा चुका है कि कुछ लोग काव्य-रूपों के आधार पर इतिहास-लेखन की बात करते हैं। इस पुस्तक में कविताओं का सूक्ष्म अध्ययन करने पर लगता है कि शुक्लजी जाने-अनजाने इतिहास-लेखन की इस दिशा की ओर भी संकेत करते हैं। काव्य-क्षेत्र में देश-भाषा के आ जाने पर संस्कृत भाषा, छन्द, काव्य-रूढ़ियों से मुक्ति मिली। इसकी पहली पहचान देशज छन्दों का अधिग्रहण है। आदिकाल (वीरगाथा काल) में जो कविताएँ उद्धृत हैं वे मुख्यतः दूहा (दोहा), चौपाई, पद और छप्पय हैं।

इस काल में भाषा एकरूप नहीं हो पाई थी। भक्तिकाल में हिन्दी भाषा के दो रूप अलग-अलग हैं—अवधी और व्रजी। इन दोनों भाषाओं की रचनाओं में छन्दगत अलगाव भी है। निर्गुण भक्ति-धारा की ज्ञानाश्रयी शाखा के मुख्य छन्द हैं—दोहा और पद। प्रेमाश्रयी शाखा का मुख्य छन्द है— दोहा-चौपाई। दोहा-चौपाई आख्यान-छन्द है। निर्गुनियों में सुन्दरदास ने कवित्त का प्रयोग भी किया है।

रामभक्ति-शाखा और कृष्णभक्ति-शाखा की स्पष्ट पहचान भाषा और छन्द से भी हो सकती है। प्रेममार्गी शाखा की अवधी से रामभक्ति शाखा की अवधी बदली हुई है—पहले में ठेठ अवधी है, दूसरे में परिष्कृत। गोस्वामीजी ने अवधी के साथ ब्रजी का भी उपयोग किया है—कवित्त-सवैया, गीत, छप्पय, पद आदि में। कवित्त-सवैया भक्तिकाल में ही दिखाई पड़ते हैं। कृष्णभक्ति-शाखा का सर्वाधिक प्रमुख छन्द है—पद। भक्तिकाव्य के लिए यह पेटेंट छन्द था। रसखान ने कवित्त-सवैयों का प्रयोग किया है जो अगली मंजिल के छन्दों और वस्तु के संकेतक हैं। रीतिकाल की प्रमुख पहचान कवित्त-सवैयों से होती है। कवियों ने इन्हें माँजकर नई आलंकारिक चमक भर दी। संगृहीत कविताओं में यह चमक है पर जीवन का व्यापक प्रवाह नहीं है। इन पर शुक्लजी की टिप्पणियाँ देखे विना भी उद्धृत कविताओं के आधार पर इस निष्कर्ष पर पहुँचा जा सकता है। रीतिकाल के उद्धृत छन्दों में शुक्लजी की काव्य-दृष्टि और इतिहास-दृष्टि का अद्भुत संश्लेष है।

आधुनिक काल की काव्य-भाषा वदल जाती है। भाषा के बदलाव का मतलब है—नई काव्य-सर्जना। भाषा के साथ राज्य बदला, इतिहास बदला, छन्द बदले। शुक्लजी ने जिन छन्दों को चुना है वे इतिहास पर भी प्रकाश डालते हैं। कवित्त-सवैये अव भी चल रहे थे। पर भाषा के बदलते और इतिहास के नए परिप्रेक्ष्य के आने से इन छन्दों की बन्दिश और तेवर में परिवर्तन आ गया है। पर कुछ दिनों के वाद ये छन्द काम के नहीं रह गए और नई काव्यधारा से एकदम गायब हो गए। छन्दों के नए प्रयोग होने लगे। श्रीधर पाठक के छन्द लोकलय से भरे पड़े हैं। धीरे-धीरे छन्द के बन्धन ही टूट गए। यहीं पर इतिहास भी खत्म होता है।

ध्यान देने की वात यह है कि जो कवि शुक्लजी को अधिक पसन्द हैं उनके छन्द अधिक संख्या में उद्धृत हैं। जैसे, प्रेममार्गी शाखा में जायसी के छन्द संख्या में अधिक हैं तो रामभक्ति-शाखा में तुलसी के। बद्ध रीति कवियों में पदमाकर के उद्धरण अधिक हैं तो मुक्त रीति कवियों में घन आनंद के। छायावादी कवियों में पन्त के छन्दों को बड़ी संख्या में उद्धृत किया गया है। आलोचना-ग्रन्थों में उद्धृत कविताओं के मूल में उनकी रस-दृष्टि क्रियाशील है।

इसमें कोई सन्देह नहीं कि इन छन्दों के माध्यम से शुक्लजी के अध्ययन के नए मार्ग प्रशस्त होंगे। यों आस्वाद्यता, सपना, जीवन की दृष्टि से भी ये कम महत्त्वपूर्ण नहीं है। निदा फ़ाज़ली के शब्दों में :

रात और दिन के बीच
अभी सपना ज़िन्दा है
मरी नहीं अभी तक
यह दुनिया ज़िन्दा है।

और कैसे ?

इस संग्रह का मूल आधार आचार्य शुक्ल का 'हिन्दी साहित्य का इतिहास' है। उन्होंने प्रत्येक कवि के जीवन और परिवेश का परिचय देने के बाद उसकी कुछ चुनी रचनाओं का विवरण और उसके काव्य का विवेचन करने के बाद उसकी कुछ चुनी हुई कविताएँ भी दी हैं। कविताओं का चुनाव करते हुए शुक्लजी ने ध्यान रखा है कि इनसे विवेच्य कवि के भावबोध और विचारबोध के साथ-साथ उसकी काव्यभाषा, काव्यप्रयोग, काव्यप्रकार और शिल्प सम्बन्धी विविध पक्षों की झलक मिल सके। इसमें केवल 'श्रेष्ठ' और 'प्रिय' का मनचाहा संकलन नहीं है, बल्कि 'विविध' और 'प्रतिनिधि' का सावधान चयन है जिसमें उत्कृष्ट काव्य-खंडों के साथ कुछ ऐसे कमजोर काव्यप्रयोग भी हैं जिनका ऐतिहासिक मूल्य है—काव्यवस्तु और काव्यभाषा के विकास की दृष्टि से। इसमें सफल काव्य-सृष्टि की 'सिद्धावस्था' के साथ असफल काव्य-प्रयत्नों की 'साधनावस्था' भी मौजूद है। इस इतिहास-यात्रा में जगमगाते शिखरों के साथ कुछ गुमनाम घाटियाँ भी शामिल हैं। आप केवल 'इतिहास' में उद्धृत काव्य रचनाओं को एक क्रम में देख जाइए तो हिन्दी काव्यधारा का एक व्यापक और प्रतिनिधिमूलक गतिशील प्रवाह-चित्र सामने आ जाता है। 'इतिहास' में काव्य रचनाओं के ये उद्धरण केवल किसी कवि के विवेचन के अन्त में ही नहीं हैं, विवेचन के बीच में, किसी अन्य कवि की चर्चा के दौरान, उस कवि से सम्बन्धित 'काल' के 'सामान्य परिचय' में, या फिर किसी अन्य 'काल' का विवेचन करते हुए—यथावश्यक जहाँ-तहाँ ये उद्धरण आए हैं। उदाहरण के लिए, कबीर की रचनाएँ भक्तिकाल के 'सामान्य परिचय' में उद्धृत हैं, स्वयं कबीर के विवेचन में तो हैं ही, 'आधुनिक काल' में खड़ी बोली की चर्चा करते हुए भी उद्धृत की गई हैं। इसी तरह विद्यापति का एक पद सूरदास का विवेचन करते हुए उद्धृत किया गया है। हमने 'इतिहास' में बिखरे हुए इन तमाम उद्धरणों को तत्सम्बन्धित कवि की रचनाओं के साथ एक जगह क्रमबद्ध कर दिया है। इस क्रम में यह भी देखा गया कि कुछ नाम कवियों की सूची में तो नहीं हैं लेकिन उनकी काव्यरचनाएँ यथाप्रसंग उद्धृत की गई हैं। आदिकाल के अन्तर्गत सरहपा, लूइपा, विरूपा, कण्हपा, कुक्कुरिपा, तांतिपा, देवसेन, पुष्पदंत और गोरखनाथ, भक्तिकाल के अन्तर्गत रामानन्द, नामदेव, बैजू बावरा, बादशाह अकबर और ईश्वरदास; रीतिकाल के अन्तर्गत ब्रजनाथ, ललितकिशोरी और नजीर अकबराबादी तथा आधुनिक काल के अन्तर्गत राजा लक्ष्मण सिंह और फ्रेडरिक पिन्काट ऐसे ही नाम हैं। हमने इस संग्रह में उन्हें कवियों की सूची में यथास्थान शामिल करते हुए उनकी उद्धृत रचनाएँ दी हैं।

इस संग्रह को भरा-पूरा बनाने के लिए हमने 'इतिहास' के अतिरिक्त शुक्लजी की अन्य पुस्तकों में उद्धृत काव्यरचनाओं को भी समेट लिया है। हम इस संग्रह के लिए यदि केवल 'इतिहास' पर निर्भर करते तो जायसी कुल बीस-पचीस पंक्तियों में निपट जाते; तुलसी का काव्य संसार एक जोड़ी छप्पय, एक दर्जन दोहा, डेढ़ कवित्त

और कुछ पदों की टूटी कड़ियों और चंद चौपाइयों में संकुचित हो जाता, और सूरदास के 'सागर' के कुछ छींटों से ही सन्तोष करना पड़ता। जायसी ग्रन्थावली की भूमिका, 'गोस्वामी तुलसीदास' और 'सूरदास' के साथ-साथ 'चिन्तामणि' और 'रसमीमांसा' में उद्धृत रचनाओं को भी सहेज लेने से यह संग्रह सहज ही समृद्ध हो गया। हमने जायसी, सूर और तुलसी के उद्धरणों को यथासम्भव क्रमबद्ध रूप दे दिया है और जो उद्धरण 'इतिहास' से लिए गए हैं उनके साथ सन्दर्भ का भी उल्लेख कर दिया है ताकि उन्हें शेष सामग्री के बीच अलग से पहचाना जा सके।

जायसी, सूर और तुलसी को छोड़कर अन्य कवियों की रचनाएँ हमने इस तरह क्रमबद्ध की हैं—पहले 'इतिहास' में उद्धृत रचनाएँ, फिर अन्यत्र उद्धृत रचनाएँ। अन्यत्र उद्धृत रचनाओं का सन्दर्भ उनके साथ उल्लिखित है। कुछ रचनाओं को उद्धृत करते हुए शुक्लजी ने उनका शब्दार्थ, भावार्थ वगैरह भी दिया है—जैसे, अपभ्रंश की रचनाओं और छायावादी कविताओं के प्रसंग में; हमने ऐसी उद्धृत रचनाओं के साथ शुक्लजी की टिप्पणियाँ भी, बड़े कोष्ठक में घेरकर, दे दी हैं।

शुक्लजी ने 'बुद्धचरित' की भूमिका में हिन्दी काव्यभाषा के विकास का विवेचन करते हुए गुलेरीजी की 'पुरानी हिन्दी' के आधार पर 'प्रवंध चिंतामणि' और 'प्राकृत पिंगल सूत्र' के अनेक दोहे उद्धृत किए हैं; उनमें से अनेक 'इतिहास' में नहीं हैं, हमने उन्हें इस संग्रह में यथास्थान शामिल कर लिया है। इस भूमिका में उद्धृत खुसरो की मुकरियाँ भी, जो 'इतिहास' में नहीं हैं, हमने संग्रह में ले ली हैं। शुक्लजी ने फ़ैजाबाद के प्रान्तीय साहित्य सम्मेलन में जो भाषण पढ़ा था उसमें उन्होंने दक्खिनी हिन्दी के कवि वजही, नसरती, अफजल, वली, हातिम और उर्दू कवि सौदा की रचनाएँ उद्धृत की थीं। हमने उन्हें रीतिकालीन काव्यधारा के अन्त में जोड़ दिया है। इससे खड़ी बोली हिन्दी की काव्यभाषा के रूप में विकास-यात्रा का एक और आयाम ज़ुड़ गया है। 'रसमीमांसा' में रीतिकालीन कवि 'ममारख' का एक छन्द उद्धृत है लेकिन इस कवि का 'इतिहास' में उल्लेख तक नहीं है। हमने रीतिकाव्य-धारा के अन्त में इसे भी शामिल कर लिया है।

शुक्लजी कविताएँ भी लिखते थे और देशी-विदेशी कविताओं का अनुवाद भी करते थे। उनकी कविताओं का एक संग्रह 'मधुस्रोत' नाम से प्रकाशित है। इसी प्रकार 'लाइट ऑव एशिया' का ब्रजभाषा में उनका क़िया पद्यानुवाद 'बुद्धचरित' प्रसिद्ध है। आधुनिक काल (तृतीय उत्थान) के अन्तर्गत ब्रजभाषा काव्यपरम्परा की चर्चा करते हुए शुक्लजी ने इसका उल्लेख किया है। लेकिन 'इतिहास' में उन्होंने कहीं कवि रूप में अपनी चर्चा तक नहीं की है, अपनी कविताओं के उद्धरण देना तो दूर। हाँ, उन्होंने 'कविता क्या है', 'काव्य में रहस्यवाद' और 'काव्य में अभिव्यंजनावाद' शीर्षक निबन्धों में यथास्थान अपनी कविताएँ और अपने काव्यानुवाद उद्धृत किए हैं। शुक्लजी की शील-मर्यादा का ध्यान करके हमने इन रचनाओं को 'इतिहास' में न रखकर 'परिशिष्ट-क' में शामिल किया है। कहना न होगा कि शुक्लजी को वाल्मीकि, कालिदास और भवभूति

जैसे संस्कृत कवि और अंग्रेजी के रोमांटिक कवि कितने प्रिय थे। काव्य में रहस्यवाद की चर्चा करते हुए उन्होंने वर्ड्सवर्थ, शेली, ब्राउनिंग, अबरक्रोम्बे की रचनाएँ विस्तार से उद्धृत की हैं। 'काव्य में अभिव्यंजनावाद' में उन्होंने एक ओर रवीन्द्रनाथ को उद्धृत किया है तो दूसरी ओर ई.ई.कमिंग्ज को। ई.ई. कमिंग्ज की कविता 'सनसेट' का किया उनका अनुवाद मूल कविता के वस्तु-संयोजन और शब्द-विन्यास से होड़ करता है। ऐसे उत्कृष्ट रत्नों को भला कौन छोड़ता है ? इसी प्रकार 'रसमीमांसा' में उद्धृत 'साहित्य दर्पण' की ढेर सारी संस्कृत और प्राकृत रचनाएँ भी सहेज लेने का मन बना। इस प्रकार, संस्कृत रचनाएँ 'परिशिष्ट-ख' में, प्राकृत रचनाएँ 'परिशिष्ट-ग' में, बँगला रचनाएँ 'परिशिष्ट-घ' में और अंग्रेजी रचनाएँ 'परिशिष्ट-ङ' में संकलित कर ली गईं। इनमें से कई रचनाओं का भावानुवाद स्वयं शुक्लजी ने किया है जिसे हमने बड़े कोष्ठक के अन्तर्गत रखा है। शुक्लजी ने वेद, उपनिषद्, महाभारत, नाट्यशास्त्र आदि से जो धार्मिक, आध्यात्मिक या काव्य-शास्त्रीय वचन उद्धृत किए हैं उन्हें इस संग्रह में छोड़ दिया गया है। अन्त में सन्दर्भ ग्रन्थों की सूची, संस्करणों के उल्लेख के साथ, संलग्न है।

जायसी की 'भूमिका' में उद्धृत अंशों और 'ग्रंथावली' में संकलित मूल 'पद्मावत' के पाठ में भेद है। इसी प्रकार 'इतिहास' और 'सूरदास' में उद्धृत सूर के पदों और 'सूरसागर' (ना.प्र.स.) में संकलित पदों के पाठ में भेद है। हमने इस संग्रह में शुक्लजी द्वारा उद्धृत अंशों का पाठ ही रखा है। इसी प्रकार 'चिंतामणि' में उद्धृत अंग्रेजी कविताएँ नागरी लिपि में छपी हैं लेकिन 'रसमीमांसा' में रोमन लिपि में; हमने इस संग्रह में सब अंग्रेजी कविताएँ रोमन लिपि में ही दी हैं।

पर्याप्त सावधानी बरतने के बावजूद भूल-चूक हो ही सकती है; उसकी जिम्मेदारी हमारी। वैसे दो-चार त्रुटियों से आचार्य की सार-सामग्री का कुछ नहीं बिगड़नेवाला। हमारी कालिख आचार्य की शुक्लता में धुल जाएगी। फिर भी त्रुटियों के लिए हम दोषज्ञ पंडितों से क्षमाप्रार्थी हैं।

वाराणसी
1 जुलाई, 2000

बच्चन सिंह
अवधेश प्रधान

अनुक्रम

हिन्दी काव्य-धारा

आदिकाल

अपभ्रंश काव्य

सरहपा

(1)

पंडिअ सअल सत्त बक्खाणइ।
देहहि बुद्ध बसंत न जाणइ।
अमणागमण ण तेन विखंडिअ।
तोवि णिलज्ज भणइ हउँ पंडिअ॥

(2)

जहि मन पवन न संचरइ रवि ससि नाहि पवेस।
तहि वढ चित्त विसाम करु सरहे कहिय उवेस॥
घोर अँधारे चंदमणि जिमि उज्जोअ करेइ।
परम महासुह एखु कणे दुरिअ अशेष हरेइ॥
जीवंतह जो नउ जरइ सो अजरामर होइ।
गुरु उपएसें विमलमइ सो पर धण्णा कोइ॥

(3)

नाद न बिंदु न रवि न शशि मंडल।
चिअ राअ सहावे मूकल।
उजुरे उजु छाड़ि मा लेहु रे बंक।
निअहि बोहि मा जाहु रे लंक॥

लूइपा

(1)

काआ तरुवर पंच विड़ाल।
चंचल चीए पइठो काल।
दिट करिअ महासुह परिमाण।
लुइ भणइ गुरु पुच्छिअ जाण॥

(2)

भाव न होइ अभाव ण जाइ।
अइस संबोहे को पतिआइ ?
लूइ भणइ बट दुलक्ख विणाण।
तिअ धाए बिलसइ उह लागेण॥

विरूपा

सहजे थिर करि वारुणी साध।
जे अजरामर होइ दिट काँध।
दशमि दुआरत चिह्न देखइआ।
आइल गराहक अपणे बहिआ।
चउशठि घड़िए देट पसारा।
पइठल गराहक नाहि निसारा॥

कण्हपा

(1)

एक्क ण किज्जइ मंत्र ण तंत।
णिअ घरणी लइ केलि करंत।
णिअ घर घरणी जाव ण मज्जइ।
ताव कि पंच वर्ण विहरिज्जइ।
जिमि लोण बिलज्जइ पाणिएहि तिमि घरिणी लइ चित्त।
समरस जइ तक्खणे जइ पुणु ते सम नित्त॥

(2)

नगर बाहिरे डोंबी तोहरि कुड़िया छई।
छोइ जाइ सो बाह्म नाड़िया।
आलो डोंबि! तोए सम करिब म साँग।
निधिण कण्ह कपाली जोइ लाग॥
एह सो पदमा चौषट्टि पाखुड़ी।
तहि चढ़ि नाचअ डोंबी वापुड़ी॥

हालो डोंबी! तो पुछमि सदभावे।
अइससि जासि डोंबी काहरि नावे॥

(3)

गंगा जउँना माझे रे बहइ नाई।
ताहि बुड़िलि मातंगि पोइआ लीले पार करेई।
बाहतु डोंबी बाहलो डोंबी बाट त भइल उछारा।
सदगुरु पाअ पए जाइब पुणु जिणउरा॥

(4)

काआ नावड़ि खँटि मन करिआल।
सदगुरु बअणे धर पतवाल॥
चीअ थिर करि गहु रे नाई।
अन्न उपाये पार ण जाई॥

(5)

राग देस मोह लाइअ छार।
परम मोख लवए मुत्तिहार॥
मारिअ सासु नणंद घरे शाली।
माअ मारिया कण्ह भइल कबाली॥

(6)

नाड़ि शक्ति दिअ धरिअ खदे।
अनह डमरू बाजिअ वीर नादे।
काण्ह कपाली जोगी पइठ अचारे।
देह नअरी बिहरइ एकारे॥

कुक्कुरिपा

ससुरी निंद गेल बहुरी जागअ।
कानेट चोर निलका गइ मागअ।
दिवसइ बहुणी काढ़इ उरे भाअ।
रात भइले कामरू जाअ॥

तांतिपा

बेंग संसार बाड़हिल जाअ।
दुहिल दूध कि बेंटे समाअ।
बलद बिआएल गविआ बाँझे।
पिटा दुहिए एतिना साझे।
जो सो बुज्झी सो धनि बुधी।
जो सो चोर सोइ साधी।
निते निते षिआला षिहे षम जूझअ।
ढेंढपाएर गीत बिरले बूझअ॥

देवसेन

जो जिण सासण भापियउ सो मइ कहियउ सारु।
जो पालइ सइ भाउ करि सो तरि पावइ पारु॥

पुष्पदंत

विणु धवलेण सयडु किं हल्लइ।
विणु जीवेण देहु किं चल्लइ।
विणु जीवेण मोक्ख की पावइ।
तुम्हारिसु किं अप्पइ आवइ॥

गोरखनाथ

स्वामी तुम्हइ गुर गोसाईं।
अम्हे जो सिष सबद एक बूझिया।
निरारंबे चेला कूण विधि रहै।
सतगुरु होइ स पुछ्या कहै।
अवधू रहिया हाटे बाटे रूप बिरष की छाया।
तजिबा काम क्रोध लोभ मोह संसार की माया॥

हेमचंद्र

(1)

भल्ला हुआ जो मारिया बहिणि महारा कंतु।
लज्जेजं तु वयंसिअहु जइ भग्गा घर एंतु॥

(भला हुआ जो मारा गया, हे बहिन! हमारा कांत। यदि वह भागा हुआ घर आता तो मैं अपनी समवयस्काओं से लज्जित होती।)

(2)

जइ सो न आवइ दूइ! घरु, काँइ अहोमुहु तुज्झु।
वयणु ज खंडइ तउ सहि ए! सो पिउ होइ न मुज्झु॥

(हे दूती! यदि वह नहीं आता तो तेरा क्यों अधोमुख है ? हे सखी! जो तेरा वचन खंडित करता है—श्लेष से दूसरा अर्थ, जो तेरे मुख पर चुम्बन द्वारा क्षत करता है—वह मेरा प्रिय नहीं।)

(3)

जे महु दिण्णा दिअहडा दइएँ पवसंतेण।
ताण गणंतिए अंगुलिउँ जज्जरियाउ नहेण॥

(जो दिन या अवधि दयित अर्थात् प्रिय ने प्रवास जाते हुए मुझे दिए थे उन्हें नख से गिनते-गिनते मेरी उँगलियाँ जर्जरित हो गईं।)

(4)

पिय संगमि कउ निद्दडी पियहो परोक्खहो केंव।
मइँ विन्निवि विन्नासिया निद्द न एँव न तेंव॥

(प्रिय के संगम में नींद कहाँ और प्रिय के परोक्ष में भी क्योंकर आवे? मैं दोनों प्रकार से विनाशिता हुई अर्थात् गई—न यों नींद, न त्यों।)

सोमप्रभ सूरि

(1)

रावण जायउ जहि दिअहि दह मुह एक सरीरु।
चिंताविय तइयहि जणणि कवणु पियावउँ खीरु॥

(जिस दिन दस मुँह एक शरीरवाला रावण उत्पन्न हुआ तभी माता चिन्तित हुई कि किसमें दूध पिलाऊँ?)

(2)

बेस विसिट्ठह वारियइ जइवि मणोहर गत्त।
गंगाजल पक्खालियवि सुणिहि कि होइ पवित्त ॥

(वेशविशिष्टों को वारिए अर्थात् बचाइए, यदि मनोहर गात हो तो भी, गंगाजल से धोई कुतिया क्या पवित्र हो सकती है ?)

(3)

पिय हउँ थक्किय सयलु दिणु तुह बिरहग्गि किलंत।
थोडइ जल जिम मच्छलिय तल्लोविल्लि करंत ॥

(हे प्रिय! मैं सारे दिन तेरी विरहाग्नि में वैसे ही कड़कड़ाती रही जैसे थोड़े जल में मछली तलवेली करती है।)

जैनाचार्य मेरुतुंग (प्रबंध चिंतामणि)

(1)

झाली तुट्टी किं न मुउ, किं न हुएउ छरपुंज।
हिंदइ दोरी बँधीयउ जिम मंकड़ तिम मुंज ॥

(टूट पड़ी हुई आग से क्यों न मरा ? क्षारपुंज क्यों न हो गया ? जैसे डोरी में बँधा बंदर वैसे घूमता है मुंज।)

(2)

मुंज भणइ मुणालवइ! जुब्वण गयुं न झूरि।
जइ सक्कर सय खंड थिय तो इस मीठी चूरि ॥

(मुंज कहता है, हे मृणालवती! गए हुए यौवन को न पछता। यदि शर्करा सौ खंड हो जाए तो भी यह चूरी हुई ऐसी ही मीठी रहेगी।)

(3)

जा मति पच्छह संपजइ सा मति पहिली होइ।
मुंज भणइ मुणालवइ! बिघन न बेढइ कोइ ॥

(जो मति या बुद्धि पीछे प्राप्त होती है यदि पहले हो तो मुंज कहता है, हे मृणालवति! विघ्न किसी को न घेरे।)

(4)

बाह बिछोड़वि जाहि तुहुँ, हउँ तेवइँ का दोसु।
हिअयट्ठिय जइ नीसरहि, जाणउँ मुंज सरोसु॥

(बाँह छुड़ाकर तू जाता है, मैं भी वैसे ही जाता हूँ—क्या हर्ज है ? हृदय स्थित अर्थात् हृदय से यदि निकले तो मैं जानूँ कि मुंज रूठा है।)

(5)

एहु जम्मु नग्गुहँ गिउ भड़सिरि खग्गु न भग्गु।
तिक्खाँ तुरियाँ न माणियाँ, गोरी गलि न लग्गु॥

(यह जन्म व्यर्थ गया। न सुभटों के सिर पर खड्ग टूटा, न तेज घोड़े सजाए, न गोरी वा सुंदरी के गले लगा।)

(6)

अम्मणिओ संदेसडओ तारय कन्ह कहिज्ज।
जग दालिद्दिहि डुब्बिउँ बलिबंधणह मुहिज्ज॥

(हमारा सन्देसा तारक (तारनेवाले) कान्ह को कहना। जगत् दारिद्र्य में डूबा है, बलि के बन्धन को छोड़ दीजिए।)

(7)

सउचित्त हरिसट्ठी मम्मणह बत्तीस डीहियाँ।
हियम्मि ते नर दड्ढ सीझे जे बीससइ थियाँ॥

(सब चित्तों को हरने के लिए काम की बातों में दक्ष स्त्रियों पर जो विश्वास करते हैं वे नर हृदय में बहुत सीझते (संताप सहते) हैं।)

(8)

माणुसडा दस दस दसा सुनियइ लोय पसिद्ध।
मह कंतह इक्कज दसा अवरि ते चोरिहि लिद्ध॥

(मनुष्य की दस दशाएँ लोक में प्रसिद्ध सुनी जाती हैं। (पर) मेरे कंत की एक ही दशा (दारिद्र्य) है और जो थीं वे चोरों ने हर लीं।)

(9)

नव जल भरिया मग्गड़ा गयणि धड़क्कइ मेहु।
इत्थंतरि जरि आविसिइ तउ जाणीसिइ नेहु॥

(नए जल से भरा हुआ रास्ता, गगन में मेघ धड़कता है। इस अन्तर में जो (तू) आएगा तो तेरा नेह जाना जाएगा।)

(दोहा सं. 6 से 9 तक 'चिंतामणि', भाग 3, पृ. 200-202 से उद्धृत)

विद्याधर

भअ भज्जिअ बंगा भंगु कलिंगा तेलंगा रण मुत्ति चले।
मरहट्ठा धिट्ठा लग्गिअ कट्ठा सोरट्ठा भअ पाअ पले॥
चंपारण कंपा पब्बअ झंपा उत्थी उत्थी जीव हरे।
कासीसर राणा किअउ पआणा बिज्जाहर भण मंतिवरे॥

शार्ङ्गधर

नूनं बादल छाइ खेह पसरी निः श्राण शब्दः खरः।
शत्रुं पाडि लुटालि तोड़ि हनिसौ एवं भणंत्युद्भटाः॥
झूठे गर्वभरा मघालि सहसा रे कंत मेरे कहे।
कंठे पाग निवेश जाह शरणं श्रीमल्लदेवं विभुम्॥

'प्राकृत पिंगल सूत्र' के छन्द

(1)

ढोला मारिय ढिल्लि महं मुच्छिउ मेच्छ सरीर।
पुर जज्जल्ला मंतिवर चलिअ वीर हम्मीर॥
चलिअ वीर हम्मीर पाअभर मेइणि कंपइ।
दिगमग णह अंधार धूलि सुररह आच्छाइहि॥
दिगमग णह अंधार आण खुरसाणुक उल्ला।
दरमरि दमसि विपक्ख मारु ढिल्ली महँ ढोल्ला॥

(दिल्ली में ढोल बजाया गया, म्लेच्छों के शरीर मूर्च्छित हुए। आगे मंत्रिवर जज्जल को करके वीर हम्मीर चले। चरणों के भार से पृथ्वी काँपती है। दिशाओं के मार्गों और आकाश में अँधेरा हो गया है, धूल सूर्य के रथ को आच्छादित करती है। ओल में खुरासानी ले आए। विपक्षियों को दलमल कर दबाया, दिल्ली में ढोल बजाया।)

(2)

पिंघउ दिढ़ सन्नाह बाह उप्परि पक्खर दइ।
बंधु समदि रण धँसेउ साहि हम्मीर वअण लइ॥

उड्डुउ णहपह भमउँ, खग्ग रिपु सीसहि झल्लउँ।
पक्खर पक्खर ठेल्लि पेल्लि पठवअ अप्फालउँ॥
हम्मीर कज्ज जज्जल भणइ कोहाणल मह मइ़ जलउँ।
सुलितान सीस करवाल दइ तज्जि कलेवर दिअ चलउँ॥

(दृढ़ सन्नाह पहने, वाहनों के ऊपर पक्खरें डालीं। बंधु-बांधवों से बिदा लेकर रण में धँसा हम्मीर साहि का वचन लेकर। तारों को नभ पथ में पिराऊँ, तलवार शत्रु के सिर पर जड़ूँ, पाखर से पाखर ठेल-पेल कर पर्वतों को हिला डालूँ। जज्जल कहता है कि हम्मीर के कार्य के लिए मैं क्रोध से जल रहा हूँ। सुलतान के सिर पर खड्ग देकर शरीर छोड़ मैं स्वर्ग को जाऊँ।)

(3)

पअभर दरुमरु धरणि तरणि रह धुल्लिअ झंपिअ।
कमठ पिट्ठ टरपरिअ, मेरु मंदर सिर कंपिअ॥
कोहे चलिअ हम्मीर वीर गअजुह संजुत्ते।
किअउ कट्ठ, हा कंद! मुच्छि मेच्छह के पुत्ते॥

(चरणों के भार से पृथ्वी दलमल उठी। सूर्य का रथ धूल से ढक गया। क़मठ की पीठ तड़फड़ा उठी, मेरु मंदर की चोटियाँ कंपित हुईं। गजयूथ के साथ वीर हम्मीर क्रुद्ध होकर चले। म्लेच्छों के पुत्र हा कष्ट! करके रो उठे और मूर्च्छित हो गए।)

(4)

हमिर बीर जब रण चलिआ।
तुरअ तुरअहि जुज्झिया।
अप्प पर णहि बुज्झिया॥

(5)

गज्जउ मेह कि अंबर सागर।
फुल्लउ णीव कि बुल्लउ भम्मर॥
एक्कउ जीअ पराहिण अम्मह।
की लउ पाउस, की लउ बम्मह॥

(णीव = नीप = कदंब, पराहिण = पराधीन)

(6)

तरुण तरणि तवइ धरणि पवण बह खरा।
लग णहि जल, बड़ मरुथल जण जिवण हरा॥

दिसइ चलइ हिअअ डुलइ हम इकलि बहू।
घर णहि पिअ सुणहि पहिअ मण इछल कहूँ॥

(7)

णव मंजरि लिज्जिअ चूअह गाछें।
परिफुल्लिअ केसु णआवण आछे॥
जए एत्थिँ दिगंतर जाइहि कंता।
किअ मम्मह णच्छि, कि णच्छि बसंता॥

(8)

वित्त क पूरल मुंदहरा।
बरिसा समआ सुक्खकरा॥

(मुंदहरा = मुंडगृह = मुंडेरा)

(9)

राजा जहा लुद्ध। पंडीअ हो मुद्ध॥

(पंडीअ = पंडित)

(10)

जे जे सेता वण्णीआ।
तुम्हा कित्ती जिण्णीआ॥

(11)

चल कमल-णअणिआ।
खलइ थण-वसणिआ॥

(12)

मण मज्झ बम्मह ताव।
णहु कंत अज्जु वि आव॥

(बम्मह = मन्मथ)

(13)

णच्चे बिज्जू पिय सहिआ।
आवे कंता, सहि, कहिआ ?

(14)

सोउ जुहिट्ठिर संकट पाआ।
देवक लेखिअ केण मिटाआ॥

(15)

जो पुण पर-उअआर बिरुज्झइ।
तासु जणणि किं ण थक्कइ बँज्झइ॥

(पर उअआर = पर उपकार, बिरुज्झइ = विरोध करता है)

(छन्द सं. 4 से 15 तक 'चिंतामणि' भाग 3, पृष्ठ 203-204 से उद्धृत)

विद्यापति

(1)

बालचंद बिज्जावइ भासा।
दुहु नहि लग्गइ दुज्जन हासा॥

(2)

देसिल बअना सब जन मिट्ठा।
तें तैसन जंपओं अवहट्ठा॥

(3)

पुरिसत्तेण पुरिसओ नहि पुरिसओ जम्ममत्तेन।
जलदानेन हु जलओ न हु जलओ पुंजिओ धूमो॥

(4)

रज्जलुद्ध असलान बुद्धि बिक्कम बले हारल।
पास बइसि बिसवासि राय गयनेसर मारल॥
मारंत राय रणरोल पड़ मेइनि हा हा सद्द हुअ।
सुरराय नयर नाअर रमनि बाम नयन पप्फुरिअ धुअ॥

(5)

कतहुँ तुरुक बर कर।
बाट जाए ते बेगार धर॥
धरि आनय बाभन बरुआ।

मथा चढ़ावइ गायक चुरुआ ॥
हिंदू बोले दूरहि निकार।
छोटउ तुरुका भभकी मार ॥

नरपति नाल्ह

परणबा[1] चाल्यो बीसलराय । चउरास्या[2] सहु[3] लिया बोलाइ ।
जान-तणी[4] साजति करउ । जीरह रँगावली पहरज्यो टोप ॥

हुअउ पइसारउ बीसलराय । आवी सयल[5] अँतेवरी[6] राव ।
रूप अपूरब पेषियइ । इसी अस्त्री नहि सयल संसार ।
अति रंग स्वामी सूँ मिली राति । बेटी राजा भोज की ॥

गरब करि ऊभो[7] छइ साँभर्‌यो राव । मो सरीखा नहि ऊर भुवाल ।
म्हाँ घरि[8] साँभर उग्गहइ । चिहुँ दिसि थाण जेसलमेर ॥
"गरबि न बोलो हो साँभर्‌या राव । तो सरीखा घणा ओर भुवाल ॥
एक उड़ीसा को धणी[9] । वचन हमारइ तू मानि जु मानि ॥
ज्यूँ थारई[10] साँभर उग्गहइ । राजा उणि घरि उगहइ हीरा-खान ॥"

कुँवरि कहइ "सुणि साँभर्‌या राव । काईं[11] स्वामी तू उलगइँ[12] जाइ ?
कहेउ हमारउ जइ सुणउ । थारइ छइ[13] साठि अँतेवरी नारि ॥"
"कड़वा बोल बोलिस नारि । तू मो मेल्हसी[14] चित्त बिसारि ॥
जीभ न जीभ बिगोयनो[15] । दव का दाधा कुपली मेल्हइ[16] ॥
जीभ का दाधा नु पाँगुरई[17] । नाल्ह कहइ सुणीजइ सब कोई ॥

आव्यो राजा मास वसंत । गढ़ माँहीं गूड़ी ऊछली[18] ॥
जइ धन मिलती अंग सँभार । मान भंग हो तो बाल हो[19] ॥
ईणी परिरहता[20] राज दुवारि[21] ॥

---

1. ब्याहने 2. सामन्तों को 3. सब 4. यान की, बारात की 5. सब 6. अंतःपुर 7. खड़ा है 8. घर में 9. स्वामी, राजा 10. तुम्हारे (वहाँ) 11. क्यों 12. परदेश में 13. तेरे हैं 14. भुला डाल 15. बात से बात नहीं छिपाई जा सकती 16. आग का जला कोपल छोड़ दे तो छोड़ दे 17. जीभ का जला नहीं पनपता 18. आकाश दीप जलाए गए 19. यदि यह धन्या या स्त्री अंग सँभालकर (तुरन्त) मिलती तो उस बाला का मान भंग होता 20. (और) ऐसे परिरंभता (आलिंगन करता) 21. राजा द्वार पर ही।

चंदबरदाई

हिंदुवान थान उत्तम सुदेस । तहँ उदित द्रुग्ग दिल्ली सुदेस ॥
संभरि नरेस चहुआन थान । प्रथिराज तहाँ राजंत भान ॥
संभरि नरेस सोमेस पूत । देवत्त रूप अवतार धूत[1] ॥
जिहि पकरि साह साहाब लीन । तिहुँ बेर करिय पानीप हीन ॥
सिंगिनि सुसद्द गुनि चढ़ि जँजीर । चुक्कइ न सबद बेधंत तीर[2] ॥

मनहु कला ससभान[3] कला सोलह सो बन्निय।
बाल बैस ससि ता समीप अम्रित रस पिन्निय[4] ॥
बिगसि कमल स्रिग भमर बेनु खंजन मृग लुट्टिय।
हीर कीर अरु बिंब मोति नखसिख अहिघुट्टिय[5] ॥

कुट्टिल केस सुदेस पोह परिचियत पिक्क सद[6]।
कमलगंध बयसंध हंसगति चलति मंद मद ॥
सेत बस्त्र सोहै सरीर नख स्वाति बूँद जस।
भमर भँवहि भुल्लहिं सुभाव मकरंद बास रस ॥

प्रिय प्रिथिराज नरेस जोग लिखि कग्गार[7] दिन्नौ।
लगन बरग रचि सरब दिन्न द्वादस ससि लिन्नौ ॥
सै ग्यारह अरु तीस साष्र संवत परभानह।
जो पित्रीकुल सुद्ध बरन बरि रक्खहु प्रानह ॥
दिक्खंत दिट्ठि उच्चरिय[8] वर इक पलक्क विलँब न करिय।
अलगार[9] रयनि दिन पंच महि[10] ज्यों रुकमिनि कन्हर बरिय ॥

संगह सखिय लिय सहस बाल । रुकमिनिय जेम[11] लज्जत मराल ॥
पूजियइ गउरि संकर मनाय । दच्छिनइ[12] अंग करि लगिय पाय ॥
फिरि देखि देखि प्रिथिराज राज । हंसि मुद्ध मुद्ध चर पट्ट्ट लाज ॥[13]

---

1. धृत; धारण किया 2. (शब्दवेधी बाण चलाने का उल्लेख) सिंगी बाजे का शब्द सुनकर या अंदाजा कर डोरी पर चढ़ उसका तीर उस शब्द को बेधते हुए (बेधने में) नहीं चूकता था 3. चन्द्रमा 4. उसी के पास से मानो अमृतरस पिया 5. अभिघटित किया; बनाया 6. पोहे हुए अच्छे मोती दिखाई पड़ते हैं 7. कागज 8. चल दीजिए 9. अलग ही अलग; दूसरी ओर से 10. मध्ये, मधि, में 11. जिमि, ज्यों 12. प्रदक्षिणा 13. हँस कर उस मोहित मुग्धा ने लज्जा से (मुँह पर का) पट चला दिया अर्थात् सरका लिया।

बज्जिय घोर निसान रान चौहान चहौं दिस।
सकल सूर सामंत समरि बल जंत्र मंत्र तिस॥
उट्ठि राज प्रिथिराज बाग मनो लग्ग बीर नट।
कढत तेग मनवेग लगत मनो बीजु झट्ट घट॥
थकि रहे सूर कौतिक गगन रँगन मगन भइ सोन धर।
हृदि[1] हरषि वीर जग्गे हुलसि हुरेउ[2] रंग नव रत्त[3] बर॥

खुरासान मुलतान खंधार मीरं। बलख स्यो[4] बलं तेग अच्चूक तीरं॥
रुहंगी फिरंगी हलब्बी सुमानी। ठटी ठट्ट भल्लोच ढालं निसानी॥
मजारी चषी[5] मुक्ख जंबुक्क लारी[6]। हजारी हजारी हुँकै[7] जोध भारी॥

श्रीधर

ढमढमइ ढमढमकार ढकर ढोल ढोली जंगिया।
सुर करहि रण सहणाइ समुहरि सरस रसि समरंगिया॥
कलकलहि काहल कोडि कलरवि कुमल कायर थरहरइ।
संचरइ सक सुरताण साहण साहसी सवि संगरइ॥

खुसरो

पहेलियाँ

(1)

एक थाल मोती से भरा। सबके सिर पर औंधा धरा॥
चारों ओर वह थाली फिरे। मोती उससे एक न गिरे॥

(आकाश)

(2)

एक नार ने अचरज किया। साँप मार पिंजड़े में दिया॥
जों जों साँप ताल को खाए। सूखे ताल साँप मर जाए॥

(दीया-वाती)

---

1. हृदय में 2. फुर्‍यो, स्फुरित हुआ 3. रक्त 4. साथ 5. विल्ली की सी आँखवाले 6. मुँह गीदड़ और लोमड़ी के से 6. हुंकार करते।

(3)

एक नार दो को ले बैठी। टेढ़ी होके बिल में बैठी॥
जिसके बैठे उसे सुहाय। खुसरो उसके बल बल जाय॥

(पाजामा)

(4)

अरथ तो इसका बूझेगा। मुँह देखो तो सूझेगा॥

(दर्पण)

(5)

चूक भई कुछ वाकों ऐसी। देस छोड़ भयो परदेसी॥

(6)

एक नार पिया को भानी। तन वाको सगरा ज्यों पानी॥

(7)

चाम मास वाके नहिं नेक। हाड़ हाड़ में वाके छेद॥
मोहिं अचम्भा आवत ऐसे। बामे जीव बसत है कैसे॥

मुकरियाँ

अति सुन्दर जग चाहै जाको। मैं भी देख भुलानी वाको॥
देख रूप भाया जो टोना। ए सखि! साजन, ना सखि! सोना॥
टट्टी तोड़ के घर में आया। अरतन बरतन सब सरकाया॥
खा गया पी गया दे गया बुत्ता। ए सखि! साजन, ना सखि, कुत्ता॥

(चिंतामणि, भाग 3, पृ. 206)

दोहे

उज्जल बरन, अधीन तन, एक चित्त दो ध्यान।
देखत में तो साधु है, निपट पाप की खान॥
खुसरो रैन सुहाग की, जागी पी के संग।
तन मेरो मन पीउ को, दोउ भए एकरंग॥
गोरी सोवै सेज पर, मुख पर डारे केस।
चल खुसरो घर आपने, रैन भई चहुँ देस॥

गीत

(1)

मेरा जोबना नबेलरा भयो है गुलाल।
कैसे गर दीनी बकस मोरी माल।
सूनी सेज डरावन लागै,
बिरहा अगिन मोहि डस डस जाय॥

(2)

हजरत निजामुद्दीन चिस्ती जरजरी बख्श पीर।
जोइ जोइ ध्यावैं तेइ तेइ फल पावैं
मेरे मन की मुराद भर दीजै अमीर॥

(3)

जे हाल मिसकी मकुन तगाफुल दुराय नैना बनाय बतियाँ।
कि ताबे हिज्राँ न दारम ऐ जाँ! न लेहु काहे लगाय छतियाँ॥
शबाने हिज्राँ दराज़ चूँ जुल्फ व रोज़े वसलत चूँ उम्र कोतह।
सखी! पिया को जो मैं न देखूँ तो कैसे काटूँ अँधेरी रतियाँ॥

विद्यापति

(1)

सरस बसंत समय भल पावलि दछिन पवन बह धीरे।
सपनहु रूप बचन इक भाषिय मुख से दूरि करु चीरे॥
तोहर बदन सम चाँद होअथि नाहिं, कैयो जतन बिहि केला।
कै बेरि काटि बनावल नव कै, तैयो तुलित नहिं भेला॥
लोचन तूअ कमल नहिं भै सक, से जग के नहिं जाने।
से फिरि जाइ लुकैलन्ह जल भएँ पंकज निज अपमाने॥
भन विद्यापति सुनु बर जोवति ई सभ लछमि समाने।
राजा सिवसिंह रूप नरायन लखिमा देइ प्रति भाने॥

(2)

कालि कहल पिय साँझहि रे जाइबि मइ मारू देस।
मोए अभागिलि नहिं जानल रे सँग जइतवँ जोगिनि बेस॥

हिरदय बड़ दारुन रे, पिया बिनु बिहरि न जाइ।
एक सयन सखि सूतल रे, अछल बलम निसि भोर।
न जानल कत खन तजि गेल रे, बिछुरल चकवा जोर ॥
सूनि सेज पिय सालइ रे, पिय बिनु घर मोए आजि।
बिनति करहुँ सुसहेलिनि रे, मोहि देहि अगिहर साजि ॥
विद्यापति कबि गावल रे, आवि मिलत पिय तोर।
लखिमा देइ बर नागर रे, राय सिवसिंह नहिं भोर ॥

(3)

अनुखन माधव माधव सुमिरइत सुंदरि भेलि मधाई।
ओ निज भाव सुभावहि बिसरल अपने गुन लुबधाई ॥

भोरहि सहचरि कातर दिठि हेरि छल छल लोचन पानि।
अनुखन राधा राधा रटइत आधा आधा बानि ॥
राधा सयँ जब पुनितहि माधव, माधव सयँ जब राधा।
दारुन प्रेम तबहिं नहिं टूटत वाढत बिरह क बाधा ॥
दुहु दिसि दारु दहन जइसे दगधइ आकुल कीट परान।
ऐसन बल्लभ हेरि सुधामुखि कवि विद्यापति भान ॥

(4)

सारँग मयन, बयन पुनि सारँग, सारँग तसु समधाने।
सारँग उपर उगल दस सारँग केलि करथि मधुपाने ॥

भक्तिकाल

निर्गुणधारा (ज्ञानाश्रयी)

नामदेव

(1)

मन मेरी सुई तन मेरा धागा।
खेचरजी के चरण पर नामा सिंपी लागा॥

(2)

सुफल जन्म मोको गुरु कीना।
दुख बिसार सुख अंतर दीना॥
ज्ञानदान मोको गुरु दीना।
राम नाम बिन जीवन हीना॥

(3)

किसूँ हूँ पूजूँ दूजा नजर न आई।
एके पाथर किज्जे भाव । दूजे पाथर धरिए पाव॥
जो वो देव तो हम बी देव । कहै नामदेव हम हरि की सेव॥

(4)

अंबरीष को दियो अभय पद राज विभीषन अधिक कर्‌यो।
नव निधि ठाकुर दई सुदामहि ध्रुव जो अटल अजहूँ न टर्‌यो॥
भगत हेत मार्‌यो हरिनाकुस नृसिंह रूप ह्वै देह धर्‌यो।
नामा कहै भगति बस केसव अजहूँ बलि के द्वार खरो॥

(5)

दसरथ राय नंद राजा मेरा रामचंद्र।
प्रणवै नामा तत्त्व रस अमृत पीजै॥

धनि धनि मेघा रोमावली धनि धनि कृष्ण ओढ़े काँवली।
धनि धनि तू माता देवकी जिह गृह रमैया कँवलापती॥
धनि धनि बनखंड बृंदाबना जहँ खेलै श्रीनारायना।
बेनु बजावै, गोधन चारै, नामे का स्वामि आनँद करै॥

(6)

माइ न होती बाप न होते कर्म न होता काया।
हम नहिं होते तुम नहिं होते कौन कहाँ ते आया॥
चंद न होता सूर न होता पानी पवन मिलाया।
शास्त्र न होता बेद न होता करम कहाँ ते आया॥

पाँड़े तुम्हारी गायत्री लोधे का खेत खाती थी।
लै करि ठेंगा टँगरी तोरी लंगत लंगत आती थी॥
पाँड़े तुम्हारा महादेव धौल बलद चढ़ा आवत देखा था।
पाँड़े तुम्हारा रामचंद्र सो भी आवत देखा था।
रावन सेंती सरबर होई घर की जोय गँवाई थी॥
हिंदू अंधा तुरकौ काना, दुवौ ते ज्ञानी सयाना॥
हिंदू पूजै देहरा मुसलमान मसीद।
नामा सोई सेविया जहँ देहरा न मसीद॥

कबीर

(1)

हौं बलि कब देखौंगी तोहि।
अहनिसि आतुर दरसन कारनि ऐसी ब्यापी मोहि॥
नैन हमारे तुम्हको चाहैं रती न मानै हारि।
बिरह अगिनि तन अधिक जरावै ऐसी लेहु बिचारि॥
सुनहु हमारी दादि गोसाईं अब जनि करहु अधीर॥
तुम धीरज, मैं आतुर, स्वामी, काँचे भाँडे नीर॥
बहुत दिनन के बिछुरे माधौ, मन नहिं बाँधै धीर।
देह छता तुम मिलहु कृपा करि आरतिवंत कबीर॥

(इतिहास, पृ. 82)

(2)

मन न डिगै ताथैं तन न डराई।
अति अथाह जल गहिर गँभीर।
बाँधि जँजीर जलि बोरे हैं कबीर॥
जल की तरंग उठी, कटी है जँजीर।
हरि सुमिरन तट बैठे हैं कबीर॥

(चिंतामणि, भाग 2, पृ. 55)

(3)

मेरो हार हिरानो मैं लजाउँ।
हार गुह्यो मेरो राम ताग, बिचि बिचि मानकि एक लाग॥
पंच सखी मिली हैं सुजान, चलहु त जइए त्रिवेनी न्हान॥
न्हाइ धोइ के तिलक दीन्ह, ना जानूँ हार किनहि लीन्ह॥
हार हिरानो जन बिलम कीन्ह, मेरो हार परोसिनी आहि लीन्ह॥

(चिंतामणि, भाग 2, पृ. 56)

(4)

हंसा प्यारे! सरवर तजि कहँ जाय?
जेहि सरवर बिच मोती चुनते बहुविधि केलि कराय।
सूख ताल, पुरइनि जल छोड़े, कमल गयो कुँभिलाय।
कह कबीर जो अबकी बिछुरै, बहुरि मिलै कब आय॥

(रसमीमांसा, पृ. 286)

(5)

है हरिभजन को परवाँन।
नीच पावै ऊँच पदवी बाजते नीसान॥
भजन को परताप ऐसो तिरे जल पाषान।
अधम भील अजाति गनिका चढ़े जात बिवाँन॥
नव लख तारा चलै मंडल चलै ससहर भान।
दास धू कौं अटल पदवी राम को दीवान॥
निगम जाकी साखि बोलैं कथै संत सुजान।
जन कबीर तेरी सरन आयौ, राखि लेहु भगवान॥

(सूरदास, पृ. 72)

(6)

मिलना कठिन है, कैसे मिलौंगी पिय जाय?
समुझि सोचि पग धरौं जतन से, बार बार डगि जाय।
ऊँची गैल, राह रपटीली, पाँव नहीं ठहराय॥

(जायसी, भूमिका, पृ. 153)

(7)

गोरख, भरथरि, गोपीचंदा।
तेहि मन सों मिलि करहिं अनंदा॥

अकल निरंजन सकल सरीरा।
तेहि मन सों मिलि रहा कबीरा॥

(सूरदास, पृ. 21)

(8)

जल में कुंभ, कुंभ में जल है,
बाहरि भीतरि पानी।
फूटा कुंभ, जल जलहि समाना,
यह तत कथौ गियानी॥

(चिंतामणि, भाग 2, पृ. 55)

(9)

साईं के सँग सासुर आई।
संग न सूती, स्वाद न माना, गा जीवन सपने की नाईं॥
जना चारि मिलि लगन सुधायौ, जना पाँच मिलि माड़ो छायो॥
भयो विवाह चली बिनु दूलह, बाट जात समधी समुझाई॥

(इतिहास, पृ. 81)

(10)

है कोई गुरु ज्ञानी जगत महँ उलटि बेद बूझै।
पानी मँह पावक बरै, अंधहि आँखिन्ह सूझै॥
गाय तो नाहर को धरि खायो, हरिना खायो चीता॥

(इतिहास, पृ. 80)

(11)

दसरथ सुत तिहुँ लोक बखाना।
राम नाम का मरम है आना॥

(इतिहास, पृ. 78)

(12)

पंडित मिथ्या करहु बिचारा।
ना वह सृष्टि, न सिरजनहारा॥
जोति सरूप काल नहिं उहँवाँ,
बचन न आहि सरीरा।

थूल अथूल पवन नहिं पावक,
रवि ससि धरनि न नीरा ॥

(इतिहास, पृ. 79)

(13)

आपुहि देवा आपुहि पातीं।
आपुहि कुल आपुहि है जाती ॥

(इतिहास, पृ. 79)

(14)

तत्वमसी इनके उपदेसा।
ई उपनिषद कहैं संदेसा ॥
जागबलिक औ जनक सँवादा।
दत्तात्रेय वहै रस स्वादा ॥

(इतिहास, पृ. 79)

(15)

गहना एक कनक तें गहना
इन मँह भाव न दूजा।
कहन सुनन को दुइ करि थापिन
इक निमाज, एक पूजा ॥

(इतिहास पृ. 79)

(16)

सूर समाना चंद में दहूँ किया घर एक।
मन का चिंता तब भया कछू पुरबिला लेख ॥
आकासे मुखि औंधा कुआँ पाताले पनिहारि।
ताका पाणी को हंसा पीवे बिरला आदि बिचारि ॥

(इतिहास, पृ. 80)

(17)

मो को कहाँ ढूँढ़े बंदे मैं तो तेरे पास में।
ना मैं देवल, ना मैं मसजिद, ना काबे कैलास में ॥

(जायसी, भूमिका, पृ. 156)

(18)

दिन भर रोजा रहत हैं, राति हनत हैं गाय।
यह तो खून वह बंदगी, कैसे खुसी खुदाय ॥
अपनी देखि करत नहिं अहमक
कहत हमारे बड़न किया।
उसका खून तुम्हारी गरदन
जिन तुमको उपदेस दिया ॥
बकरी पाती खाति है ताकी काढ़ी खाल।
जो नर बकरी खात हैं तिनका कौन हवाल ॥

(इतिहास, पृ. 80)

(19)

झिलमिल झगरा झूलते बाकी रही न काहु।
गोरख अटके कालपुर कौन कहावै साहु ?
बहुत दिवस ते हिंडिया सुन्नि समाधि लगाइ।
करहा पड़िया गाड़ में दूरि परा पछिताइ ॥

(करहा = 1. करभ, हाथी का बच्चा 2. हठयोग की क्रिया करनेवाला)

(इतिहास, पृ. 67)

(20)

कबीर कहता जात हूँ सुनता है सब कोइ।
राम कहे भला होयगा नहिं तर भला न होइ ॥

(इतिहास, पृ. 389)

(21)

आऊँगा न जाऊँगा, मरूँगा न जीऊँगा।
गुरु के सबद रम रम रहूँगा ॥

(इतिहास, पृ. 389)

(22)

बाढ़ी आवत देखि करि तरिवर डोलन लाग।
हमैं कटे की कुछ नहीं पंखेरू घर भाग ॥

(चिंतामणि, भाग 2, पृ. 55)

(23)

खुस खाना है खीचरी, माँझ परा टुक लोन।
मांस पराया खाय कै, गला कटावै कौन?

(जायसी, भूमिका, पृ. 127)

(24)

खेलि लेइ नैहर दिन चारी।
पहिली पठौनी तीनि जन आए नाऊ ब्राह्मण बारी॥
दुसरी पठौनी पिय आपुहि आए डोली बाँस कहारी॥
धरि बहियाँ डोलिया बैठावै कोउ न लगत गोहारी।
अब कर जाना बहुरि नहि अवना, इहै भेंट अँकवारी॥

(जायसी, भूमिका, पृ. 60)

(25)

सुनि कै गवन मोरा जिया घबराई।
आजु मँदिरवा में अगिया लगिहै, कोउ न बुझावन जाई॥

(जायसी, भूमिका, पृ. 60)

रैदास

(1)

नामदेव कबीर तिलोचन सधना सेन तरे।
कह रविदास सुनहु रे संतहु! हरि जिउ तें सबहि सरे॥

(2)

जाके कुटुँब सब ढोर ढोवंत
फिरहिं अजहुँ बानारसी आसपासा।
आचार सहित बिप्र करहिं डंडउति
तिन तनै रविदास दासानुदासा॥

(3)

दूध त बछरै थनह बिडारेउ। फूलु भँवर, जलु मीन बिगारेउ॥
माई गोविंद पूजा कहाँ लै चढ़ावउँ। अवर त फूल अनूप न पावउँ॥
मलया गिरवै रहै हैं भुअंगा। विष अमृत बसहीं इक संगा॥

तन-मन अरपउँ पूजा चढ़ावउँ । गुरु परसादि निरंजन पावउँ ॥
पूजा अरचा आहि न तोरी । कह रविदास कवनि गति मोरी ॥

(4)

अखिल खिलै नहिं, का कह पंडित, कोइ न कहै समुझाई ।
अबरन बरन रूप नहिं जाके, कहँ लौ लाइ समाई ॥
चंद्र सूर नहिं, राति दिवस नहिं, धरनि अकास न भाई ।
करम अकरम नहिं सुभ असुभ नहिं, का कहि देहुँ बड़ाई ॥

(5)

जब हम होते तब तू नाहीं, अब तू ही मैं नाहीं ।
अतल अगम जैसे लहरि मइ उदधि, जल केवल जल माहीं ॥

(6)

माधव क्या कहिए प्रभु ऐसा । जैसा मानिए होइ न तैसा ॥
नरपति एक सिंहासन सोइया, सपने भया भिखारी ।
अछत राज बिछुरत दुख पाइया, सो गति भई हमारी ॥

धर्मदास

(1)

झरि लागै महलिया गगन घहराय ।
खन गरजै, खन बिजली चमकै, लहरि उठै सोभा बरनि न जाय ॥
सुन्न महल से अमृत बरसै, प्रेम अनंद ह्वै साधु नहाय ॥
खुली केवरिया, मिटी अँधियरिया, छवि सतगुरु जिन दिया लखाय ॥
धरमदास बिनवै कर जोरी, सतगुरु चरन में रहत समाय ॥

(2)

मितऊ मड़ैया सूनी करि गैलो ।
अपना बलम परदेस निकरि गैलो, हमरा के किछुवौ न गुन दै गैलो ।
जोगिनि होइ के मैं बन बन ढूँढ़ौं, हमरा के विरह वैराग दै गैलो ॥
संग की सखी सब पार उतर गइलीं, हम धनि ठाढ़ि अकेली रहि गैलो ।
धरमदास यह अरजु करतु है, सार सबद सुमिरन दै गैलो ॥

(3)

साह सिकंदर जल में बोरे बहुरि अग्नि परजारे।
मैमत हाथी आनि झुकाए, सिंहरूप दिखराए।
निरगुन कथैं, अभय पद गावैं, जीवन को समझाए।
काजी पंडित सबै हराए, पर कोउ नहिं पाए।

गुरु नानक

(1)

इस दम दा मैनू कीबे भरोसा, आया आया न आया न आया।
यह संसार रैन दा सुपना, कहीं देखा, कहीं नाहिं दिखाया ॥
सोच बिचार करे मत मन में, जिसने ढूँढ़ा उसने पाया।
नानक भक्तन दे पद परसे निसदिन राम चरन चित लाया ॥

(2)

जो नर दुख में दुख नहिं माने।
सुख सनेह अरु भय नहिं जाके, कंचन माटी जाने ॥
नहिं निंदा नहिं अस्तुति जाकें लोभ मोह अभिमाना।
हरष सोक तैं रहै नियारो, नाहिं मान अपमाना ॥
आसा मनसा सकल त्यागि कै जग तें रहे निरासा।
काम क्रोध जेहि परसै नाहिंन तेहि घट ब्रह्म निवासा ॥
गुरु किरपा जेहि नर पै कीन्ही तिन्ह यह जुगुति पिछानी।
नानक लीन भयो गोविंद सों ज्यों पानी संग पानी ॥

दादू दयाल

(1)

घीव दूध में रमि रहा ब्यापक सब ही ठौर।
दादू बकता बहुत हैं, मथि काढ़े तें और ॥
यह मसीत यह देहरा सतगुरु दिया दिखाइ।
भीतर सेवा बंदगी, बाहिर काहै जाइ ॥
दादू देख दयाल को, सकल रहा भरपूर।
रोम रोम में रमि रह्या, तू जनि जावै दूर ॥

केते पारिख पचि मुए, कीमति कही न जाइ।
दादू सब हैरान हैं, गूँगे का गुड़ खाइ॥
जब मन लागे राम सों, तब अनत काहे को जाइ।
दादू पाणी लूण ज्यों ऐसें रहै समाइ॥

(2)

भाई रे! ऐसा पंथ हमारा।
द्वै पख रहित पंथ गह पूरा अबरन एक अधारा।
वाद विवाद काहु सौं नाहीं मैं हूँ जग तें न्यारा॥
समदृष्टी सूँ भाई सहज में आपहि आप बिचारा।
मैं तैं मेरी यह मति नाहीं निरबैरी निरविकारा॥
काम कल्पना कदे न कीजै पूरन ब्रह्म पियारा।
एहि पथ पहुँचि पार गहि दादू सो तत सहज सँभारा॥

सुंदरदास

(1)

गेह तज्यों अरु नेह तज्यों पुनि खेह लगाइ कै देह सँवारी।
मेह सहे सिर, सीत सहे तन, धूप समै जो पंचागिनि बारी॥
भूख सही रहि रूख तरे पर सुंदरदास सबै दुख भारी।
डासन छाँड़ि कै कासन ऊपर आसन मार्‌यौ पै आस न मारी॥

(2)

बोलिए तौ तब जब बोलिबे की बुद्धि होय
ना तौ मुख मौन गहि चूप होय रहिए।
जोरिए तौ तब जब जोरिबे की रीति जाने
तुक छंद अरथ अनूप जामें लहिए॥
गाइए तौ तव जब गाइबे को कंठ होय
श्रवन के सुनत ही मनै जाय गहिए।
तुक भंग छंद भंग अरथ मिलै न कछु
सुंदर कहत ऐसी बानी नहिं कहिए॥

(3)

पति ही सूँ प्रेम होय, पति ही सूँ नेम होय
पति ही सूँ छेम होय, पति ही सूँ रत है।
पति ही है जज्ञ जोग, पति ही है रस भोग
पति ही सूँ मिटे सोग, पति ही को जत है॥
पति ही है ज्ञान ध्यान, पति ही है पुन्य दान,
पति ही है तीर्थ न्हान, पति ही को मत है।
पति बिन पति नहिं, पति बिनु गति नाहिं,
सुंदर सकल बिधि एक पतिव्रत है॥

(4)

सुनत नगारे चोट बिगसै कमल मुख
अधिक उछाह फूल्यो मात है न तन में।
फेरै जब साँग तब कोऊ नहीं धीर धरै
कायर कंपायमान होत देखि मन में॥
कूदि कै पतंग जैसे परत पावक माहिं
ऐसे टूटि परै बहु सावत के गन में।
मारि घमसान करि सुंदर जुहारै श्याम
सोई सूरबीर रुपि रहै जाय रन में॥

(5)

ब्रह्म तें पुरुप अरु प्रकृति प्रगट भई
प्रकृति तें महत्तत्व पुनि अहंकार है।
अहंकार हू तें तीन गुण सत रज तम
तम हू तें महाभूत विषय प्रसार है॥
रजहू तें इंद्री रस पृथक पृथक भई
सत्तहू तें मन आदि देवता विचार है।
ऐसे अनुक्रम करि शिष्य सूँ कहत गुरु
सुंदर सकल यह मिथ्या भ्रमजार है॥

मलूकदास

(1)

अजगर करै न चाकरी पंछी करै न काम।
दास मलूका कहि गए सबको दाता राम॥

(2)

अब तो अजपा जपु मन मेरे।
सुर नर असुर टहलुआ जाके मुनि गंधर्ब हैं जाके चेरे।
दस औतार देखि मत भूलौ ऐसे रूप घनेरे॥
अलख पुरुष के हाथ बिकाने जब तैं नैननि हेरे।
कह मलूक तू चेत अचेता काल न आवै नेरे॥

(3)

नाम हमारा खाक है हम खाकी बंदे।
खाकहि से पैदा किए अति गाफिल गंदे॥
कबहुँ न करते बंदगी दुनिया में भूले।
आसमान को ताकते घोड़े चढ़ फूले॥

(4)

सबहिन के हम सबै हमारे। जीव जंतु मोहि लगैं पियारे॥
तीनों लोक हमारी माया। अंत कतहुँ से कोइ नहिं पाया॥
छत्तिस पवन हमारी जाति। हमहीं दिन और हमहीं राति॥
हमहीं तरवर कीट पतंगा। हमहीं दुर्गा हमहीं गंगा॥
हमहीं मुल्ला हमहीं काजी। तीरथ बरत हमारी बाजी॥
हमहीं दसरथ हमहीं राम। हमरे क्रोध औ हमरे काम॥
हमहीं रावन हमहीं कंस। हमहीं मारा अपना बंस॥

अक्षर अनन्य

यह भेद सुनौ पृथिचंद राय।
फल चारहु को साधन उपाय॥
यह लोक सधै सुख पुत्र बाम।
परलोक नसै बस नरक धाम॥
परलोक लोक दोउ सबै जाय।
सोइ राजजोग सिद्धांत आय॥
निज राजजोग ज्ञानी करंत।
हठि मूढ़ धर्म साधत अनंत॥

निर्गुणधारा (प्रेममार्गी/सूफी)

कुतबन

रुकमिनि पुनि वैसहि मरि गई । कुलवंती सत सों सति भई ॥
बाहर वह भीतर वह होई । घर बाहर को रहै न जोई ॥
बिधि कर चरित न जानै आनू । जो सिरजा सो जाहि निआनू ॥

मंझन

(1)

देखत ही पहिचानेउ तोही । एक रूप जेहि छँदर्‌यो मोही ॥
एही रूप बुत अहै छपाना । एही रूप रब सृष्टि समाना ॥
एही रूप सकती औ सीऊ । एही रूप त्रिभुवन कर जीऊ ॥
एही रूप प्रगटे बहु भेसा । एही रूप जग रंक नरेसा ॥

(2)

बिरह अवधि अवगाह अपारा । कोटि माहिं एक परै त पारा ॥
बिरह कि जगत अँबिरथा जाही । बिरह रूप यह सृष्टि सबाही ॥
नैन बिरह अंजन जिन सारा । बिरह रूप दरपन संसारा ॥
कोटि माहिं बिरला जग कोई । जाहि सरीर बिरह दुख होई ॥
रतन कि सागर सागरहिं, गज मोती गज कोइ ।
चँदन कि बन बन ऊपजै, बिरह कि तन तन होइ ॥

मलिक मुहम्मद जायसी

पदमावत

शाहे-वक्त (शेरशाह) का सैन्य प्रयाण

(1)

शेरशाह दिल्ली सुलतानू । चारहु खंड तपै जस भानू ॥
ओही छाज राज औ पाटू । सब राखे भुइँ धरा ललाटू ॥

(इतिहास, पृ. 99)

हयगय सेन चलै जग पूरी । परबत टूटि उड़हिं होइ धूरी ॥
रेनु रैनि होइ रबिहिं गरासा । मानुख पंखि लेहिं फिरि बासा ॥
भुइँ उड़ि अंतरिक्ख मृतमंडा । खंड खंड धरती बरम्हंडा ॥
डोलै गगन इंद्र डरि काँपा । बासुकि जाइ पतारहिं चाँपा ॥
मेरु धसमसै, समुद सुखाई । बन खंड टूटि खेह मिलि जाई ॥
अगिलहिं कहँ पानी लेइ बाँटा । पछिलहिं कहँ नहिं काँदौं आटा ॥

(स्तुति खंड)

अमराई

(2)

घन अमराउ लाग चहुँ पासा । उठा भूमि हुत लागि अकासा ॥
तरिवर सबै मलयगिरि लाई । भइ जग छाँह रैनि होइ आई ॥
मलय समीर सोहावन छाँहा । जेठ जाड़ लागै तेहि माँहाँ ॥
ओही छाँह रैनि होइ आवै । हरियर सबै अकास देखावै ॥
पथिक जो पहुँचे सहि कै घामू । दुख बिसरै, सुख होइ बिसरामू ॥
जेइ वह पाई छाँह अनूपा । फिरि नहिं आइ सहै यह धूपा ॥

(सिंहलद्वीप वर्णन खंड)

पनघट

(3)

पानि भरै आवहिं पनिहारी । रूप सुरूप पदमिनी नारी ॥
पदुम गंध तिन्ह अंग बसाहीं । भँवर लागि तिन्ह संग फिराहीं ॥
लंक सिंघिनी, सारंग नैनी । हंसगामिनी कोकिल बैनी ॥

आवहिं झुंड सो पाँतिहिं पाँती । गवन सोहाइ सु भाँतिहिं भाँती ॥
कनक कलस मुख चंद दिपाहीं । रहस केलि सन आवहिं जाहीं ॥
जा सहुँ वै हेरैं चख नारी । बाँक नैन जनु हनहिं कटारी ॥
केस मेघावर सिर ता पाईं । चमकहिं दसन बीजु कै नाईं ॥
माथे कनक गागरी आवहिं रूप अनूप ।
जेहि के असि पनहारी सो रानी केहि रूप ॥

(सिंहलद्वीप वर्णन खंड)

हाट

(4)

कनक हाट सब कुँह कुँह लीपी । बैठ महाजन सिंघलदीपी ॥
सोन रूप भल भयउ पसारा । धवल सिरी पोतहिं घरबारा ॥
जिन्ह एहि हाट न लीन्ह बेसाहा । ता कहँ आन हाट कित लाहा ॥

कोई करै बेसाहनी काहू केर बिकाइ ।
कोई चलै लाभ सन कोई मूर गँवाइ ॥

(सिंहलद्वीप वर्णन खंड)

गढ़

(5)

निति गढ़ बाँचि चलै ससि सूरू । नाहिं त होइ बाजि रथ चूरू ॥
पौरी नवौ बज्र कै साजी । सहस सहस तहँ बैठे पाजी ॥
फिरहिं पाँच कोतवार सुभौंरी । काँपै पाँव चपत वह पौरी ॥

(सिंहलद्वीप वर्णन खंड)

खेलत मानसरोवर गईं

(6)

सरवर तीर पदमिनी आई । खोंपा छोरि केस मुकलाई ॥
ससि-मुख अंग मलयगिरि बासा । नागिनि झाँपि लीन्ह चहुँपासा ॥
ओनई घटा परी जग छाहाँ । ससि कै सरन लीन्ह जनु राहाँ ॥
भूलि चकोर दीठि मुख लावा । मेघ घटा महँ चंद देखावा ॥

(इतिहास, पृ. 104)

धरी तीर सब कंचुकि सारी । सरवर महँ पैठीं सब बारी ॥
पाइ नीर जानौं सब बेली । हुलसहिं करहिं काम कै केली ॥
करिल केस बिसहर बिस-भरे । लहरैं लेहिं कवँल मुख धरै ॥
नवल बसंत सँवारी करी । होइ प्रगट जानहु रस भरी ॥
सरिवर नहिं समाइ संसारा । चाँद नहाइ पैठ लेइ तारा ॥
चकई बिछुरि पुकारै कहाँ मिलौं, हो नाँह।
एक चाँद निसि सरग महँ, दिन दूसर जल माँह ॥

बिगसा कुमुद देखि ससि रेखा । भै तहँ ओप जहाँ जोइ देखा ॥
पावा रूप रूप जस चहा । ससि मुख जनु दरपन होइ रहा ॥
नयन जो देखा कँवल भा, निरमल नीर सरीर।
हँसत जो देखा हंस भा, दसन जोति नग हीर ॥

(मानसरोदक खंड)

प्रेमांकुर

(7)

सहसौ करा रूप मन भूला । जहँ जहँ दीठ कँवल जनु फूला ॥
तीनि लोक चौदह खंड, सबै परै मोहिं सूझि।
पेम छाँड़ि नहिं लोन किछु, जो देखा मन बूझि ॥

(राजा सुआ संवाद खंड)

नखशिख

बेनी

(8)

बेनी छोर झार जौं बारा । सरग पतार होइ अँधियारा ॥

माँग

कंचन रेख कसौटी कसी । जनु घन मँह दामिनी परगसी ॥
सुरुज किरिन जनु गगन बिसेखी । जमुना माहँ सुरसती देखी ॥
करवत तपा लेहिं होइ चूरू । मकु सो रुहिर लेइ देइ सेंदूरू ॥
कनक दुवादस बानि होइ, चह सोहाग वह माँग।
सेवा करहिं नखत सब, उवै गगन जस गाँग ॥

ललाट

सहस किरिन जो सुरुज छिपाई। देखि लिलार सोउ छपि जाई॥
का सरिवर तेहिं देउँ मयंकू। चाँद कलंकी, वह निकलंकू॥
औ चाँदहिं पुनि राहु गरासा। वह बिनु राहु सदा परगासा॥

नेत्र

राते कँवल करहिं अलि भवाँ। घूमहिं माति चहहिं अपसवाँ॥
पवन झकोरहिं देइ हिलोरा। सरग लाल भुँइ लाल बहोरा॥
जग जेलै डोलत नैनाहाँ। उलटि अड़ार जाहिं पल माहाँ॥
जबहिं फिराहिं गगन गहि बोरा। अस वै भौंर चक्र के जोरा॥

बरौनियाँ

बरुनी का बरनौं इमि बनी। साधे बान जानु दुइ अनी॥
जुरी राम रावन कै सेना। बीच समुद्र भए दुइ नैना॥
उन बानन्ह अस को जो न मारा। बेधि रहा सगरौ संसारा॥
गगन नखत जो जाहि न गने। वै सब बान ओही के हने॥
धरती बान बेधि सब राखी। साखी ठाढ़ देहिं सब साखी॥
रोवँ रोवँ मानुष तन ठाढ़े। सूतहि सूत बेध अस गाढ़े॥
बरुनि बान अस ओपहँ, बेधे रनबन ढाख।
सौजहि तन सब रोवाँ, पंखिहि तन सब पाँख॥

(इतिहास, पृ. 104)

नासिका

सुआ सो नाक कठोर पँवारी। वह कोंवर तिल-पुहुप सँवारी॥
पुहुप सुगंध करहिं एहि आसा। मकु हिरकाइ लेइ हम्ह पासा॥

अधर

हीरा लेइ सो विद्रुम धारा। बिहँसत जगत होइ उजियारा॥
राता जगत देखि रँगराती। रुहिर भरे आछहि बिहँसाती॥

दंत पंक्ति

जेहि दिन दसन जोति निरमई। बहुतै जोति जोति ओहि भई॥
रवि ससि नखत दिपहिं ओहि जोती। रतन पदारथ मानिक जोती॥
जहँ जहँ बिहँसि सुभावहि हँसी। तहँ तहँ छिटकि जोति परगसी॥
हँसत दसन अस चमके पाहन उठे झरक्कि।
दारिउँ सरि जो न कै सका फाटेउ हिया दरक्कि॥

उँगलियाँ

हिया काढ़ि जनु लीन्हेसि हाथा । रुहिर भरी अँगुरी तेहि साथा ॥

रोमावली

साम भुअंगिनि रोमावली । नाभी निकसि कँवल कहँ चली ॥
आइ दुऔ नारंग बिच भई । देखि मयूर ठमकि रहि गई ॥
मनहुँ चढ़ी भौंरन्ह कै पाती । चंदन खाँभ बास कै माती ॥
की कालिंदी बिरह सताई । चलि पयाग अरइल बिच आई ॥

मुख-नेत्र-वेणी

पन्नग पंकज मुख गहे खंजन तहाँ बईठ ।
छत्र सिंघासन राज धन ताकहँ होइ जो डीठ ॥

कटि

बसा लंक बरनै जग झीनी । तेहिं तें अधिक लंक वह खीनी ॥
परिहँस पियर भए तेहि बसा । लिए डंक लोगन्ह कह डसा ॥
मानहुँ नाल खंड दुइ भए । दुहूँ बिच लंक तार रहि गए ॥
सिंघ न जीता लंक सरि हारि लीन्ह बनबासु ।
तेहि रिस मानुस रकत पिय खाइ मारि कै मांसु ॥

(नखशिख खंड)

प्रेम-वैराग्य

(9)

आवत जग बालक अस रोवा । उठा रोइ 'हा ज्ञान सो खोवा' ॥
हौं तो अहा अमरपुर जहाँ । इहाँ मरनपुर आएउँ कहाँ ॥
केइ उपकार मरन कर कीन्हा । सकति हँकारि जीउ हरि लीन्हा ॥

(प्रेम खंड)

प्रेम कठिन

(10)

पेम पहार कठिन विधि गढ़ा । सो पै चढ़ै जो सिर सौं चढ़ा ॥
पंथ सूरि कै उठा अँकूरू । चोर चढ़ै, की चढ़ मंसूरू ॥

हिय कै जोति दीप वह सूझा । यह जो दीप अँधियारा बूझा ॥
उलटि दीठि माया सौं रूठी । पलटि न फिरी जानि कै झूठी ॥

(प्रेम खंड)

माँ की चिन्ता

(11)

सब दिन रहेहु करत तुम भोगू । सो कैसे साधन तप जोगू ॥
कैसे धूप सहब बिनु छाहाँ । कैसे नींद परिहि भुइँ माहाँ ॥
कैसे ओढ़ब काथरि कंथा । कैसे पाँव चलब तुम पंथा ॥
कैसे सहब खिनहि खिन भूखा । कैसे खाब कुरकुटा रूखा ॥

(जोगी खंड)

रनिवास में रुदन

(12)

रोवहिं रानी तजहिं पराना । नोचहिं बार करहिं खरिहाना ॥
चूरहिं गिउ अभरन उर हारा । अब कापर हम करब सिंगारा ॥
जा कहँ कहहिं रहसि कै पीऊ । सोइ चला, काकर यह जीऊ ॥
मरै चहहिं पै मरै न पावहिं । उठै आगि, सब लोग बुझावहिं ॥

(जोगी खंड)

कठिन यात्रा

(13)

ओहि मिलान जौ पहुँचै कोई । तब हम कहब पुरुष भल सोई ॥
है आगे परबत कै बाटा । बिषम पहार अगम सुठि घाटा ॥
बिच बिच नदी खोह औ नारा । ठावहिं ठाँव बैठ बटपारा ॥

(इतिहास, पृ. 105)

करहु दीठि थिर होइ बटाऊ । आगे देखि धरहु भुइँ पाऊ ॥
जो उबट होइ परे भुलाने । गए मारि पथ चलै न जाने ॥
पायँन पहिरि लेहु सब पौंरी । काँट धसैं न गड़ैं अँकरौरी ॥
परे आइ बन परबत माहाँ । दंडाकरन बीझ बन जाहाँ ॥
सघन ढाँख बन चहुँदिसि फूला । बहु दुख पाव उहाँ कर भूला ॥
झाँखर जहाँ सो छाँड़हु पंथा । हिलगि मकोइ न फारहु कंथा ॥

(जोगी खंड)

दान की महिमा

(14)

धनि जीवन औ ताकर हीया । ऊँच जगत महँ जाकर दीया ॥
दिया सो जप तप सब उपराहीं । दिया बराबर जग किछु नाहीं ॥
एक दिया ते दसगुन लहा । दिया देखि सब जग मुख चहा ॥
दिया करै आगे उजियारा । जहाँ न दिया तहाँ अँधियारा ॥
दिया मंदिर निसि करै अँजोरा । दिया नाहिं घर मूसहिं चोरा ॥

(राजागजपति संवाद खंड)

समुद्र प्रसंग

(15)

उठै लहरि जनु ठाढ़ पहारा । चढ़ै सरग औ परै पतारा ॥

भा किलकिल अस उठै हिलोरा । जनु अकास टूटै चहुँ ओरा ॥
उठै लहरि परबत कै नाईं । फिरि आवै जोजन सो ताईं ॥
धरती लेइ सरग लहि बाढ़ा । सकल समुद जानहुँ भा ठाढ़ा ॥
नीर होइ तर ऊपर सोई । माथे रंभ समुद्र जस होई ॥

(सात समुद्र खंड)

प्रेमनिष्ठा

(16)

ना हौं सरग क चाहौं राजू । ना मोहिं नरक सेंति किछु काजू ॥
चाहौं ओहि कर दरसन पावा । जेइ मोहिं आनि पेम पथ लावा ॥

(सात समुद्र खंड)

सातवाँ समुद्र मानसर

(17)

देखि मानसर रूप सोहावा । हिय हुलास पुरइनि होइ छावा ॥
गा अँधियार, रैन मसि छूटी । भा भिनसार किरिन रवि फूटी ॥
अस्ति अस्ति जव साथी बोले । अंध जो अहे नैन विधि खोले ॥
कँवल बिगस तव बिहँसी देही । भौंर दसन होइ कै रस लेहीं ॥

(सात समुद्र खंड)

सिंहलद्वीप गढ़

(18)

धाइ जो बाजा कै मन साधा। मारा चक्र भएउ दुइ आधा॥
चाँद सुरुज और नखत तराईं। तेहिं उर अंतरिख फिरहिं सबाईं॥
पौन जाइ तहँ पहुँचै चहा। मारा तैस लोटि भुइँ रहा॥
अगिनि उठी, जरि बुझी निआना। धुआँ उठा, उठि बीच बिलाना॥
पानि उठा उठि जाइ न छूआ। बहुरा रोइ, आइ भुइँ चूआ॥

(सिंघलद्वीप खंड)

मिट्टी अनमोल

(19)

माटी मोल न किछु लहै औ माटी सब मोल।
दिस्टि जो माटी सौं करै माटी होइ अमोल॥

(मंडपगमन खंड)

नेह

(20)

बिछुरंता जब भेंटै सो जानै जेहि नेह।
सुक्ख सुहेला उग्गवै दुःख झरै जिमि मेह॥

बसै मीन जल धरती अंबा बसै अकास।
जौं पिरीत पै दुवौ महँ अंत होहिं एक पास॥

(पद्मावती सुआ भेंट खंड)

प्रेम की चिनगारी

(21)

मुहमद चिनगी पेम कै सुनि महि गगन डेराइ।
धनि बिरही औ धनि हिया तहँ अस अगिनि समाइ॥

(राजा रत्नसेन सती खंड)

कायागढ़

(22)

गढ़ तस बाँक जैसि तोरि काया । पुरुष देखु ओही कै छाया ॥
पाइय नाहिं जूझ हठि कीन्हे । जेइ पावा तेइ आपुहि चीन्हे ॥
नौ पौरी तेहि गढ़ मझियारा । औ तहँ फिरहिं पाँच कोटवारा ॥
दसवँ दुआर गुपुत एक ताका । अगम चढ़ाव बाट सुठि बाँका ॥
भेदै जाइ सोइ वह घाटी । जो लहि भेद, चढ़ै होइ चाँटी ॥
गढ़ तर कुंड, सुरँग तेहि माहाँ । तहँ वह पंथ कहौं तोहि पाहाँ ॥

दसवँ दुआर ताल कै लेखा । उलटि दिस्टि जो लाव सो देखा ॥

परगट लोकचार कहु बाता । गुपुत लाउ मन जासौं राता ॥
हौं हौं कहत सबै मतिखोई । जौं तू नाहिं आहि सब कोई ॥

आपुहि गुरु सो आपुहि चेला । आपुहि सब औ आपु अकेला ॥

(पार्वती महेश खंड)

दृष्टि-वाण का मारा

(23)

रोवँ रोवँ वै वान जो फूटे । सूतहि सूत रुहिर मुख छूटे ॥
नैनहि चली रकत कै धारा । कंथा भीजि भएउ रतनारा ॥
सूरुज बूड़ि उठा होइ ताता । औ मजीठ टेसू बन राता ॥
भा बसंत रातीं बनसपती । औ राते सब जोगी जती ॥
पुहुमि जो भीजि,भयेउ सब गेरू । औ राते तहँ पंखि पखेरू ॥
राती सती अगिनि सब काया । गगन मेघ राते तेहिं छाया ॥
ईंगुर भा पहार जौं भींजा । पै तुम्हार नहिं रोवँ पसीजा ॥

(राजा गढ़ छेंका खंड)

प्रेमकथा के नायक

(24)

विक्रम धँसा पेम के बारा । सपनावति कहँ गयउ पतारा ॥
मधू पाछ मुगुधावति लागी । गगनपूर होइगा बैरागी ॥

राजकुँवर कंचनपुर गयऊ। मिरगावति कहँ जोगी भयऊ॥
साथ कुँवर खंडावत जोगू। मधु मालति कर कीन्ह बियोगू॥
प्रेमावति कहँ सुरपुर साधा। उषा लागि अनिरुध बर बाँधा॥

(राजा गढ़ छेंका खंड)

नम्रता की शक्ति

(25)

एहि सेंति बहुरि जूझ नहिं करिए। खड़ग देखि पानी होइ ढरिए॥
पानिहि काह खड़ग कै धारा। लौटि पानि होइ सोइ जो मारा॥
पानी केर आगि का करई। जाइ बुझाइ जौ पानी परई॥

(गंधर्वसेन मंत्री खंड)

सर्वं खल्विदं ब्रह्म

(26)

जब चीन्हा तब और न कोई। तन मन जिउ जीवन सब सोई॥
हौं हौं करत धोख इतराहीं। जब भा सिद्ध कहाँ परछाहीं॥

(गंधर्वसेन मंत्री खंड)

कँवलकली

(27)

कँवल कली तू पदमिनि गइ निसि भएउ बिहानु॥
अबहुँ न संपुट खोलसि जब रे उआ जग भानु॥
भानु नाँव सुनि कँवल बिगासा। फिरि कै भौंर लीन्ह मधु बासा॥

(गंधर्वसेन मंत्री खंड)

विरहाग्नि

(28)

जनहु अगिनि के उठहिं पहारा। औ सब लागहि अंग अँगारा॥
कटि कटि माँसु सराग पिरोवा। रकत कै आँसु माँसु सब रोवा॥
खिन एक बार माँसु अस भूँजा। खिनहि चबाइ सिंघ अस गूँजा॥

(गंधर्वसेन मंत्री खंड)

प्रीतिबेलि

(29)

प्रीतिबेलि जिनि अरुझै कोई । अरुझे मुए न छूटै सोई ॥
प्रीतिबेलि ऐसै तन डाढ़ा । पलुहत सुख, बाढ़त दुख बाढ़ा ॥
प्रीतिबेलि कै अमर को बोई । दिन दिन बढ़ै, छीन नहिं होई ॥
प्रीति अकेलि बेलि चढ़ि छावा । दूसर बेलि न सँचरै पावा ॥

(गंधर्वसेन मंत्री खंड)

काया-जीव सम्बन्ध

(30)

जीउ काढ़ि लै तुम्ह अपसई । वह भा कया, जीव तुम्ह भई ॥
कया जो लाग धूप औ सीऊ । कया न जान, जान पै जीऊ ॥
भोग तुम्हार मिला ओहि जाई । जो ओहि बिथा सो तुम्ह कहँ आई ॥

(गंधर्वसेन मंत्री खंड)

बारात

(31)

रचि रचि मानिक माँड़व छावा । औ भुँइ रात बिछाव बिछावा ॥
चंदन खाँभ रचे बहु भाँती । मानिक दिया बरहिं दिन राती ॥
घर घर बंदन रचे दुवारा । जावत नगर गीत झनकारा ॥
हाट बाट सब सिंघल जहँ देखहु तहँ रात ।
धनि रानी पदमावति जेहिकै ऐसि बरात ॥
साजा राजा बाजन बाजे । मदन सहाय दुवौ दर गाजे ॥
औ राता सोने रथ साजा । भए बरात गोहने सब राजा ॥

पदमावति धौराहर चढ़ी । दहुँ कस रवि जेहि कहँ ससि गढ़ी ॥
देखि बरात सखिन्ह सौं कहा । इन्ह महँ सो जोगी को अहा ॥

जस रवि, देखु, उठै परभाता । उठा छत्र तस बीच बराता ॥
ओही माँझ भा दूलह सोई । और बरात संग सब कोई ॥

(रत्नसेन पदमावती विवाह खंड)

नाद-वेद

(32)

तुम पंडित जानहु सब भेदू । पहिले नाद भएउ तब बेदू ॥
आदि पिता जो विधि अवतारा । नाद संग जिउ ज्ञान सँचारा ॥

नाद वेद मद पैंड़ जो चारी । काया मँह ते लेहु बिचारी ॥
नाद हिये मद उपनै काया । जहँ मद तहाँ पेड़ नहिं छाया ॥
जस मद पिए घूम कोइ नाद सुने पै घूम ।
तेहि तें बरजे नीक है चढ़े रहसि कै दूम ॥

(रत्नसेन पदमावती विवाह खंड)

मिलनातुर रत्नसेन

(33)

का पूछहु तुम धातु, निछोही । जो गुरु कीन्ह अँतरपट ओही ॥
सिधि गुटिका अब मो संग कहा । भएउँ राँग, सत हिये न रहा ॥
सो न रूप जासौं मुख खोलौं । गएउ भरोस तहाँ का बोलौं ॥
जहँ लोना बिरवा कै जाती । कहि कै सँदेस आन को पाती ॥
जो एहि घरी मिलावै मोहीं । सीस देउँ बलिहारी ओही ॥

(पदमावती रत्नसेन भेंट खंड)

परिहास-संभाषण-मिलन

(34)

साजन लेइ पठावा आयसु जाइ न मेट ।
तन मन जोबन साजि के देइ चली लेइ भेंट ॥
पदमिनि गवन हंस गए दूरी । कुंजर लाज मेल सिर धूरी ॥
बदन देखि घट चंद छपाना । दसन देखि कै बीजु लजाना ॥
खंजन छपे देखि कै नैना । कोकिल छपी सुनत मधु बैना ॥
पहुँचहि छपी कँवल पवनारी । जंघ छपा कदली होइ बारी ॥

ओहट होसि जोगि! तोरि चेरी । आवै बास कुरकुटा केरी ॥
जोगि तोरि तपसी कै काया । लागि चहै मोरे अँग छाया ॥
हौं रानी, तू जोगि भिखारी । जोगिहि भोगिहि कौन चिन्हारी ॥

जोगी सबै छंद अस खेला । तू भिखारि तेहि माहिं अकेला ॥
एही भाँति सिस्टि सब छरी । एही भेख रावन सिय हरी ॥

अनु धनि! तू निसिअर निसि माहाँ।हौं दिनिअर जेहि कै तूँ छाहाँ ॥
चाँदहि कहाँ जोति औ करा । सुरुज के जोति चाँद निरमरा ॥

कापर रँगे रंग नहिं होई । उपजै औटि रंग भल सोई ॥
जो मजीठ औटै बहु आँचा । सो रंग जनम न डोलै राँचा ॥
जरि परास होइ कोइल भेसू । तब फूलै राता होइ टेसू ॥
थल थल नग न होहि जेहि जाती । जल जल सीप न उपनहिं मोती ॥
बन बन बिरिछ न चंदन होई । तन तन बिरह न उपनै सोई ॥

बिहँसी धनि सुनि कै सत बाता । निहचय तू मोरे रँग राता ॥
जब हीरामन भएउ सँदेसी । तुम्ह हुत मंडप गइउँ, परदेसी ॥
तोर रूप तस देखेउँ लोना । जनु जोगी! तू मेलेसि टोना ॥
भुगुति देइ कहँ मैं तोहि दीठा । कँवल नैन होइ भौंर बईठा ॥
नैन पुहुप, तू अलि भा सोभी । रहा बेधि अस, उड़ा न लोभी ॥
कौन मोहनी दहुँ हुति तोही । जो तोहि बिथा सो उपनी मोही ॥
बिनु जल मीन तलफ जस जीऊ । चातकि भइउँ कहत पिउ पीऊ ॥
जरिउँ बिरह जस दीपक बाती।पंथ जोहत भइ सीप सेवाती ॥
तोरे पेम पेम मोहिं भयऊ । राता हेम अगिनि जिमि तएऊ ॥

जब हुँत कहि गा पंखि सँदेसी । सुनिउँ कि आवा है परदेसी ॥
तब हुँत तुम विनु रहै न जीऊ । चातकि भइउँ कहत पिउ पीऊ ॥
भइउँ चकोरि सो पंथ निहारी । समुद सीप जस नैन पसारी ॥
भइउँ बिरह दहि कोइल कारी । डार डार जिमि कूकि पुकारी ॥
कौन सो दिन जब पिउ मिलै यह मन राता जासु ।
वह दुख देखै मोर सव हौं दुख देखौं तासु ॥

सुनु धनि पेम सुरा के पिए । मरन जियन डर रहै न हिए ॥
जेहिं मद तेहि कहाँ संसारा । को सो घूमि रह, की मतवारा ॥
जा कहँ होइ बार एक लाहा । रहै न ओहि बिनु आही चाहा ॥
अरथ दरव सो देइ वहाई । की सब जाहु, न जाइ पियाई ॥

आजु मरम मैं जाना सोई । जस पियार पिउ और न कोई ॥
करि सिंगार तापहँ का जाऊँ । ओही देखहुँ ठाँवहिं ठाँऊँ ॥

जौ जिउ मँह तौ उहै पियारा । तन मन सौं नहि होइ निनारा ॥
नैन माँह है उहै समाना । देखौ तहाँ नाहिं कोउ आना ॥

पावस ऋतु

(35)

रितु पावस बरसै पिउ पावा । सावन भादौं अधिक सोहावा ॥
पदमावति चाहत रितु पाई । गगन सोहावन, भूमि सोहाई ॥
चमक बीजु, बरसै जल सोना । दादुर मोर सबद सुठि लोना ॥
रँगराती पीतम संग जागी । गरजे गगन चौंकि गर लागी ॥
सीतल बूँद, ऊँच चौपारा । हरियर सब देखाइ संसारा ॥

नागमती का बारहमासा

(36)

मिलहिं जो बिछुरे साजन अंकम भेंटि अहंत ।
तपनि मृगसिरा जे सहैं ते अद्रा पलुहंत ॥

आषाढ़

चढ़ा असाढ़ गगन घन गाजा । साजा बिरह दुंद दल बाजा ॥
धूम साम धौरे घन धाए । सेत धजा बग पाँति देखाए ॥
खड़ग बीजु चमकै चहुँ ओरा । बुंद बान बरसहिं घन घोरा ॥
पुष्य नखत सिर ऊपर आवा । हौं बिनु नाह, मँदिर को छावा ॥
अद्रा लाग, लागि भुँइ लेई । मोहिं बिनु पिउ को आदर देई ॥

सावन

सावन बरस मेह अति पानी । भरनि परी, हौं बिरह झुरानी ॥
सखिन्ह रचा पिउ संग हिंडोला । हरियर भूमि कुसुंभी चोला ॥
हिय हिंडोल अस डोलै मोरा । बिरह झुलाइ देइ झकझोरा ॥
बाट असूझ अथाह गँभीरी । जिउ बाउर, भा फिरै भँभीरी ॥
जग जल बूड़ जहाँ लगि ताकी । मोरि नाव खेवक बिनु थाकी ॥

भादों

बरसै मघा झकोरि झकोरी । मोर दुइ नैन चुवैं जस ओरी ॥
पुरबा लाग भूमि जल पूरी । आक जवास भई तस झूरी ॥

कुवार

चित्रा मित्र मीन कर आवा। पपिहा पीउ पुकारत पावा॥
उआ अगस्त, हस्ति घन गाजा। तुरय पलानि चढ़े रन राजा॥
स्वाति बूँद चातक मुख परे। समुद सीप सब मोती भरे॥
सरवर सँवरि हंस चलि आए। सारस कुरलहिं खँजन देखाए॥
भा परगास, काँस बन फूले। कंत न फिरे बिदेसहिं भूले॥

कातिक

कातिक सरद चंद उजियारी। जग सीतल हौं बिरहै जारी॥
चौदह करा चाँद परगासा। जनहुँ जरै सब धरति अकासा॥
तन मन सेज जरै अगिदाहू। सब कहँ चंद, भएउ मोहिं राहू॥
अबहूँ निठुर! आउ एहि बारा। परब देवारी होइ संसारा॥
सखि झूमक गावैं अँग मोरी। हौं झुरावँ, बिछुरी मोरि जोरी॥

अगहन

काँपै हिया जनावै सीऊ। तौ पै जाइ होइ सँग पीऊ॥
पिउ सौ कहेहु सँदेसड़ा हे भौंरा हे काग।
सो धनि बिरहै जरि मुई तेहिक धुआँ हम्ह लाग॥

माघ

पहल पहल तन रूई झाँपै। हहरि हहरि अधिकौ हिय काँपै॥
टप टप बूँद परहिं जस ओला। बिरह पवन होइ मारै झोला॥

फागुन

तन जस पियर पात भा मोरा। तेहि पर बिरह देइ झकझोरा॥
तरिवर झरहिं, झरहिं बन ढाखा। भइ ओनंत फूलि फरि साखा॥
करहिं बनसपति हियें हुलासू। मो कहँ भा जग दून उदासू॥
फागु करहिं सब चाँचरि जोरी। मोहि तन लाइ दीन्ह जस होरी॥
राति दिवस सब यह जिउ मोरे। लगौं निहोर कंत अब तोरे॥
यह तन जारौं छार कै कहौं कि 'पवन! उड़ाव'।
मकु तेहि मारग उड़ि परै कंत धरै जहँ पाव॥

चैत

बौरे आम फरै अब लागे। अबहुँ आउ घर, कंत सभागे॥

बैसाख

सरवर हिया घटत निति जाई। टूक टूक होइ कै बिहराई॥
बिहरत हिया करहु, पिय, टेका। दीठि दवँगरा मेरवहु एका॥
कँवल जो बिगसा मानसर बिनु जल गएउ सुखाइ।
कबहुँ बेलि फिरि पलुहै जौ पिय सींचै आइ॥

जेठ

जेठ जरै जग, चलै लुवारा। उठहिं बवंडर परहिं अँगारा॥
चारिहुँ पवन झकोरै आगी। लंका दाहि पलंका लागी॥
उठै आगि औ आवै आँधी। नैन न सूझ मरौं दुख बाँधी॥
तपै लागि अब जेठ असाढ़ी। मोहि पिउ बिनु छाजनि भइ गाढ़ी॥
तन तिनउर भा झूरौं खरी। भइ बरखा दुख आगरि जरी॥
बंध नाहिं औ कंध न होई। बात न आव कहौं का रोई॥
साँठि नाठि, जग बात को पूछा। बिनु जिउ फिरै मूँज तनु छूछा॥
भई दुहेली टेक बिहूनी। थाँभ नाहिं उठि सकै न थूनी॥
बरसै मेह, चुवहिं नैनाहा। छपर छपर होइ रहि बिनु नाहा॥
कोरौं कहा ठाट नव साजा। तुम बिनु कंत न छाजनि छाजा॥
दहि कोइला भइ कंत सनेहा। तोला माँसु रही नहिं देहा॥
रकत न रहा, बिरह तन गरा। रती रती होइ नैनन्ह ढरा॥

धौरी पंडुक कहु पिउ नाऊँ। जौं चितरोख न दूसर ठाऊँ॥
जाहि बया होइ पिउ कंठ लवा। करै मेराव सोइ गौरवा॥
जेहि पंखी के नियर होइ कहै बिरह कै बात।
सोई पंखी जाइ जरि तरिवर होइ निपात॥
कुहुकि कुहुकि जस कोइल रोई। रकत आँसु घुँघुची बन बोई॥
जहँ जहँ ठाढ़ि होइ बनबासी। तहँ तहँ होइ घुँघुची कै रासी॥
बूँद बूँद महँ जानहुँ जीऊ। गूँजा गूँजि करै पिउ पीऊ॥
तेहि दुख भए परास निपाते। लोहू बूड़ि उठे होइ राते॥
राते बिंब भीजि तेहि लोहू। परवर पाक, फाट हिय गोहूँ॥

(नागमती वियोग खंड)

बिरह संदेश

(37)

फिरि फिरि रोव, कोइ नहिं डोला । आधी राति बिहंगम बोला ॥
तू फिरि फिरि दाँहै सब पाँखी । केहि दुख रैनि न लावसि आँखी ॥
चारिउ चक्र उजार भए कोइ न संदेसा टेक ।
कहौं बिरह दुख आपन बैठि सुनहु दँड एक ॥
हाड़ भए सब किंगरी नसैं भईं सब ताँति ।
रोवँ रोवँ तें धुनि उठै कहौं बिथा केहि भाँति ॥
पदमावति सौं कहेहु, बिहंगम । कंत लोभाइ रही करि संगम ॥
तोहि चैन सुख मिलै सरीरा । मो कहँ हिये दुंद दुख पूरा ॥
हमहुँ बियाही संग ओहि पीऊ । आपुहि पाइ जानु पर जीऊ ॥
मोहिं भोग सौं काज न बारी । सौंह दीठि कै चाहनहारी ॥

अस परजरा बिरह कर गठा । मेघ साम भए धूम जो उठा ॥
दाढ़ा राहु, केतु गा दाधा । सूरज जरा, चाँद जरि आधा ॥
औ सब नखत तराईं जरहीं । टूटहिं लूक, धरति महँ परहीं ॥
जरै सो धरनी ठावँहिं ठाऊँ । दहकि पलास जरै तेहि दाऊँ ॥

(नागमती संदेश खंड)

बिदाई

(38)

गहबर नैन आए भरि आँसू । छाँड़ब यह सिंघल कबिलासू ॥
छाँड़िउँ नैहर, चलिउँ बिछोई । एहि रे दिवस कहँ हौं तब रोई ॥
छाँड़िउँ आपन सखी सहेली । दूरि गवन, तजि चलिउँ अकेली ॥
नैहर आइ काह सुख देखा । जनु होइगा सपने कर लेखा ॥
मिलहु सखी! हम तहवाँ जाहीं । जहाँ जाइ पुनि आउब नाहीं ॥
हम तुम मिलि एकै सँग खेला । अंत बिछोह आनि गिउ मेला ॥
आदि अंत जो पिता हमारा । ओहू न यह दिन हिये बिचारा ॥
छोह न कीन्ह निछोही ओहू । का हम्ह दोष लाग एक गोहूँ ॥

(रत्नसेन बिदाई खंड)

द्रव्य की महिमा

(39)

सोई पुरुष दरब जेइ सैंती । दरबहिं ते सुनु बातैं एती ॥
दरब तें गरब करै जे चाहा । दरब तें धरती सरग बेसाहा ॥
दरब तें हाथ आव कबिलासू । दरब तें अछरी छाँड़ न पासू ॥
दरब तें निरगुन होइ गुनवंता । दरब तें कुबुज होइ रुपवंता ॥
दरब रहै मुँह दिपै लिलारा । अस मन दरब देइ को पारा ॥
दरब तें धरम करम औ राजा । दरब तें सुद्ध बुद्धि, बल गाजा ॥

(देशयात्रा खंड)

साँठि होइ जेहि तेहि सब बोला । निसँठ जो पुरुष पात जिमि डोला ॥
साँठिहि रंक चलै झौंराई । निसँठ राव सब कह बौराई ॥
साँठिहि आव गरब तन फूला । निसँठहि बोल, बुद्धि बल भूला ॥
साँठिहि जागि नींद निसि आई । निसँठहि काह होइ औंघाई ॥
साँठिहि दिस्टि, जोति होइ नैना । निसँठ होइ, मुख आव न बैना ॥

(लक्ष्मी समुद्र खंड)

नागमती के दिन फिरे

(40)

जसि भुइँ दहि असाढ़ पलुहाई । परहिं बूँद औ सोंधि बसाई ॥
ओहि भाँति पलुही सुख बारी । उठी करिल भइ कोंप सँवारी ॥

पलुही नागमती कै बारी । सोने फूल फूलि फुलवारी ॥
जावत पंखि रहे सब दहे । सबै पंखि बोलत गहगहे ॥

(चित्तौर आगमन खंड)

वेदमत साँचा

(41)

राघव पूजि जाखिनी दुइज देखाएसि साँझ ।
बेद पंथ जे नहिं चलहिं ते भूलहिं बन माँझ ॥
झूठ बोलि थिर रहे न राँचा । पंडित सोह बेद मत साँचा ॥
बेद बचन मुख साँच जो कहा । सो जुग जुग अहथिर होइ रहा ॥

(राघव चेतन देश निकाला खंड)

पदमावती की सुकुमारता

(42)

पँखुरी काढ़हिं फूलन सेंती । सोई डासहिं सौंर सपेती ॥
फूल समूचै जो रहि पावा । व्याकुल होइ नींद नहिं आवा ॥
नस पानन्ह कै काढ़हिं हेरी । अधर न गड़ै फाँस ओहि केरी ॥
मकरि क तार तेहि कर चीरू । सो पहिरे छिरि जाइ सरीरू ॥

(पदमावती रूपचर्चा खंड)

बादशाह की चढ़ाई

(43)

सुनि अस लिखा उठा जरि राजा । जानौ दैउ तड़पि घन गाजा ॥
का मोहि सिंघ देखावसि आई । कहौं तौ सारदूल धरि खाई ॥
भलेहि साह पुहुमीपति भारी । माँग न कोउ पुरुष कै नारी ॥

हौं रनथँभउर नाह हमीरू । कलपि माथ जेइ दीन्ह सरीरू ॥
हौं सो रतनसेन सकबंधी । राहु बेधि जीता सैरंधी ॥
हनुवँत सरिस भार जेइ काँधा । राघव सरिस समुद जो बाँधा ॥
बिक्रम सरिस कीन्ह जेइ साका । सिंघलदीप लीन्ह जौ ताका ॥
जौ अस लिखा भएउँ नहि ओछा । जियत सिंघ कै गह को मोछा ॥
तुरुक! जाइ कहु मरै न धाई । होइहि इसकंदर कै नाईं ॥

चितउर हिंदुन कर अस्थाना । सत्रु तुरुक हठि कीन्ह पयाना ॥
है चितउर हिंदुन कै माता । गाढ़ परे तजि जाइ न नाता ॥

बादसाह हठि कीन्ह पयाना । इंद्र भँडार डोल भय माना ॥
नबे लाख असवार जो चढ़ा । जो देखा सो लोहे मढ़ा ॥
बीस सहस घहराहिं निसाना । गलगंजहि भेरी असमाना ॥
बैरख ढाल गगन गा छाई । चला कटक धरती न समाई ॥
सहस पाँति गज मत्त चलावा । धँसत अकास, धँसत भुइँ आवा ॥
बिरिछ उचारि पेड़ि सौं लेहीं । मस्तक झारि डारि मुख देहीं ॥
कोइ काहू न सँभारै होत आव तस चाँप ।
धरति आपु कहँ काँपै सरग आपु कहँ काँप ॥

(बादशाह चढ़ाई खंड)

तोप-ललना

(44)

कहौं सिंगार जैसि वै नारी । दारू पियहिं जैसि मतवारी ॥
उठै आग जौ छाँड़हिं साँसा । धुआँ जौ लागै जाइ अकासा ॥
सेंदुर आगि सीस उपराहीं । पहिया तरिवन चमकत जाहीं ॥
कुच गोला दुइ हिरदय लाए । चंचल धुजा रहहिं छिटकाए ॥
रसना लूक रहहिं मुख खोले । लंका जरै सो उनके बोले ॥
अलक जँजीर बहुत गिउ बाँधे । खींचहि हस्ती टूटहिं काँधे ॥
बीर सिंगार दोउ एक ठाऊँ । सत्रुसाल गढ़भंजन नाऊँ ॥

आवै डोलत सरग पतारा । काँपै धरति, न अँगवै भारा ॥
टूटहिं परबत मेरु पहारा । होइ चकचून उड़हिं तेहि झारा ॥
सत खंड धरती भइ षटखंडा । ऊपर अष्ट भए बरम्हंडा ॥
गगन छपान खेह तस छाई । सूरुज छपा, रैनि होइ आई ॥
दिनहिं रात अस परी अचाका । भा रबि अस्त, चंद्र रथ हाँका ॥
मंदिर जगत दीप परगसे । पंथी चलत बसेरै बसे ॥
दिन के पंखि चरत उड़ि भागे । निसि के निसरि चरै सब लागे ॥

(बादशाह चढ़ाई खंड)

युद्ध

(45)

हस्ती सहुँ हस्ती हठि गाजहिं । जनु परबत परबत सौं बाजहिं ॥
गरू गयंद न टारे टरहीं । टूटहिं दाँत, माथ गिरि परहीं ॥
बाजहिं खड़ग उठै दर आगी । भुइँ जरि चहै सरग कहँ लागी ॥
चमकहिं बीजु होइ उजियारा । जेहि सिर परै होइ दुइ फारा ॥
बरसहिं सेल बान होइ काँदों । जस बरसै सावन औ भादौं ॥
झपटहिं कोपि परहिं तरवारी । औ गोला ओला जस भारी ॥
जूझे बीर कहौं कहँ ताईं । लेइ अछरी कैलास सिधाईं ॥
जनम बधाव करहिं मसखावा । अब भख जनम जनम कहँ पावा ॥
चौंसठ जोगिनि खप्पर पूरा । बिग जंबुक घर बाजहिं तूरा ॥
गिद्ध चील सब माँड़ो छावहिं । काग कलोल करहिं औ गावहिं ॥
जेइँ जस माँसू भखा परावा । तस तेहि कर लेइ औरन्ह खावा ॥

आइ साह अँबरावँ जो लाए । फरे झरे पै गढ़ नहिं पाए ॥
एहि बिधि ढील दीन्ह, तब ताईं । दिल्ली तैं अरदासैं आईं ॥

पछिउँ हरेव दीन्हि जो पीठी । सो अब चढ़ा सौंह कै दीठी ॥
जिन्ह भुइँ माथ गगन तेइ लागा । थाने उठे, आव सब भागा ॥
उहाँ साह चितउर गढ़ छावा । इहाँ देस अब होइ परावा ॥

(राजा बादशाह युद्ध खंड)

पानी की महिमा

(46)

पानी मूल परिख जौ कोई । पानी बिना सवाद न होई ॥
अमृत पान सह अमृत आना । पानी सौं घट रहैं पराना ॥
पानी दूध औ पानी घीऊ । पानि घटै, घट रहै न जीऊ ॥
पानी माँझ समानी जोती । पानिहिं उपजै मानिक मोती ॥
पानिहिं सौं सब निरमल कला । पानी छुए होइ निरमला ॥
सो पानी मन गरब न करई । सीस नाइ खाले पग धरई ॥

(बादशाह भोज खंड)

चित्तौरगढ़

(47)

सातौ पँवरी कनक केवारा । सातौ पर बाजहिं घरियारा ॥
खंड खंड साज पलंग औ पीढ़ी । जानहुँ इंद्रलोक कै सीढ़ी ॥
चंदन बिरिछ सोह तहँ छाहाँ । अमृत कुंड भरे तेहि माहाँ ॥
फरे खजहजा दारिउँ दाखा । जो ओहि पंथ जाइ सो चाखा ॥
कनक छत्र सिंघासन साजा । पैठत पँवरि मिला लेइ राजा ॥
चढ़ा साह गढ़ चितउर देखा । सब संसार पाँव तर लेखा ॥
देखा साह गगन गढ़ इंद्रलोक कर साज ।
कहिय राज फुर ताकर सरग करै अस राज ॥

(चित्तौरगढ़ वर्णन खंड)

अपकार के बदले उपकार

(48)

मंदहि भल जो करै भल सोई । अंतहि भला भले कर होई ॥
सत्रु जो विष देइ चाहै मारा । दीजिय लोन जानि विष हारा ॥
विष दीन्हे बिसहर होइ खाई । लोन दिए होइ लोन बिलाई ॥
मारे खड़ग खड़ग कर लेई । मारे लोन नाइ सिर देई ॥

(चित्तौरगढ़ वर्णन खंड)

पदमावती की झलक

(49)

बिहँसि झरोखे आइ सरेखी । निरखि साह दरपन महँ देखी ॥
होतहि दरस परस भा लोना । धरती सरग भएउ सब सोना ॥

देखि एक कौतुक हौं रहा । रहा अँतरपट, पै नहिं अहा ॥
सरवर देख एक मैं सोई । रहा पानि, पै पान न होई ॥
सरग आइ धरती महँ छावा । रहा धरति पै धरत न आवा ॥

(चित्तौरगढ़ वर्णन खंड)

दुःख की घोरता

(50)

दुख जारै दुख भूँजै दुख खोवै सब लाज।
गाजहु चाहि अधिक दुख दुखी जान जेहि बाज ॥

(रत्नसेन बंधन खंड)

विलाप

(51)

सो दिल्ली अस निबहुर देसू । कोइ न बहुरा कहै सँदेसू ॥
जो गवने सो तहाँ कर होई । जो आवै किछु जान न सोई ॥
अगम पंथ पिय तहाँ सिधावा । जो रे गएउ सो बहुरि न आवा ॥
कँवल सूख, पखुरी बेहरानी । गलि गलि कै मिलि छार हेरानी ॥

वह पथ पलकन्ह जाइ बोहारौं । सीस चरन कै तहाँ सिधारौं ॥
पदमिनि ठगिनि भई कित साथा । जेहि तें रतन परा पर हाथा ॥

दूती प्रसंग

(52)

रतन छुआ जिन्ह हाथन्ह सेंती ।और न छुवौं सों हाथ सँकेती ॥
दमक रंग भा हाथ मँजीठी । मुकुता लेउँ तौ घुँघुची दीठी ॥

कस तुइ बारि! रहसि कुंभिलानी। सूखि बेलि जस पाव न पानी॥
अहा न राजा रतन अँजोरा। केहिक सिंघासन, केहिक पटोरा॥
चहुँदिसि यह घर भा अँधियारा। सब सिंगार लेइ साथ सिधारा॥
कया बेलि तब जानौं जामी। सींचनहार आव घर स्वामी॥
तौ लहि रहौं झुरानी, जौ लहि आव सो कंत।
एहि फूल, एहि सेंदुर, नव होइ उठै बसंत॥

जोबन जल दिन दिन जस घटा। भँवर छपान, हंस परगटा॥
जौ लगि कालिंदि, होहि बिरासी। पुनि सरिसर होइ समुद परासी॥

कुल कर पुरुष सिंघ जेहि केरा। तेहि थल कैस सियार बसेरा॥
हिया फार कूकुर तेहि केरा। सिंघहि तजि सियार मुख हेरा॥
रंग ताकर हौं जारौं काँचा। आपन तजि जो पराएहि राँचा॥
दूसर करै जाइ दुइ बाटा। राजा दुइ न होहिं एक पाटा॥

पदमिनि पुनि मसि बोल न बैना। सो मसि देखु दुहूँ तोरे नैना॥
मसि सिंगार काजर सब बोला। मसि क बुंद तिल सोह कपोला॥
लोना सोइ जहाँ मसि रेखा। मसि पुतरिन्हि तिन्ह सौं जग देखा॥
मसि केसहि, मसि भौंह उरेही। मसि बिनु दसन सोह नहिं देही॥
सो कस सेत जहाँ मसि नाहीं। सो कस पिंड न जेहिं परछाहीं॥

सोन नदी अस मोर पिउ गरुआ। पाहन होइ परै जो हरुआ॥
जेहि ऊपर अस गरुआ पीऊ। सो कस डोलाए डोलै जीऊ॥

(देवपाल दूती खंड)

गोरा बादल का आश्वासन

(53)

जौ लगि जिउ नहिं भागहिं दोऊ। स्वामि जियत कित जोगिन होऊ॥
उए अगस्त हस्ति जब गाजा। नीर घटे घर आइहि राजा॥
बरषा गए अगस्त जौ दीठिहि। परिहि पलानि तुरंगम पीठिहि॥
बेधौं राहु, छोड़ावहुँ सूरू। रहै न दुख कर मूल अँकूरू॥

(पदमावती गोरा बादल संवाद खंड)

बादल की माँ

(54)

बादल राय! मोर तुइ बारा । का जानसि कस होइ जुझारा ॥
बादसाह पुहुमीपति राजा । सनमुख होइ न हमीरहि छाजा ॥
बरिसहिं सेल बान घनघोरा । धीरज धीर न बाँधहिं तोरा ॥
जहाँ दलपती दलमलहिं तहाँ तोर का काज?
आजु गवन तोर आवै बैठि मानु सुख राज ॥
मातु! न जानसि बालक आदी। हौं बादला सिंघ रनबादी ॥
सुनि गज जूह अधिक जिउ तपा । सिंघ क जोति रहै किमि छपा ॥
तौ लगि गाज, न गाजसिंघेला । सौंह साह सौं जुरौं अकेला ॥
को मोहि सौह होइ मैमंता । फारौं सूँड़, उखारौं दंता ॥
जुरौं स्वामि सँकरे जस ढारा । औ भिवँ जस दुरजोधन मारा ॥
अंगद कोपि पाँव जस राखा । टेकौं कटक छतीसौ लाखा ॥
हनुवँत सरिस जंघ बर जोरौं । दहौं समुद्र, स्वामि बंदि छोरौं ॥

(गोरा बादल युद्ध यात्रा खंड)

बादल की वधू

(55)

तब धनि बिहँसि कीन्ह चख दीठी । बादल तबहि दीन्हि फिरि पीठी ॥
मुख फिराइ मन अपने रीसा । चलत न तिरिया कर मुख दीसा ॥
मकु पिउ दिस्टि समानेउ सालू । हुलसी पीठि कढ़ावौं फालू ॥
कुच तूँबी अब पीठि गड़ोबौं । गहै जो हूकि, गाढ़ रस धोवौं ॥

जौ तुम चहहु जूझि पिउ! बाजा कीन्ह सिंगार जूझ मैं साजा ॥
जोबन आइ सौंह होइ रोपा । बिखरा बिरह, काम दल कोपा ॥
भौंहें धनुक नैन रस साधे । काजर पनच, बरुनि बिष बाँधे ॥
अलक फाँस गिउ मेल असूझा । अधर अधर सौं चाहहिं जूझा ॥
कुंभस्थल कुच दोउ मैमंता । पेलौं सौंह, सँभारहु, कंता ॥
जौ तुम कंत जूझ जिउ काँधा । तुम किय साहस, मैं सत बाँधा ॥
रन संग्राम जूझि जिति आवहु । लाज होइ जौ पीठि दिखावहु ॥
तुम्ह पिउ साहस बाँधा मैं दिय माँग सेंदूर ।
दोउ सँभारे होइ सँग बाजै मादर तूर ॥

(गोरा बादल युद्धयात्रा खंड)

गोरा की बीरगति

(56)

रतन सेन जो बाँधा मसि गोरा के गात।
जौ लगि रुधिर न धोवौं तौ लगि होइ न रात॥
भाँट कहा, धनि गोरा! तू भा रावन राव।
आँति समेटि बाँधि कै तुरय देत है पाव॥

(गोरा बादल युद्ध खंड)

वीर बादल की आरती

(57)

परसि पायँ राजा के रानी। पुनि आरति बादल कहँ आनी॥
पूजे बादल के भुजदंडा। तुरय के पायँ दाब कर खंडा॥
यह गजगवन गरब जो मोरा। तुम राखा बादल औ गोरा॥
सेंदुर तिलक जो आँकुस अहा। तुम राखा माथे तौ रहा॥
काछ काछि तुम जिउ पर खेला। तुम जिउ आनि मंजूषा मेला॥
राखा छात, चँवर औधारा। राखा छुद्रघंट झनकारा॥
तुम हनुवँत होइ धुजा पईठे। तब चितउर पिय आइ बईठे॥

सतीप्रसंग

(58)

पदमावति पुनि पहिरि पटोरी। चली साथ पिउ के होइ जोरी॥
सूरुज छपा, रैनि होइ गई। पूनो ससि सो अमावस भई॥
छूटे केस मोति लर छूटीं। जानहुँ रैनि नखत सब टूटीं॥
सेंदुर परा जो सीस उघारा। आगि लागि चह जग अँधियारा॥
दुवौ सवति चढ़ि खाट बईठी। औ सिवलोक परा तिन्ह दीठी॥
बैठौ कोइ राज औ पाटा। अंत सबै बैठे पुनि खाटा॥
एक जो बाजा भएउ बियाहू। अब दुसरे होइ ओर निबाहू॥
आजु सूर दिन अथवा आजु रैनि ससि बूड़।
आजु नाचि जिउ दीजिय आजु आगि हम्ह जूड़॥
एक जो भाँवरि भईं बियाही। अब दुसरे होइ गोहन जाहीं॥
जियत कंत तुम हम्ह गर लाई। मुए कंठ नहि छोड़हि, साईं॥
अही जो गाँठि कंत! तुम्ह जोरी। आदि अंत लहि जाइ न छोरी॥
यह जग काह जो अछहि न आथी। हम तुम नाह! दुहूँ जग साथी॥

लेइ सर ऊपर खाट बिछाई । पौढ़ी दुवौ कंत गर लाई ॥
लागीं कंठ आगि देइ होरी । छार भईं जरि, अंग न मोरी ॥

छार उठाइ लीन्ह एक मूठी । दीन्ह उड़ाइ, पिरिथिमी झूठी ॥

(पदमावती नागमती सती खंड)

कथारूपक

(59)

तन चितउर, मन राजा कीन्हा । हिय सिंघल, बुधि पदमिनि चीन्हा ॥
गुरू सुआ जेइ पंथ देखावा । बिनु गुरु जगत को निरगुन पावा ॥
नागमती यह दुनिया धंधा । बाँचा सोइ न एहि चित बंधा ॥
राघव दूत सोई सैतानू । माया अलाउदीं सुलतानू ॥

(उपसंहार, इतिहास, पृ. 104)

फुटकल

(60)

आवा पवन बिछोह कर पात परा बेकरार ।
तरिवर तजा जो चूरि कै लागौं केहि के द्वार ॥
भँवर जो पावा कँवल कहँ मन चीता बहु केलि ।
आइ परा कोइ हस्ती चूर कीन्ह सो बेलि ॥

(लक्ष्मी समुद्र खंड)

पवन होइ भा पानी पानी होइ भा आगि ।
आगि होइ भा माटी गोरख धंधै लागि ॥

(लक्ष्मी समुद्र खंड)

भोर होइ लो लागै उठहि रोर कै काग ।
मसि छूटै सब रैनि कै कागहि केर अभाग ॥

(राजा बादशाह मेल खंड)

अखरावट

ऐस जो ठाकुर किय एक दाऊँ । पहिले रचा मुहम्मद नाऊँ ॥
(तेहि कै प्रीति बीज अस जामा । भए दुइ बिरिछ सेत औ सामा ॥)
होतै बिरवा भए दुइ पाता । पिता सरग औ धरती माता ॥

रहा जो एक जल गुपुत समुंदा । बरसा सहस अठारह बुंदा ॥
सोई अंस घटहि घट मेला । ओ सोइ बरन बरन होइ खेला ॥
भए आपु औ कहा गोसाईं । सिर नावहु सगरिउ दुनियाईं ॥

जबही जगत किए सब साजा । आदि चहेउ आदम उपराजा ॥

खाएनि गोंहूँ कुमति भुलाने । परे आइ जग महँ पछिताने ॥
तिन्ह संतति उपराजा भाँतिहि भाँतिहि कुलीन ।
हिंदू तुरुक दुवौ भए अपने अपने दीन ॥
बुंदहि बुंद समान, यह अचरज कासौं कहौं ?
जो हेरा सो हेरान, मुहमद आपुहि आपु महँ ॥
खा खेलार जस है दुइ करा । उहै रूप आदम अवतरा ॥

पवन चाहि मन बहुत उताइल । तेहि तें परम आसु सुठि पाइल ॥
मन एक खंड न पहुँचै पावै । आसु भुवन चौदह फिरि आवै ॥

पुतरी महँ जो बिंदि एक कारी । देखै जगत सो पट बिस्तारी ॥
हेरत दिस्टि उघरि तस आई । निरखि सुन्न महँ सुन्न समाई ॥
सुन्न समुद चख माँहि जल जैसी लहरैं उठहिं ।
उठि उठि मिटि मिटि जाहिं मुहमद खोज न पाइए ॥

बिगरि गए सब नाँव, हाथ पाँव मुँह सीस धर ।
तोर नाँव केहि ठाँव, मुहमद सोइ बिचारिए ॥

बिरिछ एक लागी दुइ डारा । एकहिं तें नाना परकारा ॥
मातु के रकत पिता के बिंदू । उपने दुवौ तुरुक औ हिंदू ॥
रकत हुतें तन भए चौरंगा । बिंदु हुतें जिउ पाँचौ संगा ॥
जस ए चारिउ धरति बिलाहीं । तस वै पाँचौं सरगहिं जाहीं ॥

देखहुँ परमहंस परछाहीं । नयन जोति सो बिछुरति नाहीं ॥
जगमग जल महँ दीखत जैसे । नाहिं मिला नहिं बेहरा तैसे ॥

चख महँ नियर, निहारत दूरी । सब घट माँह रहा भरि पूरी ॥
पवन न उड़ै, न भीजै पानी । अगनि जरै जस निरमल बानी ॥

सातौ दीप नवौ खंड आठौ दिसा जे आहि।
जो बरम्हंड सो पिंड है हेरत अंत न जाहि ॥

टा दुक झाँकहु सातौ खंडा । खंडे खंड लखहु बरम्हंडा ॥
पहिल खंड जो सनीचर नाऊँ । लखि न अँटकु, पौरी महँ ठाऊँ ॥
दूसर खंड बृहस्पति तहँवा । काम दुवार भोग घर जहँवा ॥
तीसर खंड जो मंगल जानहु । नाभि कँवल महँ ओहि अस्थानहु ॥
चौथ खंड जो आदित अहई । बाईं दिसि अस्तन महँ रहई ॥
पाँचवँ खंड सुक्र उपराहीं । कंठ माँह औ जीभ तराहीं ॥
छठएँ खंड बुद्ध कर बासा । दुइ भौंहन्ह के बीच निवासा ॥
सातवँ सोम कपार महँ कहा सो दसवँ दुआर।
जो वह पँवरि उघारै सो बड़ सिद्ध अपार ॥

(ठा ठाकुर बड़ आप गोसाईं । जेइ सिरजा जग अपनिहिं नाईं ॥)
आपुहिं आप जौ देखै चहा । आपनि प्रभुता आपु सौं कहा ॥
सबै जगत दरपन कै लेखा । आपुहि दरपन, आपुहि देखा ॥
आपुहि बन औ आपु पखेरू । आपुहि सौजा, आपु अहेरू ॥
आपुहि पुहुप फूलि बन फूले । आपुहि भँवर बास रस भूले ॥
आपुहि फल, आपुहि रखवारा । आपुहि सो रस चाखनहारा ॥
आपुहि घट घट महँ मुख चाहै । आपुहि आपन रूप सराहै ॥

सुनि हस्ती कर नावँ अँधरन्ह टोवा धाइ कै।
जेइ टोवा जेहि ठावँ मुहमद सो तैसे कहा ॥

बिधिना के मारग हैं तेते । सरग नखत तन रोवाँ जेते ॥
तिन्ह महँ पंथ कहौं भल गाई । जेहि दूनौ जग छाज बड़ाई ॥
सो बड़ पंथ मुहम्मद केरा । है निरमल कबिलास बसेरा ॥
साँची रहा सरीअत जेहि बिसवास न होइ।
पाँव राखि तेहि सीढ़ी निभरम पहुँचै सोइ ॥

दीन्ह रतन बिधि चारि नैन बैन सरवन्न मुख।
पुनि जब मेटिहि मारि मुहमद तब पछिताव मैं ॥

आपुहि आपुहि चाह देखावा । आदम रूप भेंस धरि आवा ॥

मति ठाकुर कै सुनि कै कहे जो हिय मझियार।
बहुरि न मत तासौं करै ठाकुर दूजी बार॥
गगरी सहस पचास जो कोउ पानी भरि धरे।
सूरुज दिपै अकास मुहमद सब महँ देखिए॥
ना नारद तब रोइ पुकारा। एक जोलाहै सौं मैं हारा॥
प्रेम तंतु निति ताना तनई। जप तप साधि सैकरा भरई॥

दरपन बालक हाथ मुख देखे दूसर गनै।
तस भा दुइ एक साथ मुहमद एकै जानिए॥

पवनहि महँ जो आप समाना। सब भा बरन ज्यों आप समाना॥
जैस डोलाए बेना डोलै। पवन सबद होइ किछुहु न बोलै॥

सोऽहं सोऽहं बसि जो करई। जो बूझै सो धीरज धरई॥

उसमान

वचन-सुधा

(1)

आदि हुता बिधि माथे लिखा। अच्छर चारि पढ़े हम सिखा॥
देखत जगत चला सब जाई। एक बचन पै अमर रहाई॥
बचन समान सुधा जग नाहीं। जेहि पाए कबि अमर रहाहीं॥
मोहूँ चाउ उठा पुनि हीए। होउँ अमर यह अमरित पीए॥

अँगरेज द्वीप

(2)

बलंदीप देखा अँगरेजा। तहाँ जाइ जेहि कठिन करेजा॥
ऊँच नीच धन संपति हेरा। मद बराह भोजन जिन्ह केरा॥

खोज

(3)

सरवर ढूँढ़ि सबै पचि रहीं । चित्रिन खोज न पावा कहीं ॥
निकसीं तीर भई बैरागी । धरे ध्यान सब बिनवै लागी ॥
गुपुत तोहिं पावहिं का जानी । परगट मँह जो रहै छपानी ॥
चतुरानन पढ़ि चारौ बेदू । रहा खोजि पै पाव न भेदू ॥
हम अंधी जेहि आप न सूझा । भेद तुम्हार कहाँ लौं बूझा ॥
कौन सो ठाँउ जहाँ तुम नाहीं । हम चख जोति न देखहिं काहीं ॥
पावै खोज तुम्हार सो जेहि दिखरावहु पंथ।
कहा होइ जोगी भए औ बहु पढ़े गरंथ ॥

विरह वसंत

(4)

ऋतु वसंत नौतन बन फूला । जहँ तहँ भौंर कुसुम रँग फूला ॥
आहि कहाँ सो भँवर हमारा । जेहि बिनु बसत बसंत उजारा ॥
रात बरन पुनि देखि न जाई । मानहुँ दवा दहूँ दिसि लाई ॥
रतिपति दुरब ऋतुपती बली । कानन देह आइ दलमली ॥

कासिम शाह

शाहे-वक्त

(1)

मुहमदसाह दिल्ली सुलतानू । का मन गुन ओहि केर बखानू ॥
छाजै पाट छत्र सिर ताजू । नावहिं सीस जगत के राजू ॥
रूपवंत दरसन मुँह राता । भागवंत ओहि कीन्ह बिधाता ॥
दरबवंत धरम महँ पूरा । ज्ञानवंत खड़ग महँ सूरा ॥

प्रेम की श्रेष्ठता

(2)

दरियाबाद माँझ मम ठाऊँ । अमानुल्ला पिता कर नाऊँ ॥
तहवाँ मोहिं जनम बिधि दीन्हा।कासिम नावँ जाति कर हीना ॥

तेहूँ बीच बिधि कीन्ह कमीना । ऊँच सभा बैठे चित दीना ॥
ऊँचे संग ऊँच मन भावा । तब भा ऊँच ज्ञान बुधि पावा ॥
ऊँचा पंथ प्रेम का होई । तेहि महँ ऊँच भए सब कोई ॥

कथा-सार

(3)

कथा जो एक गुपुत महँ रहा । सो परगट उघारि मैं कहा ॥
हंस जवाहिर बिधि औतारा । निरमल रूप सो दई सँवारा ॥
बलख नगर बुरहान सुलतानू । तेहि घर हंस भए जस भानू ॥
आलमसाह चीनपति भारी । तेहि घर जनमी जवाहिर बारी ॥
तेहि कारन वह भएउ वियोगी । गयउ सो छाँड़ि देस होइ जोगी ॥
अंत जवाहिर हंस घर आनी । सो जग महँ यह गयउ बखानी ॥
सो सुनि ज्ञान कथा मैं कीन्हा । लिखेउँ सो प्रेम रहै जग चीन्हा ॥

नूर मुहम्मद

शाहे वक़्त

(1)

करौं मुहम्मदशाह बखानू । है सूरज देहली सुलतानू ॥
धरमपंथ जग बीच चलावा । निवरन सबरे सों दुख पावा ॥
बहुतै सलातीन जग केरे । आइ सहास बने हैं चेरे ॥
सब काहू पर दाया धरई । धरम सहित सुलतानी करई ॥

कथा-भूमि

(2)

मन दृग सो इक राति मझारा । सूझि परा मोहि सब संसारा ॥
देखेउँ एक नीक फुलवारी । देखेउँ तहाँ पुरुष औ नारी ॥
दोउ मुख सोभा बरनि न जाई । चंद सुरुज उतरे भुँइ आई ॥
तपी एक देखेउँ तेहि ठाऊँ । पूछेउँ तासौं तिन्ह कर नाऊँ ॥
कहा अहैं राजा औ रानी । इंद्रावति औ कुँवर गियानी ॥
आगमपुर इंद्रावती कुँवर कलिंजर राय ।
प्रेम हुँते दोउन्ह कहँ दीन्हा अलख मिलाय ॥

(3)

जानत है वह सिरजनहारा । जो किछु है मन मरम हमारा ॥
हिंदू मग तर पाँव न राखेउँ । का जौ बहुतै हिंदी भाखेउँ ॥
मन इसलाम मिस्किलैं माँजेउँ । दीन जेंवरी करकस भाँजेउँ ॥
जहँ रसूल अल्लाह पियारा । उम्मत को भुक्तावनहारा ॥
तहाँ दूसरो कैसे भावे । जच्छ असुर सुर काज न आवै ॥

कामयाब कह कौन जगावा । फिर हिंदी भाखै पर आवा ॥
छाँड़ि पारसी कंद नवातैं । अरुझाना हिंदी रस बातैं ॥

कथा रूपक

(4)

नगर एक मूरतिपुर नाऊँ । राजा जीव रहै तेहि ठाऊँ ॥
का बरनौं वह नगर सुहावन । नगर सुहावन सब मनभावन ॥
इहै सरीर सुहावन मूरतिपूर ।
इहै जीव राजा, जिव जाहु न दूर ॥
तनुज एक राजा के रहा । अंतः करन नाम सब कहा ॥
सौम्य सील सुकुमार सयाना । सो सावित्री स्वांत समाना ॥
सरल सरनि जौ सो पग धरै । नगर लोग सूधैं पग परै ॥
वक्र पंथ जो राखै पाऊँ । वहै अध्व सब होइ बटाऊ ॥
रहे सँघाती ताके पत्तन ठाँव ।
एक संकल्प, विकल्प सो दूसर नावँ ॥
बुद्धि चित्त दुइ सखा सरेखै । जगत बीच गुन अवगुन देखै ॥
अंतःकरन पास नित आवैं । दरसन देखि महासुख पावैं ॥
अहंकार तेहि तीसर सखा निरंत्र ।
रहेउ चारि के अंतर नैंसुक अंत्र ॥
अंतःकरन सदन एक रानी । महामोहनी नाम सयानी ॥
बरनि न पारौं सुंदरताई । सकल सुंदरी देखि लजाई ॥
सर्वमंगला देखि असीसै । चाहैं लोचन मध्य बईसै ॥
कुंतल झारत फाँदा डारै । चख चितवन सों चपला मारै ॥
अपने मंजु रूप वह दारा । रूप गर्विता जगत मँझारा ॥

प्रीतम प्रेम पाइ वह नारी। प्रेम गर्विता भई पियारी॥
सदा न रूप रहत है अंत नसाइ।
प्रेम रूप के नासहि ते घटि जाइ॥

अनुराग बाँसुरी

(5)

यह बाँसुरी सुनै सो कोई। हिरदय स्रोत खुला जेहि होई॥
निसरत नाद बारुनी साथा। सुनि सुधि चेत रहै केहि हाथा॥
सुनतै जौ यह सबद मनोहर। होत अचेत कृष्ण मुरलीधर॥
यह मुहम्मदी जन की बोली। जागैं कंद नबातैं घोली॥
बहुत देवता को चित हरै। बहु मूरति औंधी होइ परै॥
बहुत देवहरा ढाहि गिरावै। संखनाद की रीति मिटावै॥
जहँ इसलामी मुख सों निसरी बात।
तहाँ सकल सुख, मंगल, कष्ट नसात॥

सगुणधारा (रामभक्ति)

रामानंद

आरती कीजै हनुमान लला की । दुष्टदलन रघुनाथ कला की ॥
जाके बल भर ते महि काँपे । रोग सोग जाकी सिमा न चाँपे ॥
अंजनी सुत महाबल दायक । साधु संत पर सदा सहायक ॥
बाएँ भुजा सब असुर संहारी । दहिन भुजा सब संत उबारी ॥
लछिमन धरति में मूर्छि पर्‌यो । पैठि पताल जमकातर तोर्‌यो ॥
आनि संजीवन प्रान उबार्‌यो । महीरावन कै भुजा उपार्‌यो ॥
गाढ़ परे कपि सुमिरों तोहीं । होहु दयाल देहु जस मोहीं ॥
लंका कोट समुंदर खाई । जात पवनसुत बार न लाई ॥
लंक प्रजारि असुर सब मार्‌यो । राजा राम के काज सँवार्‌यो ॥
घंटा ताल झालरी बाजै । जगमग जोति अवधपुर छाजै ॥
जो हनुमान जी की आरती गावै । बसि बैकुंठ परम पद पावै ॥
लंक बिधंस कियौ रघुराई । रामानंद आरती गाई ॥
सुर नर मुनि सब करहिं आरती । जै जै जै हनुमान लला की ॥

तुलसीदास

रामचरितमानस

गुरुवंदना

(1)

अमिअ मूरिमय चूरन चारू । समन सकल भवरुज परिवारू ॥
सुकृति संभु तन बिमल बिभूती । मंजुल मंगल मोद प्रसूती ॥
जन मन मंजु मुकुर मल हरनी । किएँ तिलक गुन गन बस करनी ॥
श्री गरपद नख मनि गन जोती । सुमिरत दिब्य दृष्टि हियँ होती ॥

(इतिहास, पृ. 134)

खल-सज्जन

(2)

बंदउँ संत असज्जन चरना । दुखप्रद उभय बीच कछु बरना ॥
मिलत एक दुख दारुन देहीं । बिछुरत एक प्रान हरि लेहीं ॥
सुधा सुरा सम साधु असाधू । जनक एक जग जलधि अगाधू ॥

कबि न होउँ

(3)

छमिहहिं सज्जन मोरि ढिठाई । सुनिहहिं बालबचन मन लाई ॥
कबि न होउँ नहिं चतुर प्रबीना । सकल कला सब बिद्या हीना ॥
कबित बिबेक एक नहिं मोरे । सत्य कहौं लिखि कागद कोरे ॥
बंचक भगत कहाइ राम के । किंकर कंचन कोह काम के ॥
तिन्ह महँ प्रथम रेख जग मोरी । धींग धरमध्वज धँधरक धोरी ॥
जौं अपने अवगुन सब कहऊँ । बाढ़इ कथा पार नहिं लहऊँ ॥

कविता की सार्थकता

(4)

मनि मानिक मुकता-छबि जैसी । अहि गिरि गज सिर सोह न तैसी ॥
नृप-किरीट तरुनी-तन पाई । लहहिं सकल सोभा अधिकाई ॥
तैसइ सुकवि-कबित बुध कहहीं । उपजहिं अनत अनत छबि लहहीं ॥

कीन्हें प्राकृत जन गुन गाना । सिर धुनि गिरा लागि पछिताना ॥

नाम-रूप

(5)

नाम रूप दुइ ईस उपाधी । अकथ अनादि सुसामुझि साधी ॥
नामरूप गति अकथ कहानी । समुझत सुखद न परति बखानी ॥
अगुन सगुन बिच नाम सुसाखी । उभय प्रबोधक चतुर दुभाषी ॥

अभेद

(6)

गिरा अरथ जल बीचि सम कहियत भिन्न, न भिन्न।
बंदउँ सीता राम पद जिन्हहिं परम प्रिय खिन्न॥

(इतिहास, पृ. 139)

नारद-मोह

(7)

काहु न लखा सो चरित बिसेखा। सो सरूप नृप कन्या देखा॥
मर्कट बदन भयंकर देही। देखत हृदय क्रोध भा तेही॥
जेहि दिसि बैठे नारद फूली। सो दिसि तेहि न बिलोकी भूली॥
पुनि पुनि मुनि उकसहिं अकुलाहीं। देखि दसा हरगन मुसुकाहीं॥

बालचरित

(8)

धूसर धूरि भरे तन आए। भूपति बिहँसि गोद बैठाए॥
भोजन करत चपल चित इत उत अवसरु पाइ।
भाजि चले किलकत मुख दधि ओदन लपटाइ॥

वात्सल्य स्नेह

(9)

चौथेपन पाएउँ सुत चारी। बिप्र बचन नहिं कहेउ बिचारी॥
माँगहु भूमि धेनु धन कोसा। सरबस देउँ आजु सहरोसा॥
देह प्रान तें प्रिय कछु नाहीं। सोउ मुनि! देउँ निमिष एक माँहीं॥
सब सुत प्रीय प्रान की नाईं। राम देत नहिं बनइ गोसाईं॥

पुष्पवाटिका

(10)

लताभवन तें प्रगट भे तेहि अवसर दोउ भाइ।
निकसे जनु जुग बिमल बिधु जलद पटल बिलगाइ॥

यथा भाव तथा रूप

(11)

जिनकै रही भावना जैसी । हरिमूरति देखी तिन्ह तैसी ॥
देखहिं भूप महा रनधीरा । मनहुँ बीर रस धरे सरीरा ॥
डरे कुटिल नृप प्रभुहि निहारी । मनहुँ भयानक मूरति भारी ॥
पुरवासिन्ह देखे दोउ भाई । नरभूषन लोचन सुखदाई ॥
रहे असुर छल छोनिप वेपा । तिन प्रभु प्रगट काल सम देखा ॥

सीता अतुलनीय

(12)

जौं छबि सुधा पयोनिधि होई । परम रूपमय कच्छप सोई ॥
सोभा रजु मंदर सृंगारू । मथै पानि पंकज निज मारू ॥
एहि विधि उपजै लच्छि जब सुंदरता सुख मूल ।
तदपि सकोच समेत कवि कहहिं सीय समतूल ॥

क्रुद्ध लक्ष्मण

(13)

माखे लखनु कुटिल भइ भौंहें । रदपट फरकत नयन रिसौहें ॥
रघुवंसिन्ह महँ जहँ कोउ होई । तेहि समाज अस कहइ न कोई ॥

धनुर्भंग से ठीक पहले

(14)

नृपन केरि आसा निसि नासी । बचन नखत अवली न प्रकासी ॥
मानी महिप कुमुद सकुचाने ।कपटी भूप उलूक लुकाने ॥

सब कर संसय अरु अग्यानू । मंद महीपन कर अभिमानू ॥
भृगुपति केरि गर्व गरुआई । सुर मुनिबरन्ह केरि कदराई ॥
सिय कर सोच, जनक परितापा । रानिन कर दारुन दुख दापा ॥
संभुचाप बड़ बोहित पाई । चढ़े जाइ सब संग बनाई ॥

परशुराम के प्रति लक्ष्मण की व्यंग्योक्ति

(15)

भृगुवर! परसु देखावहु मोही । विप्र विचारि बचेउ नृपद्रोही ॥
मिले न कबहुँ सुभट रन गाढ़े । द्विज देवता घरहिं के बाढ़े ॥

परशुराम के प्रति राम की व्यंग्योक्ति

(16)

जौं तुम अवतेहु मुनि की नाईं । पद रज सिर सिसु धरत गोसाईं ॥
छमहु चूक अनजानत केरी । चहिय विप्र उर कृपा घनेरी ॥

राम का पछतावा

(17)

जनमे एक संग सब भाई । भोजन सयन केलि लरकाई ॥
बिमलबंस यह अनुचित एकू । बंधु बिहाइ बड़ेहि अभिषेकू ॥
प्रभु सप्रेम पछितानि सुहाई । हरउ भगत मन कै कुटिलाई ॥

मंथरा

(18)

उतरु देइ नहिं लेइ उसासू । नारि चरित करि ढारइ आँसू ॥
हँसि कह रानि गाल बड़ तोरे । दीन्ह लखन सिख अस मन मोरे ॥
तबहुँ न बोल चेरि बड़ि पापिनि । छाँड़इ स्वास कारि जनु साँपिनि ॥

कत सिख देइ हमहिं को माई । गाल करब केहि कर बल पाई ॥
रामहि छाँड़ि कुसल केहि आजू । जेहि जनेसु देइ जुबराजू ॥
भएउ कौसिलहिं बिधि अति दाहिन । देखत गरब रहत उर नाहिंन ॥
पूत बिदेसु न सोच तुम्हारे । जानति हहु बस नाहु हमारे ॥
नींद बहुत प्रिय सेज तुराई । लखहु न भूप कपट चतुराई ॥

एकहि बार आस सब पूजी । अब कछु कहब जीभ कर दूजी ॥
फोरइ जोग कपार अभागा । भलेउ कहत दुख रउरेहिं लागा ॥
कहहिं झूठ फुर बात बनाई । ते प्रिय तुम्हहिं, करुइ मैं माई ॥

हमहुँ कहब अब ठकुर सोहाती । नाहि त मौन रहब दिन राती ॥
करि कुरूप विधि परबस कीन्हा। ववा सो लुनिय, लहिय जो दीन्हा ॥
कोउ नृप होउ हमहिं का हानी । चेरि छाँड़ि अब होब कि रानी ॥
जारइ जोग सुभाउ हमारा । अनभल देखि न जाइ तुम्हारा ॥

रामहि तिलक कालि जौं भयऊ । तुम कहँ बिपति-बीज बिधि बयऊ ॥
रेख खँचाइ करहुँ बल भाखी । भामिनि भइउ दूध कै माखी ॥
जौं सुत सहित करहु सेवकाई । तौ घर रहहु न आन उपाई ॥

कैकयी

(19)

सुनु मंथरा बात फुर तोरी । दहिनि आँख नित फरकइ मोरी ॥
दिन प्रति देखेउँ राति कुसपने । कहौं न तोहिं मोहबस अपने ॥
काह करौं सखि सूध सुभाऊ । दाहिन बाम न जानौं काऊ ॥
नैहर जनमु भरब बरु जाई । जियत न करब सवति सेवकाई ।
अरि बस दैव जिआवत जाही । मरनु नीक तेहि जीवन चाही ॥

मंथरा का आश्वासन

(20)

जे राउर अति अनभल ताका । सोइ पाइहि यह फलु परिपाका ॥
पूछेउँ गुनिन्ह, रेख तिन्ह खाँची । भरत भुआल होहिं यह साँची ॥

दशरथ

(21)

अनहित तोर प्रिया केहि कीन्हा । केहि दुइ सिर, केहि जग चह लीन्हा ॥
कहु केहि रंकहि करहुँ नरेसू । कहु केहि नृपहिं निकासउँ देसू ॥
जानसि मोर सुभाव बरोरू । मन तव आनन चंद चकोरू ॥
प्रिया! प्रान, सुत, सरबस मोरे । परिजन प्रजा सकल बस तोरें ॥

कुपित कैकयी

(22)

अस कहि कुटिल भई उठि ठाढ़ी । मानहुँ रोष तरंगिनि बाढ़ी ॥
पाप पहार प्रगट भइ सोई । भरी क्रोध जल जाइ न जोई ॥
दोउ वर कूल, कठिन हठ धारा । भँवर कूबरी बचन प्रचारा ॥
दाहत भूप रूप तरु मूला । चली विपति-वारिधि अनुकूला ॥

सीता का आग्रह

(23)

बन दुख नाथ कहे बहुतेरे । भय विषाद परिताप घनेरे ॥
प्रभु बियोग लवलेस समाना । सब मिलि होहिं न कृपानिधाना ॥
कुस किसलय साँथरी सुहाई । प्रभु संग मंजु मनोज तुराई ॥
कंद मूल फल अमिय अहारू । अवध सौध सत सरिस पहारू ॥
मोहि मग चलत न होइहि हारी । छिनु छिनु चरन सरोज निहारी ॥
पायँ पखारि बैठि तरु छाहीं । करिहौं बाउ मुदित मन माहीं ॥
बार बार मृदु मूरति जोही । लागिहि ताति बयारि न मोही ॥

रामवियोग में अयोध्या

(24)

लागति अवध भयावनि भारी । मानहुँ काल राति अँधियारी ॥
घोर जंतु सम पुर नर नारी । डरपहिं एकहिं एक निहारी ॥
घर मसान, परिजन जनु भूता । सुत हित मीत मनहुँ जमदूता ॥
बागन्ह बिटप बेलि कुम्हिलाहीं । सरित सरोवर देखि न जाहीं ॥
बिधि कैकयी किरातिनि कीन्हीं । जेहि दव दुसह दसहु दिसि दीन्हीं ॥
सहि न सके रघुबर बिरहागी । चले लोग सब व्याकुल भागी ॥
करि बिलाप सब रोवहिं रानी । महाविपति किमि जाइ बखानी ॥
सुनि बिलाप दुखहू दुख लागा । धीरजहू कर धीरज भागा ॥

तापस

(25)

तेहि अवसर एक तापस आवा । तेजपुंज लघुबयस सुहावा ॥
कबि अलखित गति वेष बिरागी ।मन क्रम बचन राम अनुरागी ॥

सजल नयन तन पुलकि निज इष्टदेउ पहिचानि।
परेउ दंड जिमि धरनि तल, दसा न जाइ बखानि ॥

(इतिहास, पृ. 128)

पथ में राम

(26)

सीता लखन सहित रघुराई । गाँव निकट जब निकसहिं जाई ॥
सुनि सब बाल बृद्ध नर नारी । चलहिं तुरत गृह काज बिसारी ॥
राम लखन सिय रूप निहारी । पाइ नयन फल होहिं सुखारी ॥
सजल बिलोचन पुलक सरीरा । सब भए मगन देखि दोउ बीरा ॥
रामहिं देखि एक अनुरागे । चितवत चले जाहिं सँग लागे ॥
एक देखि बट छाँह भलि, डासि मृदुल तृनपात।
कहहिं, गँवाइय छिनुक स्रम, गवनब अबहिं कि प्रात ॥

ग्रामवधू-प्रसंग

(27)

कोटि मनोज लजावनिहारे । सुमुखि कहहु को आहि तुम्हारे ॥
सुनि सनेहमय मंजुल बानी । सकुचि सीय मन मँह मुसकानी ॥
तिन्हहिं बिलोकि बिलोकति धरनी । दुहुँ सकोच सकुचति बरबरनी ॥
सकुचि सप्रेम बाल मृगनयनी । बोली मधुर बचन पिकबयनी ॥
सहज सुभाय सुभग तन गोरे । नामु लखन लघु देवर मोरे ॥
बहुरि बदन विधु अंचल ढाँकी । पिय तन चितइ भौंह करि बाँकी ॥
खंजन मंजु तिरीछें नयननि । निज पति कहेउ तिन्हहिं सिय सयननि ॥

चित्रकूट में सीता

(28)

नाह नेह नित बढ़त बिलोकी । हरषित रहति दिवस जिमि कोकी ॥
सिय मन राम चरन अनुरागा । अवध सहस सम वन प्रिय लागा ॥
परनकुटी प्रिय प्रियतम संगा । प्रिय परिवार कुरंग बिहंगा ॥
सासु ससुर सम मुनितिय मुनिवर । असन अमिय सम कंद मूल फर ॥

भरत का अनुताप

(29)

जो पै कुरुचि रही अति तोहीं । जनमत काहे न मारेसि मोहीं ॥
पेड़ काटि तैं पालउ सींचा । मीन जियन हित बारि उलीचा ॥
जब तैं कुमति! कुमत जिय ठयऊ । खंड खंड होइ हृदय न गयऊ ॥
बर माँगत मन भई न पीरा । गरि न जीह मुँह परेउ न कीरा ॥
अस को जीव जंतु जग माँहीं । जेहि रघुनाथ प्रान प्रिय नाहीं ॥
भे अति अहित राम तेउ तोहीं । को तू अहसि, सत्य कहु मोहीं ॥

को त्रिभुवन मोहिं सरिस अभागी । गति असि तोरि मातु जेहिं लागी ॥
पितु सुरपुर, बन रघुबर केतू । मैं केवल सब अनरथ हेतू ॥
धिग मोंहिं भयउँ बेनु बन आगी । दुसह दाह दुख दूषन भागी ॥

जे अघ मातु पिता सुत मारे । गाय गोठ महिसुर पुर जारे ॥
जे अघ तिय बालक बध कीन्हें । मीत महीपति माहुर दीन्हें ॥
जे पातक-उपपातक अहहीं । करम बचन मन भव कबि कहहीं ॥
ते पातक मोहि होहु बिधाता । जौं एहु होइ मोर मत माता ॥
जे परिहरि हरि हर चरन भजहिं भूत गन घोर ।
तेहि कइ गति मोहि देउ बिधि जौं जननी मत मोर ॥
मृदु मूरति सुकुमार सुभाऊ । ताति बाउ तन लाग न काऊ ॥
ते बन बसहिं विपति सब भाँती । निदरे कोटि कुलिस सहि छाती ॥
राम सुना दुख कान न काऊ । जीवन तरु जिमि जोगवत राऊ ॥
ते अब फिरत बिपिन पद चारी । कंद मूल फल फूल अहारी ॥

आशंकित लक्ष्मण

(30)

कुटिल कुबंधु कुअवसरु ताकी । जानि राम बनबास एकाकी ॥
करि कुमंत्र मन साजि समाजू । आए करइ अकंटक राजू ॥
जिमि करि निकर दलइ मृगराजू । लेइ लपेटि लवा जिमि बाजू ॥
तैसेहिं भरतहिं सेन समेता । सानुज निदरि निपातउँ खेता ॥

सुनहु लखन भल भरत सरीसा । बिधि प्रपंच महँ सुना न दीसा ॥
भरतहि होइ न राजमद विधि हरि हर पद पाइ ।
कबहुँ कि काँजी सीकरनि छीर सिंधु विनसाइ ॥

केवट-वसिष्ठ-मिलन

(31)

प्रेम पुलकि केवट कहि नामू । कीन्ह दूरि तें दंड पनामू ॥
रामसखा ऋषि बरबस भेंटा । जनु महि लुठत सनेह समेटा ॥

चित्रकूट में स्वागत

(32)

झरना झरहिं सुधा सम बारी । त्रिबिध ताप हर त्रिबिध बयारी ॥
बिटप बेलि तृन अगनित जाती । फल प्रसून पल्लव बहु भाँती ॥
सुंदर सिला सुखद तरु छाँहीं । जाइ बरनि बन छबि केहि पाहीं ॥
सरनि सरोरुह जल बिहग कूजत, गुंजत भृंग ।
बैर विगत बिहरत बिपिन मृग बिहंग बहुरंग ॥
कोल किरात भिल्ल बनबासी । मधु सुचि सुंदर स्वादु सुधा सी ॥
भरि भरि परन पुटी रुचि रूरी । कंद मूल फल अंकुर जूरी ॥
सबहिं देहिं करि विनय प्रनामा । कहि कहि स्वाद भेद गुन नामा ॥
देहिं लोग बहु मोल न लेहीं । फेरत राम दोहाई देहीं ॥

तुम्ह प्रिय पाहुने बन पगु धारे । सेवा जोगु न भाग हमारे ॥
देब काह हम तुम्हहिं गोसाईं । ईंधन पात किरात मिताई ॥
यह हमारि अति वड़ि सेवकाई । लेहिं न बासन बसन चोराई ॥
हम जड़ जीव जीव धन घाती । कुटिल कुचाली कुमति कुजाती ॥
सपनेहुँ धरम बुद्धि कस काऊ । यह रघुनंदन दरस प्रभाऊ ॥

भरत

(33)

पुलकि सरीर सभा भए ठाढ़े । नीरज नयन नेह जल बाढ़े ॥
कहब मोर मुनिनाथ निबाहा । एहि तें अधिक कहौं मैं काहा ॥
मैं जानौं निज नाथ सुभाऊ । अपराधिहुँ पर कोह न काऊ ॥
मो पर कृपा सनेह बिसेखी । खेलत खुनिस न कबहूँ देखी ॥
सिसुपन तें परिहरेउ न संगू । कबहुँ न कीन्ह मोर मन भंगू ॥
मैं प्रभु कृपा रीति जिय जोही । हारेहु खेल जितावहिं मोहीं ॥
महूँ सनेह सकोच बस सनमुख कहेउ न बैन ।
दरसन तृपित न आजु लगि प्रेम पियासे नैन ॥

बिधि न सकेउ सहि मोर दुलारा। नीच बीच जननी मिस पारा॥
यहउ कहत मोहि आजु न सोभा। अपनी समुझि साधु सुचि कोभा॥
मातु मंद, मैं साधु सुचाली। उर अस आनत कोटि कुचाली॥
फरइ कि कोदव बालि सुसाली। मुकुता प्रसव कि संबुक ताली॥
बिनु समुझे निज अघ परिपाकू। जारेउँ जाय जननि कहि काकू॥
हृदय हेरि हारेउँ सब ओरा। एकहि भाँति भलेहि भल मोरा॥
गुरु गोसाइँ, साहेब सिय रामू। लागत मोहि नीक परिनामू॥

तात जायँ जनि करहु गलानी। ईस अधीन जीव गति जानी॥
तीनि काल तिभुवन मत मोरे। पुन्य सिलोक तात तर तोरें॥
उर आनत तुम्ह पर कुटिलाई। जाइ लोक परलोक नसाई॥
दोसु देहिं जननिहि जड़ तेई। जिन्हा गुर साधु सभा नहिं सेई॥
मिटिहहिं पाप प्रपंच सब अखिल अमंगल भार।
लोक सुजसु परलोक सुखु सुमिरत नाम तुम्हार॥
कहउँ सुभाउँ सत्य सिव साखी। भरत भूमि रह राउर राखी॥

कैकयी का अनुताप

(34)

लखि सिय सहित सरल दोउ भाई। कुटिल रानि पछितानि अघाई॥
अवनि जमहि जाचति कैकेई। महि न बीचु बिधि मीचु न देई॥

करुणा-सरित्

(35)

आश्रम सागर सांत रस पूरन पावन पाथ।
सेन मनहुँ करुना सरित लिए जाहिं रघुनाथ॥
बोरति ग्यान बिराग करारे। बचन ससोक मिलत नद-नारे॥
सोच उसास समीर तरंगा। धीरज तट तरुवर कर भंगा॥
बिषम बिषाद तुरावति धारा। भय भ्रम भँवर अवर्त अपारा॥
केवट बुध, विद्या बड़ि नावा। सकहिं न खेइ, ऐक नहिं आवा॥
आश्रम उदधि मिली जब जाई। मनहुँ उठेउ अंबुधि अकुलाई॥

सीता वियोग में राम

(36)

खंजन सुक कपोत मृग मीना । मधुप निकर कोकिला प्रबीना ॥
कुंद कली दाड़िम दामिनी । सरद कमल ससि अहिभामिनी ॥
वरुन पाश मनोज धनु हंसा । गज केहरि निज सुनत प्रसंसा ॥
श्रीफल कमल कदलि हरखाहीं । नेकु न संक सकुच मन माहीं ॥

हमहिं देखि मृग निकर पराहीं । मृगी कहहिं तुम्ह कहँ भय नाहीं ॥
तुम्ह आनंद करहु मृग जाए । कंचन मृग खोजन ए आए ॥

प्रतिज्ञा राम की

(37)

सीता हरन तात जनि कहहु पिता सन जाइ ।
जौं मैं राम त कुल सहित कहिहि दसानन जाइ ॥

पतिदेवता

(38)

बृद्ध रोगबस जड़ धनहीना । अंध बधिर क्रोधी अति दीना ॥
ऐसेहु पति कर किए अपमाना । नारि पाव जमपुर दुख नाना ॥

वियोगिनी सीता

(39)

पावकमय ससि स्रवत न आगी । मानहुँ मोहि जानि हतभागी ॥
सुनिय बिनय मम बिटप असोका । सत्य नाम करु हरु मम सोका ॥
नूतन किसलय अनल समाना । देहि अगिनि जिनि करहि निदाना ॥

कोमलचित कृपालु रघुराई । कपि, केहि हेतु धरी निठुराई ॥
सहज बानि सेवक सुखदायक । कबहुँक सुरति करत रघुनायक ॥
कबहुँ नयन मम सीतल ताता । होइहिं निरखि स्याम मृदुगाता ॥

शरणागत

(40)

सरनागत कहुँ जे तजहिं निज अनहित अनुमानि।
ते नर पाँवर पापमय तिन्हहि बिलोकत हानि ॥

विभीषण

(41)

तुम्ह पितु सरिस भलेहिं मोहिं मारा । राम भजें हित नाथ तुम्हारा ॥
राम सत्यसंकल्प प्रभु सभा कालबस तोरि।
मैं रघुबीर सरन अब जाउँ, देहु जनि खोरि ॥

जो संपति सिव रावनहि दीन्ह दिएँ दस माथ।
सोइ संपदा बिभीषनहि सकुचि दीन्ह रघुनाथ ॥

समुद्र पर राम का क्रोध

(42)

लछिमन बान सरासन आनू । सोखउँ बारिधि बिसिख कृसानू ॥
अस कहि रघुपति चाप चढ़ावा । यह मत लछिमन के मन भावा ॥

चकित रावण

(43)

बाँध्यो बननिधि नीरनिधि जलधि सिंधु बारीस।
सत्य तोयनिधि कंपति उदधि पयोधि नदीस ॥

अंगद-रावण संवाद

(44)

नाक कान बिनु भगिनि निहारी । छमा कीन्ह तुम धरम बिचारी ॥
लाजवंत तुम सहज सुभाऊ । निज मुख निज गुन कहसि न काऊ ॥

धन्य कीस जो निज प्रभु काजा । जहँ तहँ नाचहिं परिहरि लाजा ॥
नाचि कूदि करि लोग रिझाई । पति हित करै धरम निपुनाई ॥

युद्ध में क्रुद्ध राम

भए क्रुद्ध जुद्ध बिरुद्ध रघुपति त्रोन सायक कसमसे।
कोदंड धुनि अति चंडसुनि मनुजाद सब मारुत ग्रसे॥
मंदोदरी उरकंप कंपतिकमठ भू भूधर त्रसे॥
चिक्करहिं दिग्गज दसन गहि महि देखि कौतुक सुर हँसे॥

रामराज्य

(45)

रघुपति चरित देखि पुरबासी। पुनि पुनि कहहिं धन्य सुखरासी॥
बयरु न कर काहू सन कोई। राम प्रताप बिषमता खोई॥
बरनाश्रम निज निज धरम निरत बेद पथ लोग।
चलहिं सदा पावहिं सुखहि नहिं भय सोक न रोग॥
सब नर करहिं परसपर प्रीती। चलहिं स्वधर्म निरत स्रुति रीती॥
नहिं दरिद्र कोउ दुखी न दीना। नहिं कोउ अबुध न लच्छन हीना॥
सब निर्दंभ धरमरत पुनी। नर अरु नारि चतुर सब गुनी॥
सब गुनग्य पंडित सब ग्यानी। सब कृतग्य नहिं कपट सयानी॥
दंड जतिन्ह कर भेद जहँ नर्तक नृत्य समाज।
जीतहु मनहि सुनिअ अस रामचंद्र के राज॥
फूलहिं फरहिं सदा तरु कानन। रहहिं एक संग गज पंचानन॥
खग मृग सहज बयरु बिसराई। सबन्हि परसपर प्रीति बढ़ाई॥

गृहस्वामिनी सीता

(46)

जद्यपि गृह सेवक सेवकिनी। बिपुल सकल सेवा बिधि गुनी॥
निज कर गृह परिचरजा करई। रामचंद्र आयसु अनुसरई॥

ईश्वर-जीव-माया

(47)

गो गोचर जहँ लगि मन जाई। सो सब माया जानेहु भाई॥

माया बस्य जीव अभिमानी। ईस बस्य माया गुन खानी॥

परबस जीव, स्वबस भगवंता । जीव अनेक, एक श्रीकंता ॥
मुधा भेद जद्यपि कृत माया । बिनु हरि जाइ न कोटि उपाया ॥

ईस्वर अंस जीव अबिनासी । चेतन, अमल, सहज, सुखरासी ॥
सो माया बस भयउ गोंसाईं । बँधेउ कीर मरकट की नाईं ॥

सर्वोपरि राम

(48)

राम काम सत कोटि सुभग तन । दुर्गा कोटि अमित अरि मर्दन ॥
मरुत कोटि सत बिपुल बल रवि सत कोटि प्रकास ।
ससि सत कोटि सो सीतल समन सकल भव-त्रास ॥
काल कोटि सत सरिस अति दुस्तर दुर्ग दुरंत ।
धूमकेतु सत कोटि सम दुराधर्ष भगवंत ॥
विष्णु कोटि सम पालन करता । रुद्र कोटि सत सम संहरता ॥

कलिकाल

(49)

निराचार जो स्रुतिपथ त्यागी । कलिजुग सोइ ग्यानी बैरागी ॥
सूद्र द्विजन्ह उपदेसहिं ग्याना । मेलि जनेऊ लेहिं कुदाना ॥
बादहिं सूद्र द्विजन सन हम तुमतें कछु घाटि ।
जानइ ब्रह्म सो बिप्रबर आँखि देखावहिं डाँटि ॥

(इतिहास, पृ. 135)

जो बरनाधम तेलि कुम्हारा । स्वपच किरात कोल कलवारा ॥
नारि मुई घर संपति नासी । मूँड़ मुँड़ाइ होहिं संन्यासी ॥
ते विप्रन सन आपु पुजावहिं । उभय लोक निज हाथ नसावहिं ॥
बिप्र निरच्छर लोलुप कामी । निराचार सठ वृपली स्वामी ॥
सूद्र करहिं जप तप ब्रत दाना । बैठि बरासन कहहिं पुराना ॥
स्रुति सम्मत हरि भक्ति पथ संजुत बिरति बिबेक ।
तेहि परिहरहिं बिमोह बस कल्पहिं पंथ अनेक ॥

(इतिहास, पृ. 135)

काकभुशुंडि

(50)

एक बार हर मंदिर जपत रहेउँ सिव नाम।
गुरु आएउ अभिमान तें उठि नहिं कीन्ह प्रनाम॥
गुरु दयाल नहिं कहेउ कछु उर न रोष लवलेस।
अति अघ गुरु अपमानता सहि नहिं सके महेस॥
मंदिर माँझ भई नभ बानी। रे हतभाग्य अग्य अभिमानी॥
जद्यपि तव गुरु कें नहिं क्रोधा। अति कृपालु उर सम्यक बोधा॥
तदपि साप हठि देइहउँ तोही। नीति विरोध सुहाइ न मोहीं॥
जौं नहिं दंड करौं सठ तोरा। भ्रष्ट होइ स्रुति मारग मोरा॥

ज्ञान-भक्ति

(51)

ग्यानहि भगतिहि नहिं कछु भेदा। उभय हरहिं भव संभव खेदा॥
ग्यान बिराग जोग बिग्याना। ए सब पुरुष सुनहु हरिजाना॥
मोह न नारि नारि के रूपा। पन्नगारि यह रीति अनूपा॥
माया भगति सुनहु तुम्ह दोऊ। नारिवर्ग जानहिं सब कोऊ॥
कहत कठिन समुझत कठिन साधत कठिन बिबेक।
होइ घुनाच्छर न्याय जौं पुनि प्रत्यूह अनेक॥
ग्यान पंथ कृपान कै धारा। परत खगेस होइ नहिं बारा॥
राम भजत सोइ मुकुति गोसाईं। अनइच्छित आवइ बरिआईं॥

निंदा का फल

(52)

हरिगुरु निंदक दादुर होई। जन्म सहस्र पाव तन सोई॥
सुर स्रुति निंदक जे अभिमानी। रौरव नरक परहिं ते प्रानी॥
सब कै निंदा जे जड़ करहीं। ते चमगादुर होइ अवतरहीं॥

संत हृदय

(53)

संत हृदय नवनीत समांना। कहा कबिन्ह पै कहै न जाना॥
निज परिताप द्रवइ नवनीता। पर दुख द्रवहिं संत सुपुनीता॥

अभीष्ट

(54)

कामिहि नारि पियारि जिमि लोभिहि प्रिय जिमि दाम।
तिमि रघुनाथ निरंतर प्रिय लागहु मोहिं राम॥

गीतावली

धनुर्भंग

(1)

गहि करतल, मुनि पुलक सहित, कौतुकहि उठाइ लियो।
नृपगन मुखनि समेत नमित करि सजि सुख सबहि दियो॥
आकरष्यो सिय मन समेत हरि हरष्यो जनक हियो।
भंज्यो भृगुपति गर्व सहित तिहुँलोक बिमोह कियो॥

जयमाल

(2)

सतानंद सिष सुनि पायँ परि पहिराई माल
सिय पिय हिय सोहत सो भई है।
मानस तें निकसि बिसाल सुतमाल पर
मानहुँ मराल पाँति बैठि बन गई है।

वनगमन

(3)

बन को निकरि गए दोउ भाई।
सावन गरजै, भादौ बरसै, पवन चलै पुरवाई॥
कौन बिरिछ तर भींजत ह्वैहैं राम लखन दोउ भाई॥

वन पथ में

(4)

सुनि सुचि सरल सनेह सुहावने ग्राम बधुन्ह के बैन।
तुलसी प्रभु तरु तर बिलँबे, किए प्रेम कनौड़े कै न ?

वन पथ में

(5)

बहुत दिन बीते सुधि कछु न लही।
गए जे पथिक गोरे साँवरे सलोने
सखि! संग नारि सुकुमारि रही॥
जानि पहिचानि विनु आप तें
आपनेहु तें प्रानकूँ ते प्यारे प्रियतम उपही।
बहुरि बिलोकिबे कवहुँक कहत
तनु पुलक नयन जलधार बही॥

चित्रकूट में

(6)

फटिक सिला मृदु विसाल, संकुल सुरतरु तमाल
ललित लता जाल हरति छबि वितान की।
मंदाकिनी तटिन तीर, मंजुल मृग विहग भीर
धीर मुनि गिरा गभीर सामगान की॥
मधुकर पिक बरहि मुखर सुंदर गिरि निरझर झर
जल कन, घन छाँह, छन प्रभा न भान की।
सब ऋतु ऋतुपति प्रभाउ, संतत बहै त्रिबिध बाउ
जनु बिहार बाटिका नृप पंचबान की॥

(7)

विटप बेलि नव किसलय कुसुमित सघन सुजाति।
कंदमूल जल थल रुह अगनित अनबन भाँति॥
मंजुल मंजु वकुल कुल सुरतरु ताल तमाल।
कदलि कदंव सुचंपक पाटल पनस रसाल॥
सरित सरन सरसीरुह फूले नाना रंग।
गुंजत मंजु मधुपगन कूजत विविध बिहंग॥

चित्रकूट में होली

(8)

आजु बन्यो है बिपिन देखो रामधीर।
मानो खेलत फागु मुद मदनबीर॥
बट बकुल कदंब पनस रसाल।
कुसुमित तरु-निकर कुरव-तमाल॥
मानो बिबिध वेष धरे छैल-जूथ।
बिच बीच लता-ललना-बरूथ॥
पनबानक निर्झर, अलि उपंग।
बोलत पारावत मानौ डफ मृदंग॥
गायक सुक कोकिल, झिल्लि ताल।
नाचत बहु भाँति बरहि मराल॥

चित्रकूट-शोभा

(9)

सब दिन चित्रकूट नीको लागत।
बरषा-ऋतु-प्रबेस बिसेष गिरि देखत मन अनुरागत॥
चहुँदिसि बन संपन्न बिहग मृग बोलत सोभा पावत।
जनु सुनरेस देस पुर प्रमुदित प्रजा सकल सुख छावत॥
सोहत स्याम जलद मृदु घोरत धातु रँगमगे सृंगनि।
मनहुँ आदि अंभोज बिराजत सेवित सुर मुनि भृंगनि॥
सिखर परस घन घटहिं मिलति बग पाँति सो छवि कवि बरनी।
आदि बराह बिहरि बारिधि मनो उठ्यो है दसन धरि धरनी॥
जल जुत बिमल सिलनि झलकत नभ बन प्रतिबिंब तरंग।
मानहुँ जग रचना बिचित्र बिलसति बिराट अँग अंग॥
मंदाकिनिहि मिलत झरना झरि झरि भरि भरि जल आछे।
तुलसी सकल सुकृत सुख लागे मानो रामभगति के पाछे॥

व्याकुल कौशल्या

(10)

जब जब भवन बिलोकति सूनो।
तब तव बिकल होति कौसल्या दिन दिन प्रति दुख दूनो॥

को अब प्रात कलेऊ माँगत रूठि चलैगो माई ?
स्याम तामरस नयन स्रवत जल काहि लेहुँ उर लाई ?

कैकयी के प्रति भरत

(11)

ऐसे तैं क्यों कटु वचन कह्यो री ?
'राम जाहु कानन' कठोर तेरे कैसे धौं हृदय रह्यो री ?
दिनकर बंस पिता दसरथ से राम लषन से भाई।
जननी! तू जननी तो कहा कहौं ? बिधि केहि खोरि न लाई॥
'हौं लहिहौं सुख राजमातु ह्वै सुत सिर छत्र धरैगो'।
कुल कलंक मल मूल मनोरथ तव बिनु कौन करैगो ?
ऐहैं राम सुखी सब ह्वैहैं ईस अजस मेरो हरिहैं।
तुलसीदास मोको बड़ो सोच, तू जनम कौन बिधि भरिहै ?

माता कौशल्या के प्रति भरत

(12)

जो पै हौं मातु मते महँ ह्वैहौं।
तौ जननी जग में या मुख की कहाँ कालिमा ध्वैहौं ?
क्यौं हौं आज होत सुचि सपथनि, कौन मानिहै साँची ?
महिमा मृगी कौन सुकृती की खल-बच-बिसिषन बाँची ?
गहि न जाति रसना काहू की, कहौ जाहि जौ सूझै।
दीन बंधु कारुण्य सिंधु बिनु कौन हिये की बूझै॥

(इतिहास, पृ. 132)

प्रेमशिथिल भरत

(13)

बिलोके दूरि तें दोउ वीर।
मन अगहुँड़ तन पुलक सिथिल भयो नयन नलिन भरे नीर॥
गड़त गोड़ मनो सकुच पंक मँह कढ़त प्रेम बल धीर॥

(इतिहास, पृ. 132)

व्याकुल कौशल्या

(14)

राघव एक बार फिरि आवौ।
ए बर बाजि बिलोकि आपने बहुरो बनहिं सिधावौ॥
जे पय प्याइ, पोषि कर पंकज, बार बार चुचुकारे।
क्यों जीवहिं मेरे राम लाड़िले! ते अब निपट बिसारे॥
सुनहु पथिक जो राम मिलहिं बन कहियो मातु सँदेसो।
तुलसी मोहिं और सबहिन तें इनको बड़ो अँदेसो॥

मृगया

(15)

सुभग सरासन सायक जोरे।
खेलत राम फिरत मृगया बन बसति सो मृदु मूरति मन मोरे॥
जटा मुकुट सिर सारस नयननि गौहैं तकत सुभौंह सकोरे॥

शबरी

(16)

अनुकूल अंबक अंब ज्यों निज डिंभ हित सब आनि कै।
सुंदर सनेह सुधा सहस जनु सरस राखे सानि कै॥
छन भवन छन बाहर बिलोकति पंथ भू पर पानि कै॥

राम का विलाप

(17)

मेरो सब पुरुषारथ थाको।
विपति बँटावन बंधु बाहु बिनु करौं भरोसो काको ?
सुनु सुग्रीव! साँचहू मो सम फेर्यो बदन बिधाता।
ऐसे समय समर-संकट हौं तज्यो लषन सो भ्राता॥
गिरि कानन जैहें साखा मृग हौं पुनि अनुज सँघाती।
ह्वैहै कहा बिभीषन की गति रही सोच भरि छाती॥

हनुमान का उत्साह

(18)

जौ हौं अब अनुसासन पावौं।
तौ चंद्रमहि निचोरि चैल ज्यों आनि सुधा सिर नावौं॥
कै पाताल दलौं व्यालावलि अमृत कुंड महि लावौं।
भेदि भुवन करि भानु बाहिरो तुरत राहु दै तावौं॥
बिवुध बैद बरबस आनौं धरि तौ प्रभु अनुग कहावौं।
पटकौं मीच नीच मूषक ज्यों सबहिं को पापु बहावौं॥

परित्यक्ता सीता

(19)

तौ लौं बलि आपुही कीवी विनय समुझि सुधारि।
जौं लौं हौं सिखि लेउँ बन ऋषि रीति बसि दिन-चारि॥
तापसी कहि कहा पठवति नृपनि को मनुहारि।
बहुरि तिहि विधि आइ कहिहै साधु कोउ हितकारि॥
लषन लाल कृपाल! निपटहिं डारिबी न बिसारि।
पालबी सब तापसनि ज्यों राजधर्म बिचारि॥
सुनत सीता बचन मोचत सकल लोचन बारि।
बालमीकि न सके तुलसी सो सनेह सँभारि॥

कैकयी का उत्तर जीवन

(20)

कैकयी जौं लौं जियति रही।
तौं लौं बात मातु सों मुँह भरि भरत न भूलि कही॥
मानी राम अधिक जननी तें, जननिहु गँस न गही॥

कवितावली

धनुर्भंग

(1)

डिगति उर्वि अति गुर्वि, सर्व पब्बै समुद्र-सर।
ब्याल बधिर तेहि काल, बिकल दिगपाल चराचर॥

दिग्गयंद लरखरत परत दसकंधु मुख्ख भर।
सुर-बिमान हिमभानु भानु संघटत परसपर ॥
चौंके बिरंचि संकर सहित कोल कमठ अहि कलमल्यौ।
ब्रह्मंड खंड कियो चंड धुनि जबहिं राम सिव धनु दल्यौ ॥

(इतिहास, पृ. 131)

सीता विवाह मंडप में

(2)

राम को रूप निहारत जानकि कंकन के नग के परिछाहीं।
यातें सबै सुधि भूलि गई, कर टेकि रही, पल टारत नाहीं ॥

(इतिहास, पृ. 132)

वन-गमन

(3)

कागर कीर ज्यों भूषन चीर सरीर लस्यो तजि नीर ज्यों काई।
मातुपिता प्रिय लोग सबै सनमानि सुभाय सनेह सगाई ॥
संग सुभामिनि भाइ भलो दिन द्वै जनु औध हुते पहुनाई।
राजिव लोचन राम चले तजि बाप को राज बटाऊ की नाई ॥

वन-पथ में

(4)

पुर तें निकसी रघुवीर वधू, धरि धीर दए मग में डग द्वै।
झलकीं भरि भाल कनीं जल की, पुट सूखि गए अधराधर वै ॥
फिरि बूझति हैं, चलनो अब केतिक, पर्नकुटी करिहौ कित ह्वै।
तिय की लखि आतुरता पिय की अँखियाँ अति चारु चलीं जल च्वै ॥

वन-पथ में

(5)

जल को गए लक्खन, हैं लरिका, परिखौ पिय छाँह घरीक ह्वै ठाढ़े।
पोंछि पसेउ बयारि करौं अरु पाय पखारिहौं भूभुरि डाढ़े ॥
तुलसी रघुवीर प्रिया श्रम जानि कै बैठि बिलंब लौं कंटक काढ़े।
जानकीं नाह को नेह लख्यो, पुलको तन, वारि बिलोचन बाढ़े ॥

ग्रामबधू

(6)

बनिता बनी स्यामल गौर के बीच बिलोकहु री सखि! मोहि सी ह्वै।
मग जोग न, कोमल क्यों चलिहैं ? सकुचाति मही पद पंकज छ्वै॥
तुलसी सुनि ग्राम बधू बिथकीं, पुलकीं तन औ चले लोचन च्वै।
सब भाँति मनोहर मोहन रूप अनूप हैं भूप के बालक द्वै॥

ग्रामबधू

(7)

सीस जटा, उर बाहु बिसाल, बिलोचन लाल, तिरीछी सी भौहैं।
तून, सरासन, बान धरे तुलसी बन मारग में सुठि सोहैं॥
सादर बारहिं बार सुभाय चितै तुम त्यौं हमरो मन मोहैं।
पूछति ग्रामबधू सिय सों, 'कहौ साँवरे से, सखि! रावरे को हैं?'

ग्रामबधू

(8)

धरि धीर कहैं, 'चलु देखिय जाइ जहाँ सजनी! रजनी रहिहैं'।
कहिहैं जग पोच, न सोच कछू, फल लोचन आपन तौ लहिहैं॥
सुख पाइहैं कान सुने बतियाँ कल, आपुस में कछु पै कहिहैं।
(तुलसी अति प्रेम लगी पलकैं, पुलकीं लखि रामु हिये महि हैं)॥

वन में

(9)

सर चारिक चारु बनाइ, कसे कटि, पानि सरासन सायक लै।
बन खेलत राम फिरैं मृगया तुलसी छबि सो बरनै किमि कै॥
अवलोकि अलौकिक रूप मृगी मृग चौंकि चकैं चितवैं चित दै।
न डगैं, न भगैं जिय जानि सिलीमुख पंच धरे रतिनायक है॥

लंकादहन

(10)

बालधी बिसाल बिकराल ज्वाल जाल मानौ
लंक लीलिबे को काल रसना पसारी है।
कैंधों ब्योम बीथिका भरे हैं भूरि धूमकेतु
बीर रस बीर तरवारि सी उघारी है॥

(इतिहास, पृ. 133)

लंकादहन

(11)

'लागि, लागि आगि' भागि भागि चले जहाँ तहाँ
धीय को न माय, बाप पूत न सँभारहीं।
छूटे बार, बसन उघारे, धूम धुंध अंध
कहैं बारे बूढ़े 'बारि बारि' बार बारहीं॥
हय हिहिनात भागे जात, घहरात गज
भारी भीर ठेलि पेलि रौंदि खौंदि डारहीं।
नाम लै चिलात, बिललात अकुलात अति
तात, तात! तौंसियत झौंसियत झारहीं॥

लंकादहन

(12)

लपट कराल ज्वाल जाल माल दहूँ दिसि
धूम अकुलाने पहिचानै कौन काहि रे।
पानी को ललात बिललात जरे गात जात
परे पाइमाल जात, भ्रात! तू निबाहि रे॥
प्रिय! तू पराहि, नाथ नाथ! तू पराहि, बाप,
बाप! तू पराहि, पूत, पूत! तू पराहि रे।
तुलसी बिलोकि लोग व्याकुल बिहाल कहैं
'लेहि दससीस अब बीस चख चाहि रे!'

लंकादहन

(13)

हाट बाट हाटक पिघलि चलो घी-सो घनो
कनक कराही लंक तलफति ताय सों।
नाना पकवान जातुधान बलवान सब
पागि पागि ढेरी कीन्हीं भली भाँति भाय सों॥

युद्ध में हनुमान

(14)

दबकि दबोरे एक, बारिधि में बोरे एक
मगन मही में एक गगन उड़ात हैं।
पकरि पछारे कर, चरन उखारे एक,
चीरि-फारि डारे एक मींजि मारे लात हैं॥
तुलसी लखत राम, रावन, बिबुध, बिधि,
चक्रपानि, चंडीपति, चंडिका सिहात हैं।
बड़े बड़े बानइत बीर बलवान बड़े
जातुधान जूथप निपाते बातजात हैं॥

युद्धरत हनुमान

(15)

प्रबल प्रचंड बरिबंड बाहुदंड बीर
धाए जातुधान, हनुमान लियो घेरि कै।
महाबल पुंज कुंजरारि ज्यों गरजि, भट
जहाँ तहाँ पटके लंगूर फेरि फेरि कै॥
मारे लात, तोरे गात, भागे जात हाहा खात
कहैं 'तुलसीस! राखि' राम की सौं टेरि कै॥
ठहर-ठहर, परे, कहरि-कहरि उठैं
हहरि-हहरि हर सिद्ध हँसै हेरि कै॥

(इतिहास, पृ. 133)

युद्धरत हनुमान

(16)

कतहुँ विटप भूधर उपारि परसेन बरष्षत।
कतहुँ बाजि सों बाजि मर्दि, गजराज करष्षत॥
चरन चोट चटकन चकोट अरि-उर-सिर बज्जत।
बिकट कटक बिद्दरत बीर बारिद जिमि गज्जत॥
लंगूर लपेटत पटकि भट, 'जयति राम, जय!' उच्चरत।
तुलसीस पवननंदन अटल जुद्ध क्रुद्ध कौतुक करत॥

(इतिहास, पृ. 131)

युद्धभूमि में भूत-बैताल

(17)

ओझरी की झोरी काँधे, आँतनि की सेल्ही बाँधे
मूँड़ के कमंडल खपर किएँ कोरि कै॥
जोगिनी झुटुंग झुंड झुंड बनी तापसी-सी
तीर-तीर बैठीं सो समर-सरि खोरि कै॥
श्रोनित सों सानि़ सानि गूदा खात सतुआ-से
प्रेम एक पिअत बहोरि घोरि-घोरि कै।
'तुलसी' बैताल-भूत साथ लिएँ भूतनाथ
हेरि-हेरि हँसत हैं हाथ-हाथ जोरि कै॥

राम के शरीर पर रक्त के छींटे

(18)

श्रोनित-छीट-छटानि जटे तुलसी प्रभु सोहैं, महाछबि छूटी॥
मानो मरक्कत-सैल बिसाल में फैलि चलीं बर वीर बहूटी॥

आकाशमार्ग में हनुमान

(19)

लीन्हो उखारि पहारु बिसाल, चल्यो तेहि काल, बिलंब न लायो।
मारुतनंदन मारुत को, मन को, खगराज को बेग लजायो॥
तीखी तुरा 'तुलसी' कहतो पै हिएँ उपमा को समाउ न आयो।
मानो प्रतच्छ परब्बत की नभ लीक लसी, कपि यों धुकि धायो॥

भारतभूमि

(20)

भली भारत भूमि, भले कुल जन्म समाज सरीर भलो लहि कै।
जो भजै भगवान सयान सोई तुलसी हठ चातक ज्यों गहि कै॥

प्रयाग में संगम

(21)

सोहैं सितासित को मिलिबो तुलसी हुलसै हिय हेरि हिलोरे।
मानो हरे तृन चारु चरैं बगरे सुरधेनु के धौल कलोरे॥

बरवै रामायण

केस मुकुत सखि मरकत मनिमय होत।
हाथ लेत पुनि मुकुता करत उदोत॥ 1॥
सम सुबरन सुखमाकर सुखद न थोर।
सीय अंग सखि! कोमल कनक कठोर॥ 2॥
सिय मुख सरद कमल जिमि किमि कहि जाइ।
निसि मलीन वह, निसि दिन यह बिगसाइ॥ 3॥
चंपक हरवा अँग मिलि अधिक सोहाइ।
जानि परै सिय हियरे जब कुँभिलाइ॥ 4॥
सिय तुव अंग-रंग मिलि अधिक उदोत।
हार बेलि पहिरावौं चंपक होत॥ 5॥
द्वै भुज कर हरि रघुबर सुंदर बेष।
एक जीभ कर लछिमन दूसर शेष॥ 6॥
बेद नाम कहि, अँगुरिन खंडि अकास।
पठयो सूपनखाहि लषन के पास॥ 7॥
जटा मुकुट, कर सर धनु, संग मरीच।
चितवनि बसति कनखियनु अँखियनु बीच॥ 8॥
डहकु न है उजियरिया, निसि नहिं घाम।
जगत जरत अस लागु मोहिं बिनु राम॥ 9॥

दोहावली

हम लखि, लखहि हमार, लखि हम हमार के बीच।
तुलसी अलखहि का लखे, राम नाम जपु नीच ॥ 1 ॥
रामहि सुमिरत रन भिरत देत परत गुरु पायँ।
तुलसी जिन्हहि न पुलक तन ते जग जीवत जायँ ॥ 2 ॥
की तोहिं लागहिं राम प्रिय की तू रामप्रिय होहि।
दुइ में रुचै जो सुगम सोइ कीबे तुलसी तोहि ॥ 3 ॥

(इतिहास, पृ. 133)

निगम अगम साहेब सुगम राम साँचिली चाह।
अंबु असन अवलोकियत सुलभ सबै जग माँह ॥ 4 ॥

(इतिहास, पृ. 136)

प्रीति राम सों नीति पथ चलिय राग रिसि जीति।
तुलसी संतन के मते इहै भगति की रीति ॥ 5 ॥
जौं जगदीस तौ अति भलो जौं महीस तौ भाग।
तुलसी चाहत जनम भरि राम चरन अनुराग ॥ 6 ॥
सूधे मन सूधे बचन सूधी सब करतूति।
तुलसी सूधी सकल बिधि रघुबर प्रेम प्रसूति ॥ 7 ॥

(इतिहास, पृ. 136)

बंधु बधू रत कहि कियो बचन निरुत्तर बालि।
तुलसी प्रभु सुग्रीव की चितइ न कछू सुचालि ॥ 8 ॥
सधन चोर मग मुदित मन धनी गही ज्यों फेंट।
त्यों सुग्रीव बिभीषनहि भई भरत की भेंट ॥ 9 ॥
ग्यान कहै अग्यान बिनु तम बिनु कहै प्रकास।
निरगुन कहै जो सगुन बिनु सो गुरु तुलसीदास ॥ 10 ॥
एक भरोसो एक बल एक आस बिस्वास।
एक राम घन स्याम बिन चातक तुलसीदास ॥ 11 ॥
चातक तुलसी के मतें स्वातिहुँ पियै न पानि।
प्रेम तृषा बाढ़ति भली घटें घटैगी आनि ॥ 12 ॥
बरषि परुष पाहन पयद पंख करौ टुक टूक।
तुलसी परी न चाहियै चतुर चातकहि चूक ॥ 13 ॥
उपल बरसि गरजत तरजि डारत कुलिस कठोर।
चितव कि चातक मेघ तजि कबहुँ दूसरी ओर ॥ 14 ॥
तीनि लोक तिहुँ काल जस चातक ही कें माथ।
तुलसी जासु न दीनता सुनी दूसरे नाथ ॥ 15 ॥

नहिं जाचत नहि संग्रही सीस नाइ नहिं लेइ।
ऐसे मानी मागनेहि को बारिद बिन देइ ॥ 16 ॥
साधन साँसति सब सहत सबहि सुखद फल लाहु।
तुलसी चातक जलद की रीझि बूझि बुध काहु ॥ 17 ॥
जीव चराचर जहँ लगें है सबको हित मेह।
तुलसी चातक मन बस्यो घन सों सहज सनेह ॥ 18 ॥
चरग चंगु गत चातकहि नेम प्रेम की पीर।
तुलसी परबस हाड़ पर परिहैं पुहुमी नीर ॥ 19 ॥
बध्यो बधिक पर्‌यो पुन्य जल उलटि उठाई चोंच।
तुलसी चातक प्रेमपट मरतहुँ लगी न खोंच ॥ 20 ॥
तुलसी जप तप नेम व्रत सब सबहीं तें होइ।
लहै बड़ाई देवता इष्टदेव जब होइ ॥ 21 ॥
कै लघु कै बड़ मीत भल सम सनेह दुख सोइ।
तुलसी ज्यों घृत मधु सरिस मिलें महाबिष होइ ॥ 22 ॥
उत्तम मध्यम नीच गति पाहन सिकता पानि।
प्रीति परिच्छा तिहुन की बैर बितिक्रम जानि ॥ 23 ॥
मिलै जो सरलहि सरल ह्वै कुटिल न सहज बिहाइ।
सो सहेतु ज्यों बक्र गति ब्याल न बिलहि समाइ ॥ 24 ॥
जो जो जेहिं जेहिं रस मगन तहँ सो मुदित मन मानि।
रसगुन दोष बिचारिबो रसिक रीति पहिचानि ॥ 25 ॥
रीझि आपनी बूझि पर खीझि बिचार बिहीन।
ते उपदेस न मानहीं मोह महोदधि मीन ॥ 26 ॥

(इतिहास पृ. 133)

लोगनि भलो मनाव जो भलो होन की आस।
करत गगन को गेंडुआ सो सठ तुलसीदास ॥ 27 ॥

(इतिहास, पृ. 133)

तुलसी भेड़ी की धँसनि जड़ जनता सनमान।
उपजत ही अभिमान भो खोवत मूढ़ अपान ॥ 28 ॥
लही आँखि कब आँधरे बाँझ पूत कब ल्याइ।
कब कोढ़ी काया लही जग बहराइच जाइ ॥ 29 ॥
उरबी परि कलहीन होइ ऊपर कला प्रधान।
तुलसी देखु कलाप गति साधन घन पहिचान ॥ 30 ॥
साखी सबदी दोहरा कहि कहनी उपखान।
भगति निरूपहिं भगत कलि निंदहिं बेद-पुरान ॥ 31 ॥

(इतिहास, पृ. 135)

विनय पत्रिका

काशी-कामधेनु

(1)

सेइय सहित सनेह देह भरि कामधेनु कलि कासी।
मरजादा चहुँ ओर चरन बर सेवत सुरपुर बासी॥
तीरथ सब सुभ अंग, रोम सिवलिंग अमित अबिनासी।
अंतर अयन अयन भल थल फल बच्छ बेद बिस्वासी॥
गल कंबल बरुना बिभाति जनु लूम लसति सरिता सी।
लोल दिनेस त्रिलोचन लोचन करनघंट घंटा सी॥ 22॥

चित्रकूट

(2)

अब चित चेतु चित्रकूटहि चलु।
भूमि बिलोकु राम पद अंकित, बन बिलोकु रघुबर बिहार थलु॥ 24॥

दीनता

(3)

राम सों बड़ो है कौन ? मो सों कौन छोटो ?
राम सों खरो है कौन ? मो सो कौन खोटो ? ॥ 72॥

प्रीति की प्रतीति

(4)

लोग कहैं पोचु सो न सोचु न सँकोचु मेरे
ब्याह न बरेखी जाति पाँति न चहत हौं।
तुलसी अकाज काज राम ही के रीझे खीझे
प्रीति की प्रतीति मन मुदित रहत हौं॥ 76॥

बीमार मन

(5)

कबहुं जोगरत भोगनिरत सठ हठ बियोग बस होई।
कबहुँ मोहबस द्रोह करत बहु कबहुँ दया अति सोई॥

कबहुँ दीन मति हीन रंकतर, कबहुँ भूप अभिमानी।
कबहुँ मूढ़ पंडित बिडंबरत, कबहुँ धरमरत ग्यानी॥
संजम जप तप नेम धरम ब्रत-बहु भेपज समुदाई।
तुलसिदास भवरोग राम पद प्रेम हीन नहिं जाई॥ 81॥

मलिनता

(6)

नयन मलिन परनारि निरखि, मन मलिन विषय सँग लागे।
हृदय मलिन बासना मान मद जीव सहज सुख त्यागे॥
पर निंदा सुनि स्रवन मलिन भए बदन दोष पर गाए।
सब प्रकार मल भार लाग निज नाथ चरन बिसराए॥
तुलसिदास ब्रत दान ग्यान तप सुद्धि हेतु स्रुति गावै।
रामचरन अनुराग नीर बिनु मल अति नास न पावै॥ 82॥

बिछुड़न

(7)

बिछुरे रबि-ससि मन-नैनन तें पावत दुख बहुतेरो।
भ्रमत स्रमित निसि दिवस गगन महँ, तहँ रिपु राहु बड़ेरो॥
जद्यपि अति पुनीत सुर सरिता तिहुँ पुर सुजस घनेरो।
तजे चरन अजहूँ न मिटत नित वहिबो ताहू केरो॥ 87॥

राम का शील स्वभाव

(8)

सुनि सीतापति सील सुभाउ।
मोद न मन, तन पुलक, नयन जल सो नर खेहर खाउ॥
सिसुपन तें पितु मातु बंधु-गुरु सेवक सचिव सखाउ।
कहत राम बिधु बदन रिसौहैं सपनेहु लख्यो न काउ॥
खेलत संग अनुज बालक नित जोगवत अनट अपाउ।
जीति हारि चुचुकारि दुलारत देत दिवावत दाउ॥
सिला साप संताप-विगत भइ परसत पावन पाउ।
दई सुगति सो न हेरि हरष हिय चरन छुए को पछिताउ॥
भवधनु भंजि निदरि भूपति, भृगुनाथ खाइ गए ताउ।
छमि अपराध छमाइ पायँ परि, इतो न अनत अमाउ॥

कह्यो राज, बन दियो नारिबस, गरि गलानि गयो राउ।
ता कुमातु को मन जोगवत ज्यों नित तनु मरम कुघाउ ॥
कपि सेवा बस भए कनौड़े, कह्यो, 'पवनसुत! आउ।
दैबे को न कछू, रिनिया हौं, धनिक तु पत्र लिखाउ ॥'
अपनाए सुग्रीव विभीषन, तिन न तज्यो छल छाउ।
भरत सभा सनमानि सराहत होत न हृदय अघाउ ॥
निज करुना करतूति भगत पर चपत चलत चरचाउ।
सकृत प्रनाम प्रनत जस बरनत सुनत कहत, 'फिरि गाउ' ॥ 100 ॥

तुम उदार, मैं कृपण

(9)

जब लगि मैं न दीन, दयालु तैं, मैं न दास, तैं स्वामी।
तब लगि जो दुख सहेउँ कहेउँ नहिं जद्यपि अंतरजामी ॥
तैं उदार, मैं कृपन, पतित मैं, तैं पुनीत स्रुति गावै ॥ 113 ॥

कुमति

(10)

दियो सुकुल जनम सरीर सुंदर हेतु जो फल चारि को।
जो पाइ पंडित परम पद पावत पुरारि मुरारि को ॥
यह भरतखंड समीप सुरसरि, थल भलो, संगति भली।
तेरी कुमति कायर कलपबल्ली चहति है बिष फल फली ॥ 135 ॥

वे कर-कमल

(11)

(कबहुँ सो कर-सरोज रघुनायक! धरिहौ नाथ, सीस मेरे)।
जेहि कर अभय किए जन आरत बारक बिबस नाम टेरे ॥
जेहि कर कमल कठोर संभु धनु भंजि जनक संसय मेट्यो।
जेहि कर कमल उठाइ बंधु ज्यों परम प्रीति केवट भेंट्यो ॥
जेहि कर कमल कृपालु गीध कहँ उदक देइ निज लोक दियो ॥
जेहि कर बालि बिदारि दास हित कपिकुल पति सुग्रीव कियो ॥
आए सरन सभीत बिभीषन जेहि कर कमल तिलक कीन्हों।

जेहि कर गहि सर चाप असुर हति अभय दान देवन दीन्हों॥
सीतल सुखद छाँह जेहि कर की मेटति पाप ताप माया।
निसि बासर तेहि कर सरोज की चाहत तुलसिदास छाया॥ 138॥

बढ़ी कुरीति

(12)

प्रभु के बचन बेद बुध सम्मत मम मूरति महिदेव मई है।
तिन्हकी मति, रिस, राग, मोह, मद, लोभ लालची लीलि गई है॥
राज समाज कुसाज, कोटि कटु कल्पत कलुप कुचाल नई है।
नीति प्रतीति प्रीति परिमिति परि हेतु वाद हठि हेरि हई है॥
आश्रम बरन धरम बिरहित जग, लोक बेद मरजाद गई है।
प्रजा पतित पाखंड पापरत अपने अपने रंग रई है॥
सांति सत्य सुभ रीति गई घटि, बढ़ी कुरीति कपट कलई है।
सीदत साधु, साधुता सोचति, खल बिलसत, हुलसति खलई है॥
दीजै दादि देखि ना तौ बलि, मही मोद मंगल रितई है।
भरे भाग अनुराग लोग कहै, राम अवध चितवनि चितई है।
बिनती सुनि सानंद हेरि हँसि करुना बारि भूमि भिजई है॥
रामराज भयो काज सगुन सुभ राजा राम जगत बिजई है।
समरथ वड़ो सुजान सुसाहब सुकृत सेन हारत जितई है॥ 139॥

संत सुभाव

(13)

कबहुँक हौं यहि रहनि रहौंगो ?
श्री रघुनाथ कृपालु कृपा तें संत सुभाव गहौंगो॥
यथा लाभ संतोष सदा, काहू सों कछु न चहौंगो।
परहित निरत निरंतर मन क्रम बचन नेम निबहौंगो॥
परुप वचन अति दुसह स्रवन सुनि तेहि पावक न दहौंगो।
बिगत मान, सम सीतल मन, पर गुन, नहिं दोख कहौंगो॥
परिहरि देह जनित चिन्ता, दुख सुख समबुद्धि सहौंगो।
तुलसिदास प्रभु यहि पथ रहि अविचल हरिभक्ति लहौंगो॥ 172॥

बिनु हरिभजन

(14)

सूर सुजान सपूत सुलच्छन गनियत गुन गरुआई।
बिनु हरिभजन इँदारुन के फल तजत नहीं करुआई॥
कीरति कुल करतूति भूति भलि सील सरूप सलोने।
तुलसी प्रभु अनुराग रहित जस सालन साग अलोने॥ 175॥

अपनाइए कृपा करि

(15)

प्रन करि हौं हठि आजु तें रामद्वार पर्‌यौ हौं।
'तू मेरो' यह बिनु कहे उठिहौं न जनम भरि,
प्रभु की सौं करि निबर्‌यौ हौं॥
प्रगट कहत जौं सकुचिए अपराध भर्‌यौ हौं।
तौं मन में अपनाइए तुलसिहि कृपा करि,
कलि बिलोकि हहर्‌यौ हौं॥ 267॥

तब जानिहौं

(16)

तुम अपनायौ, तब जानिहौं जब मन फिरि परिहै।
सुत की प्रीति, प्रतीति मीत की, नृप ज्यों डर डरिहै॥
हरषिहै न अति आदरे, निदरे न जरि मरिहै।
हानि लाभ दुख सुख सबै सम चित हित अनहित
कलि कुचाल परिहरिहै॥ 268॥

कहाँ न गयो

(17)

कहा न कियो, कहाँ न गयो, सीस काहि न नायो?
हा हा करि दीनता कही, द्वार द्वार बार बार, परी न छार, मुँह बायो॥
महिमा मान प्रिय प्रान तें तजि, खोलि खलन आगे खिनु खिनु पेट खलायो॥ 276॥

निज प्रतीति

(18)

(क) संकर साखि जौ राखि कहौं कछु तौ जरि जीह गरो।
अपनो भलो राम नामहिं ते तुलसिहि समुझि परो॥
(ख) बहुमत सुनि, बहु पंथ पुराननि जहाँ तहाँ झगरो सो।
गुरु कह्यो राम भजन नीको मोहिं लगत राज डगरो सो॥
(ग) को जानै को जैहै जमपुर, को सुरपुर, परधाम को।
तुलसिहि बहुत भलो लागत जग जीवन रामगुलाम को॥
(घ) नाहिंन नरक परत मो कहँ डर जद्यपि हौं अति हारो।
यह बड़ि त्रास दास तुलसी प्रभु नामहु पाप न जारो॥
(ङ.) यहि जग महँ जहँ लगि या तन की प्रीति प्रतीति समाई।
सो सब तुलसिदास प्रभु ही सों होहु सिमिटि इक ठाईं॥

(इतिहास, पृ. 136)

(च) अन्तर्जामिहु तें बड़ बाहिरजामी हैं राम जे नाम लिए तें।
पैज परे प्रहलादहु के प्रगटे प्रभु पाहन तें, न हिए तें॥

(इतिहास, पृ. 135)

मित्रशोक

चार गाँव को ठाकुरो मन को महामहीप।
तुलसी या कलिकाल में अथए टोडर दीप॥
तुलसी रामसनेह को सिर पर भारी भारु।
टोडर काँधा नहिं दियो सब कहि रहे, 'उतारु'॥
रामधाम टोडर गए तुलसी भए असोच।
जियबो मीत पुनीत बिनु यहै जानि संकोच॥

(हिं सा. का इतिहास, पृ. 126)

एक भक्तमाली कथा

आँधरो, अधम, जड़, जाजरो-जरा जवन
सूकर के सावक ढका ढकेल्यो मग में।
गिर्‍यो हिय हहरि, 'हराम हो, हराम हन्यो'
हाय हाय करत परीगो काल-फँग में।
तुलसी बिसोक ह्वै त्रिलोकपति-लोक गयो
नाम के प्रताप, बात विदित है जग में॥

(कवितावली/उत्तरकांड/76)

अग्रदास

(1)

कुंडल ललित कपोल जुगल अस परम सुदेसा।
तिनको निरखि प्रकास लजत राकेस दिनेसा ॥
मेचक कुटिल बिसाल सरोरुह नैन सुहाए।
मुख पंकज के निकट मनो अलि छौना आए ॥

(2)

पहरे राम तुम्हारे सोवत । मैं मतिमंद अंध नहिं जोवत ॥
अपमारग मारग महिं जान्यो । इंद्री पोषि पुरुषारथ मान्यो ॥
औरनि के बल अनत प्रकार । अगरदास के राम अधार ॥

नाभादास

तुलसीदास

(1)

त्रेता काव्य निबंध करी सत कोटि रमायन।
इक अक्षर उच्चरे ब्रह्महत्यादि परायन ॥
अब भक्तन सुखदैन बहुरि लीला बिस्तारी।
रामचरन रसमत्त रहत अहनिसि ब्रतधारी ॥
संसार अपार के पार को सुगम रूप नौका लियो।
कलि कुटिल जीप निस्तार हित वालमीकि तुलसी भयो ॥

(भक्तमाल)

सूरदास

(2)

उक्ति चोज अनुप्रास बरन अस्थिति अति भारी।
वचन प्रीति निर्वाह अर्थ अद्‌भुत तुक धारी ॥
प्रतिबिंबित दिबि दिष्टि, हृदय हरिलीला भासी।
जनम करम गुन रूप सबै रसना परकासी ॥
विमल बुद्धि गुन और की जो यह गुन श्रवननि धरै।
सूर कवित सुनि कौन कवि जो नहिं सिर चालन करै ॥

(भक्तमाल)

(3)

अवधपुरी की सोभा जैसी । कहि नहिं सकहिं शेष श्रुति तैसी ॥
रचित कोट कलधौत सुहावन । विबिध रंग मति अति मन भावन ॥
चहुँदिसि बिपिन प्रमोद अनूपा । चतुर बीस जोजन रस रूपा ॥
सुदिसि नगर सरजू सरि पावनि । मनिमय तीरथ परम सुहावनि ॥
बिगसे जलज, भृंग रस भूले । गुंजत जल समूह दोउ कूले ॥
परिखा अति चहुँ दिसि लसति कंचन कोट प्रकास ।
बिबिध भाँति नग जगमगत प्रति गोपुर पुर पास ॥

(अष्टयाम)

प्राणचंद चौहान

कातिक मास पच्छ उजियारा । तीरथ पुन्य सोम कर वारा ॥
ता दिन कथा कीन्ह अनुमाना । शाह सलेम दिलीपति थाना ॥
संवत् सोरह सै सत साठा । पुन्य प्रगास पाय भय नाठा ॥
जो सारद माता करु दाया । बरनौ आदि पुरुष की माया ॥
जेहि माया कह मुनि जगमूला । ब्रह्मा रहे कमल के फूला ॥
निकसि न सक माया कर बाँधा । देषहु कमल नाल के राँधा ॥
आदि पुरुष बरनौं केहि भाँती । चाँद सुरज तहँ दिवस न राती ॥
निरगुन रूप करै सिव ध्याना । चार बेद गुन जोरि बषाना ॥
तीनों गुन जानै संसारा । सिरजै पालै भंजनहारा ॥
श्रवन बिना सो अस बहुगुना । मन में होइ सु पहले सुना ॥
देषै सब पै आहि न आँषी । अंधकार चोरी के साषी ॥
तेहि कर दहुँ को करै बषाना । जिहि कर मर्म बेद नहिं जाना ॥
माया सींव भो कोउ न पारा । शंकर पँवरि बीच होइ हारा ॥

हृदयराम

(1)

देखन जौ पाऊँ तौ पठाऊँ जमलोक, हाथ
दूजो न लगाऊँ, वार करौं एक कर को ।

मीजि मारौं उर ते उखारि भुजदंड, हाड़
तोरि डारौं बर अवलोकि रघुबर को ॥
कासों राग द्विज को, रिसात भहरात राम,
अति थहरात गात लागत है धरको ॥
सीता को संताप मेटि प्रगट प्रताप कीनो
को है वह आप चाप तोर्‌यो जिन हर को ॥

(2)

जानकी को मुख न बिलोक्यो ताते कुंडल
न जानत हौं, वीर पायँ छुवै रघुराइ के ॥
हाथ जो निहारे नैन फूटियो हमारे
ताते कंकन न देखे, बोल कह्‌यो सतभाइ के ॥
पायँन के परिबे कौ जाते दास लछमन
यातें पहिचानत है भूषन जे पायँ के ॥
बिछुआ हैं एई अरु झाँझ हैं एई जुग
नूपुर है तेई राम जानत जराइ के ॥

(3)

सातों सिन्धु, सातों लोक, सातों रिषि हैं ससोक,
सातों रबि घोरे थोरे देखे न डरात मैं।
सातों दीप, सातों ईति काँप्योई करत और
सातों मत रात दिन प्रान है न गात मैं ॥
सातों चिरजीव बरराइ उठे बार बार
सातों सुर हाय हाय होत दिन रात मैं।
सातहूँ पताल काल सबद कराल, राम
भेदे सात ताल, चाल परी सात सात मैं ॥

(4)

एहो हनू! कह्‌यौ श्री रघुबीर कछू सुधि है सिय की छिति माँही ?
है प्रभु लंक कलंक बिना सु बसै तहँ रावन बाग की छाँही ॥
जीवति है ? कहिबेई को नाथ, सु क्यों न मरी हमते बिछुराही ?
प्रान बसै पद पंकज मैं, जम आवत है पर पावत नाहीं ॥

सगुणधारा (कृष्णभक्ति)

बैजू बावरा

मुरली बजाय रिझाय लई मुख मोहन तें।
गोपी रीझि रही रसतानन सों सुध बुध सब बिसराई॥
धुनि सुनि मन मोहे, मगन भईं देखत हरि आनन।
जीव जंतु पसु पंछी सुर नर मुनि मोहे, हरे सबके प्रानन।
बैजू बनवारी बंसी अधर धरि वृंदावन चंद बस किए सुनत ही कानन॥

सूरदास

(1)

साँचो सो लिखवार कहावै।
काया ग्राम मसाहत करि कैं जमा बाँधि ठहरावै।
मन्मथ करै कैद अपनी में जान जहतिया लावै॥

(2)

चकई री! चलि चरन सरोवर जहाँ न प्रेम बियोग।
निसिदिन राम राम की वर्षा, भय रुज नहिं दुख सोग॥
जहाँ सनक से मीन, हंस शिव, मुनिजन नख रवि प्रभा प्रकास।
प्रफुलित कमल, निमिष नहिं ससि डर, गुंजत निगम सुवास॥
जेहि सर सुभग मुक्ति मुक्ता फल, सुकृत अमृत रस पीजै।
सो सर छाँड़ि कुबुद्धि बिहंगम! इहाँ कहाँ रहि कीजै॥

(रस मीमांसा, पृ. 286)

(3)

सीत उष्ण सुख दुख नहिं मानै, हानि भए कछु सोच न राचै।
जाय समाय सूर वा निधि में बहुरि न उलटि जगत में नाचै॥

(4)

नंद जू! मेरे मन आनंद भयो, हौं गोवर्धन तें आयो।
तुम्हरे पुत्र भयो, मैं सुनि कै अति आतुर उठि धायो॥

जब तुम मदन मोहन करि टेरौ, यह सुनि के घर जाऊँ।
हौं तो तेरे घर को ढाढ़ी, सूरदास मेरो नाऊँ॥

(इतिहास, पृ. 155)

(5)

सोभित कर नवनीत लिए।
घुटुरुन चलत रेनु तन मंडित, मुख दधि लेप किए॥

(इतिहास, पृ. 164)

(6)

नील स्वेत पर पीत लाल मनि लटकन माल रुराई।
सनि गुरु असुर देव गुरु मिलि मनो भौम सहित समुदाई॥

(7)

फटिक भूमि पर कर पग छाया यह सोभा अति राजति।
करि करि प्रति पद प्रति मनो बसुधा कमल बैठकी साजति॥

(8)

सिखवति चलन जसोदा मैया।
अरबराय कर पानि गहावति, डगमगाय धरे पैयाँ॥

(इतिहास, पृ. 164)

(9)

मथत दधि मथनी टेकि रह्यो।
आरि करत मटकी गहि मोहन वासुकि संभु डर्‌यो॥
मंदर डरत, सिंधु पुनि काँपत फिरि जनि मंथन करै।
प्रलय होय जनि गहे मथानी प्रभु मर्याद टरै॥

(10)

काहे को आरि करत मेरे मोहन! यों तुम आँगन लोटी।
जो माँगहु सो देहुँ मनोहर यहै बात तेरी खोटी।
सूरदास को ठाकुर ठाढ़ो हाथ लकुट लिये छोटी॥

(इतिहास, पृ. 164)

(11)

हरि कर राजत माखन रोटी।
मनौ बराह भूधर सह पृथिवी धरी दसनन की कोटी ॥

(इतिहास, पृ. 164)

(12)

मैया कबहिं बढ़ैगी चोटी।
कितिक बार मोहिं दूध पियत भइ, यह अजहूँ है छोटी।
तू जो कहति बल की बेनी ज्यों ह्वैहै लाँबी मोटी ॥

(इतिहास, पृ. 164)

(13)

पाहुनि करि दै तनिक मह्यौ।
आरि करै मनमोहन मेरो अंचल आनि गह्यौ ॥
व्याकुल मथत मथनिया रीती, दधि भ्वैं ढरकि रह्यौ ॥

(इतिहास, पृ. 164)

(14)

खेलत में को काको गुसैयाँ।
हरि हारे, जीते श्रीदामा, बरबस ही कत करत रिसैयाँ ॥
जाति-पाँति हम तें कछु नाहीं नाहिंन बसत तुम्हारी छैयाँ।
अति अधिकार जनावत या तें, अधिक तुम्हारे हैं कछु गैयाँ ॥

(इतिहास, पृ. 165)

(15)

मैं अपने मंदिर के कोने माखन राख्यो जानि।
सोई जाय तुम्हारे ढोटा लीनो है पहिचानि ॥
बूझी ग्वालिनि घर में आयो, नेकु न संका मानी।
सूर स्याम यह उतर बनायो, चींटी काढ़त पानी ॥

(16)

मैया री! मोहि दाऊ टेरत।
मोको बनफल तोरि देत हैं, आपुन गैयन घेरत ॥

(17)

भहरात झहरात दावानल आयो।
घेरे चहुँ ओर करि सोर अंदोर बन धरनि अकास चहुँ पास छायो॥
बरत बन बाँस, थरहरत कुस कांस, जरि उड़त बहु झाँस, अति प्रबल धायो।
झपटि झटपट लपट, फूल फूटत पटकि, चटकि लट लटकि द्रुम फटि नवायो॥
अति अगिनि झार भंभार धुंधार करि उचटि अंगार झंझार छायो।
बात बनपात भहरात झहरात अररात तरु महा धरनी गिरायो॥

(18)

द्रुम चढ़ि काहे न टेरत, कान्हा, गैया दूरि गईं।
धाई जाति सबन के आगे जे बृषभान दईं॥

(19)

माई री! मुरली अति गर्व काहू बदति नहिं आज।
हरि के मुख कमल देखु पायो सुख राज॥

(20)

मुरली तऊ गोपालहि भावति।
सुनु री सखी! जदपि नँदनंदहि नाना भाँति नचावति॥
राखति एक पायँ ठाढ़े करि अति अधिकार जनावति।
आपुन पौढ़ि अधर सज्जा पर कर पल्लव सों पद पलुटावति।
भृकुटी कुटिल, कोप नासापुट, हम पर कोपि कोपावति॥

(इतिहास, पृ.166)

(21)

खेलन हरि निकसे ब्रज खोरी।
गए स्याम रबि तनया के तट, अंग लसति चंदन की खोरी॥
औचक ही देखी तहँ राधा, नैन बिसाल, भाल दिए रोरी॥
सूर स्याम देखत ही रीझे, नैन नैन मिलि परी ठगोरी॥

(22)

बूझत स्याम, कौन तू गोरी ?
'कहाँ रहति, काकी तू बेटी, देखी नाहिं कहूँ ब्रज खोरी॥'
'काहे को हम ब्रज-तन आवति, खेलति रहति आपनी पौरी॥
सुनति रहति स्रवनन नँद ढोटा करत रहत माखन दधि चोरी।'

'तुम्हरो कहा चोरि हम लैहैं, खेलन चलौ संग मिलि जोरी।'
सूरदास प्रभु रसिक सिरोमनि बातन भुरइ राधिका भोरी॥

(23)

बार बार तू ह्याँ जनि आवै।
'मैं कहा करौं सुतहि नहिं बरजति, घर तें मोहि बुलावै॥
मोसों कहत तोहि बिनु देखे रहत न मेरो प्रान।
छोह लगत मोको सुनि बानी, महरि! तिहारी आन॥'

(24)

तुम पै कौन दुहावै गैया ?
इत चितवत, उत धार चलावत, एहि सिखयो है मैया ?

(25)

करि ल्यौ न्यारी, हरि, आपनि गैयाँ।
नहिन बसात लाल कछु तुम सों, सबै ग्वाल इक ठैयाँ॥

(इतिहास, पृ. 165)

(26)

धेनु दुहत अति ही रति बाढ़ी।
एक धार दोहनि पहुँचावत, एक धार जहँ प्यारी ठाढ़ी॥
मोहन कर तें धार चलति पय मोहनी मुख अति ही छबि बाढ़ी॥

(इतिहास, पृ. 165)

(27)

देखि री! हरि के चंचल नैन।
खंजन, मीन, मृगज चपलाई, नहिं पटतर एक सैन॥
राजिवदल इंदीवर शतदल कमल कुशेशय जाति।
निसि मुद्रित प्रातहि वै बिगसत, ये बिगसे दिन राति॥
अरुन असित सित झलक पलक प्रति को बरनै उपमाय।
मनो सरस्वति गंग जमुन मिलि आगम कीन्हों आय॥

(इतिहास, पृ. 165)

(28)

तुम जानति राधा है छोटी।
हम सों सदा दुरावति है यह, बात कहै मुख चोटी पोटी ॥
नँदनंदन वाही के बस हैं बिबस देखि बेंदी छवि चोटी ॥
सूरदास प्रभु वै अति खोटे, यह उनहूँ तें अति ही खोटी ॥

(29)

छाँड़ि सनेह चले मथुरा कत दौरि न चीर गह्यौ।
फाटि न गई बज्र की छाती, कत यह सूल सह्यौ ॥

(30)

भए हरि मधुपुरी राजा बड़े बंस कहाय।
सूत मागध बदत बिरुदहि बरनि बसुद्यौ तात।
राज भूषन अंग भ्राजत, अहिर कहत लजात ॥

(31)

नंद! ब्रज लीजै ठोंकि बजाय।
देहु बिदा मिलि जाहि मधुपुरी जहँ गोकुल के राय ॥

(32)

संदेसो देवकी सों कहियो।
हौं तो धाय तिहारो सुत को, कृपा करति ही रहियो ॥
तुम तो टेव जानतिहि ह्वैहौ, तऊ मोहि कहि आवै।
प्रात उठत मेरे लाल लड़ैतहि माखन रोटी भावै ॥
अब यह सूर मोहि निसि बासर बड़ो रहत जिय सोच।
अब मेरे अलक लड़ैते लालन ह्वैहै करत सँकोच ॥

(चिंतामणि, भाग-1, पृ. 33-34)

प्रात समय उठि माखन रोटी को बिन माँगे दैहै।
को मेरे बालक कुँवर कान्ह को छिन छिन आगे लैहै ?

(चिंतामणि, भाग 1, पृ. 33)

(33)

तब तू मारिबोई करति
रिसनि आगे कहै जो आवत, अब लै भाँड़े भरति ॥
रोस कै कर दाँवरी लै फिरति घर घर धरति।
कठिन हिय करि तब जो बाँध्यो, अब बृथा करि मरति ॥

(34)

एहि बिरियाँ बन तें चलि आवते।
दूरहिं ते वह बेनु अधर धरि बारंबार बजावते ॥

(इतिहास, पृ. 166)

(35)

मधुबन! तुम कत रहत हरे।
बिरह बियोग स्याम सुंदर के ठाढ़े क्यों न जरे ॥
तुम हौ निलज, लाज नहिं तुमको, फिर सिर पुहुप धरे।
ससा स्यार औ बन के पखेरू धिक धिक सबनि करे।
कौन काज ठाढ़े रहे बन में, काहे न उकठि परे ॥

(इतिहास, पृ. 166)

(36)

मेरे नैना बिरह की बेलि बई।
सींचत नीर नैन के सजनी मूल पताल गई ॥
बिगसति लता सुभाय आपने, छाया सघन भई।
अब कैसे निरुवारौं, सजनी! सब तन पसरि गई ॥

(इतिहास, पृ. 165)

(37)

हमको सपनेहू में सोच।
जा दिन ते बिछुरे नँदनंदन ता दिन ते यह पोच ॥
मनौ गोपाल आए मेरे घर, हँसि कर भुजा गही।
कहा करौं बैरिनि भइ निंदिया, निमिष न और रही ॥
ज्यों चकई प्रतिबिंब देखि कै आनंदी पिय जानि।
सूर पवन मिलि निठुर बिधाता चपल कियो जल आनि ॥

(38)

पिया बिनु साँपिनि कारी रात।
कबहुँ ज़ामिनी होति जुन्हैया डसि उलटी ह्वै जात ॥

(39)

सँदेसनि मधुबन कूप भरे।
जो कोउ गए हैं ह्या तें फिरि नहिं गवन करे ॥
कै वै स्याम सिखाय समोधे, कै वै बीच मरे ?

अपने नहिं पठवत नँदनंदन हमरेउ फेरि धरे।
मसि खूँटी, कागद जल भीजे, सर दव लागि जरे ॥

(40)

देखियत चहुँदिसि ते घन घोरे।
मानौ मत्त मदन के हथियन बल करि बंधन तोरे ॥
कारे तन अति चुवत गंड मद बरसत थोरे थोरे।
रुकत न पवन महावत हू पै, मुरत न अंकुस मोरे ॥

(41)

बरु ये बदराऊ बरसन आए।
अपनी अवधि जानि नँदनंदन! गरजि गगन घर छाए ॥
कहियत है सुरलोक बसत सखि! सेवक सदा पराए।
चातक कुल की पीर जानि कै तेउ तहाँ ते छाए।
तृन किए हरित, हरषि बेली मिलि, दादुर मृतक जिवाए ॥

(42)

तुम्हारो गोकुल हो, ब्रजनाथ!
घेर्‌यो है अरि चतुरंगिनि लै मनमथ सेना साथ ॥
गरजत अति गंभीर गिरा मनु मैगल मत्त अपार।
धुरवा धूरि उड़त रथ पायक घोरन की खुरतार ॥

(चिंतामणि-2, पृ. 21)

(43)

बरन बरन अनेक जलधर अति मनोहर बेष।
तिहि समय सखि! गगन सोभा सबहि ते सुबिसेष ॥
उड़त खग, बग बृंद राजत, रटत चातक मोर।
बहुत विधि रुचि बढ़ावत दामिनी घन घोर ॥
धरनि तृन तनु रोम पुलकित पिय-समागम जानि।
द्रुमनि बर बल्ली बियोगिनि मिलति है पहिचानि ॥
हंस, सुक, पिक, सारिका, अलि गुंज नाना नाद।
मुदित मंडल भेक भेकी बिहग बिगत बिषाद ॥
कुटज, कुमुद, कदंब, कोबिद कनक आरि, सुकंज।
केतकी, करबीर बेलउ बिमल बहु बिधि मंजु ॥

(चिंतामणि-2 पृ. 22)

(44)

आजु घन स्याम की अनुहारि।
उनइ आए साँवरे से, सजनी! देखु रूप की आरि ॥
इंद्रधनुष मनो पीत बसन छवि, दामिनि दसन बिचारि।
जनु बग पाँति माला मोतिन की, चितवत हितहि निहारि ॥

(चिंतामणि-2, पृ. 21)

(45)

मानौ माई! सबन्ह इतै ही भावत।
अब वहि देस नंदनंदन को कोउ न समौ जनावत ॥
धरत न बन नवपत्र, फूल, फल, पिक बसंत नहिं गावत।
मुदित न सर सरोज अलि गुंजत पवन पराग उड़ावत ॥
पायस विधि बरन बर बादर उठि नहिं अंबर छावत।
चातक मोर चकोर सोर करैं, दामिनि रूप दुरावत ॥

(46)

बहुत दिन जीवौ पपिहा प्यारो।
बासर रैनि नाँव लै बोलत, भयौ बिरह जुर कारो ॥
आपु दुखित पर दुखित जानि जिय चातक नाम तिहारो।
देखौ सकल बिचारि सखी! जिय बिछुरन को दुख न्यारो ॥
जाहि लगैं सोई पै जाने प्रेम बान अनियारो।
सूरदास प्रभु स्वाति बूँद लगि तज्यो सिंधु करि खारो ॥

(47)

हौं तो मोहन के बिरह जरी रे तू कत जारत!
रे पापी तू पंखि पपीहा! पिउ पिउ पिउ अधिराति पुकारत ॥
सब जग सुखी दुखी तू जल बिनु तऊ न तन की बिथहि विचारत।
सूर स्याम बिनु ब्रज पर बोलत हठि अगिलोऊ जनम बिगारत ॥

(48)

कर धनु लै किन चंदहि मारि ?
तू हरुवाय जाय मंदिर चढ़ि ससि सन्मुख दर्पन बिस्तारि।
याही भाँति बुलाय, मुकुर महि अति बल खंड खंड करि डारि ॥

(49)

दूर करहु बीना कर धरिबो।
मोहे मृग नाहीं रथ हाँक्यौ, नाहिंन होत चंद को ढरिबो ॥

(50)

मन राखन को बेनु लियो कर, मृग थाके उडुपति न चरै।
अति आतुर ह्वै सिंह लिख्यो कर जेहि भामिनि को करुन टरै ॥

(51)

या बिन होत कहा अब सूनो ?
लै किन प्रगट कियो प्राची दिसि बिरहिनि को दुख दूनो ॥
सब निरदय सुर असुर सैल सखि! सायर सर्प समेत।
धन्य कहौ बरखा ऋतु तमचुर और कमलन को हेत।
जुग जुग जीवै जरा बापुरी मिलै राहु औ केत ॥

(52)

जदुपति जानि उद्धव रीति।
जेहि प्रगट निज सखा कहियत करत भाव अनीति ॥
बिरह दुख जहँ नाहिं जामत, नाहि उपजत प्रेग।
रेख रूप न बरन जाके यह धर्‌यो वह नेम ॥
त्रिगुन तन करि लखत हमको ब्रह्म मानत और।
बिना गुण क्यों पुहुमि उधरै यह करत मन डौर ॥
बिरह रस के मंत्र कहिए क्यों चलौ संसार।
कछु कहत यह एक प्रगटत, अति भर्‌यौ हंकार ॥
प्रेम भजन न नेकु याके आय क्यों समझाय ?
सूर प्रभु मन यहै आनी, ब्रजहिं देहुँ पठाय ॥

(53)

निरखत अंक स्यामसुंदर के बार बार लावति छाती।
लोचन जल कागद मसि मिलि कै ह्वै गइ स्याम स्याम की पाती ॥

(54)

यहि अंतर मधुकर इक आयो।
निज सुभाव अनुसार निकट होइ सुंदर सब्द सुनायो ॥
पूजन लागीं ताहि गोपिका, 'कुब्जा तोहि पठायो।
कैधौं सूर स्यामसुंदर को हमैं सँदेसो लायो ॥'

(55)

रहु रे मधुकर मधु मतवारे।
कहा करौं निर्गुन लै के हौं, जीवहु कान्ह हमारे॥

(56)

या कहँ यहाँ ठौर नाहीं, लै राखो जहाँ सुचैन।
हम सब सखि गोपाल उपासिनि हम सों बातैं छाँड़ि।
सूर मधुप! लै राखु मधुपुरी कुब्जा के घर गाड़ि॥

(57)

ऐसे ई जन दूत कहावत।
ऐसी परकृति परति छाँह की जुवतिन जोग बुझावत॥

(58)

ऊधो! जाहु तुम्हैं हम जाने।
साँच कहो तुमको अपनी सौं बूझत बात निदाने॥
सूर स्याम जब तुम्हैं पठाए तब नेकहु मुसकाने ?॥

(59)

ऊधो! राखति हौं पति तेरी।
हयाँते जाहु, दुरहु आगे तें, देखति आँखि बरति हैं मेरी।
ते तौ तैसेइ दोउ बने हैं, वै अहीर, वह कंस की चेरी॥

(60)

ऊधो हम आज भईं बड़भागी।
बिसरे सब दुख देखत तुमको स्यामसुंदर हम लागीं॥
ज्यों दर्पन मधि दृग निरखत जहँ हाथ तहाँ नहिं जाई।
त्यों ही सूर हम मिलीं साँवरे बिरह बिथा बिसराई॥

(61)

ऊधो! हम हैं तुम्हारी दासी।
काहे को कटु बचन कहत हौ करत आपनी हाँसी॥

(62)

उपमा एक न नैन गही।
कबिजन कहत कहत चलि आए, सुधि करि करि काहू न कही॥

कहे चकोर, मुख-विधु जीवन भँवर न तहँ उड़ि जात।
हरि मुख कमल कोस बिछुरे तें ठाले क्यों ठहरात॥
खंजन मनरंजन जन जौ पै कबहुँ नाहिं सतरात।
पंख पसारि न उड़त मंद ह्वै समर समीप बिकात॥
आए बधन ब्याध ह्वै ऊधो, जौ मृग, क्यों न पलाय।
देखत भागि बसै घन बन में जहँ कोउ संग न धाय॥
ब्रज लोचन बिनु लोचन कैसे, प्रतिछिन अति दुख बाढ़त।
सूरदास मीनता कछू इक जल भरि संग न छाँड़त॥

(63)

याकी सीख सुनैं ब्रज को रे!
जाकी रहनि कहनि अनमिल अति, कहत समुझि अति थोरे॥

(64)

ऊधो ! तुम अपनो जतन करौ।
हित की कहत कुहित की लागै, किन बेकाज ररौ॥
जाय करो उपचार आपनो हम जो कहत हैं जी की।
कछू कहत कछुवै कहि डारत, धुन देखियत नहिं नीकी॥

(इतिहास, पृ. 167)

(65)

हमसों कहत कौन की बातें ?
सुनि ऊधो! हम समझति नाहीं, फिरि बूझति हैं तातें॥
को नृप भयो, कंस किन मार्‌यो, को बसुद्यौ सुत आहि ?
यहाँ हमारे परम मनोहर जीजत हैं मुख चाहि॥

(66)

निर्गुन कौन देस को बासी ?
मधुकर हँसि समुझाय, सौंह दै बूझति साँच, न हाँसी॥

(इतिहास, पृ. 168)

(67)

बरु वै कुबजा भलो कियो।
सुनि सुनि समाचार ऊधो! मो कछुक सिरात हियो॥

जाको गुन, गति, नाम, रूप हरि हार्‌यो फिरि न दियो।
तिन अपनो मन हरत न जान्यो हँसि हँसि लोग जियो॥

(68)

अब हमरे जिय बैठ्‌यो यह पद, 'होनी होउ सो होऊ'।
मिटि गयो मान परेखो ऊधो! हिरदय हतो सो होऊ॥

(69)

ऊधो! ब्रज में पैंठ करी।
यह निर्गुन निर्मूल गाठरी अब किन करहु खरी।
नफा जानि कै ह्याँ लै आए सबै वस्तु अकरी॥

(70)

सुनिहै कथा कौन निर्गुन की, रचि पचि बात बनावत।
सगुन सुमेरु प्रगट देखियत तुम तृन की ओट दुरावत॥

(इतिहास, पृ. 168)

(71)

ऊनो कर्म कियो मातुल बधि मदिरा मत्त प्रमाद।
सूर स्याम एते अवगुन में निर्गुन तें अति स्वाद॥

(इतिहास, पृ. 168)

(72)

मधुकर कान्ह कही नहिं होही।
यह तौ नई सखी सिखई है निज अनुराग बरोही।
सँचि राखी कूबरी-पीठ पर ये बातैं चकचोहीं॥

(73)

उर में माखन चोर गड़े।
अब कैसहु निकसत नहिं ऊधो! तिरछे ह्वै जु अड़े॥

(74)

रेख न रूप, बरन जाके नहिं ताको हमैं बतावत।
अपनी कहौ, दरस ऐसे को तुम कबहूँ हौ पावत ?
मुरली अधर धरत है सो पुनि गोधन बन बन चारत।

नैन बिसाल भौंह बंकट करि देख्यो कबहुँ निहारत ?
तन त्रिभंग करि, नटवर बपु धरि, पीतांबर तेहि सोहत ?
सूर स्याम ज्यों देत हमैं सुख त्यौं तुमको सोउ मोहत ?

(इतिहास, पृ. 168)

(75)

ऊधो ! जो तुम हमहिं सुनायो।
सो हम निपट कठिनई करिकै या मन को समझायो॥
जुगुति जतन करि हमहु ताहि गहि सुपथ पंथ लौं लायो।
भटकि फिर्यो बोहित के खग ज्यों पुनि फिरि हरि पै आयो॥

(76)

सखी री! स्याम कहा हित जानै।
सूरदास सर्बस जौ दीजै कारो कृतहि न मानै॥

(77)

मधुकर! देखि स्याम तन तेरो।
हरिमुख की सुनि मीठी बातें डरपत है मन मेरो॥
अब लौं कौन हेतु गावत है हम्ह आगे यह गीत।
सूर इते सों गारि कहा है जो पै त्रिगुन अतीत॥

(78)

बिलग जनि मानहु, ऊधो प्यारे!
वह मथुरा काजर की कोठरि जे आवहिं ते कारे।
तुम कारे, सुफलक सुत कारे, कारे मधुप भँवारे॥

(79)

कत स्रम करत, सुनत को ह्याँ है ? होत ज्यों बन को रोयो।
सूर इते पै समझत नाहीं निपट दई को खोयो॥

(80)

मोहन माँग्यो अपनो रूप।
या ब्रज बसत अँचै तुम बैठी ता बिनु तहाँ निरूप॥

(81)

ऊधो! भली करी तुम आए।
ये बातें कहि कहि या दुख में ब्रज के लोग हँसाए॥

(82)

ऊधो! पा लागौं भले आए।
तुम देखे जनु माधव देखे तुम त्रय ताप नसाए॥

(83)

ऊधो! जोग बिसरि जनि जाहु।
बाँधहु गाँठ, कहूँ जनि टूटै, फिर पाछे पछिताहु॥
ऐसी बस्तु अनूपम मधुकर! मरम न जानै और।
ब्रजबासिन के नाहिं काम की, तुम्हरे ही है ठौर॥

(84)

हम तौ दुहू भाँति फल पायौ।
जो ब्रजनाथ मिलैं तौ नीको ना तरु जग जस गायौ॥

(85)

ऊधो तुम अति चतुर सुजान।
द्वै लोचन जो विरद किए स्रुति गावत एक समान।
भेद चकोर कियो तिनहू में विधु प्रीतम, रिपु भान॥

(86)

मधुकर कौन मनाए मानै ?
सिखवहु तिनहि समाधि की बातैं जे हैं लोग सयाने।
हम अपने ब्रज ऐसेइ बसिहैं बिरह बाय बौराने॥

(87)

जीवन मुँह चाही को नीको।
दरस परस दिन राति करति है कान्ह पियारे पी को॥

(88)

मधुकर! हम जो कहो करैं।
पठयो है गोपाल कृपा कैं, आयसु ते न टरैं॥

रसना वारि फेरि नवखंड कै दै निर्गुन के साथ।
इतनी तनक बिलग जनि मानहु अँखिया नाहीं हाथ ॥

(89)

काहे को रोकत मारग सूधो ?
सुनहु मधुप! निर्गुन कंटक ते राजपंथ क्यों रूँधो ?
ताको कहा परेखो कीजै जानत छाँछ न दूधो।
सूर मूर अक्रूर गए लै ब्याज निबेरत ऊधो ॥

(90)

ऊधो! अब यह समुझ भई।
नँदनंदन के अंग अंग प्रति उपमा न्याय दई ॥
कुंतल कुटिल भँवर भरि भाँवरि मालति भुरै लई।
तजत न गहरु कियो कपटी जब जानी निरस गई ॥
आनन इंदुबरन सन्मुख तजि करखे तें न नई।
निरमोही नहिं नेह, कुमुदिनी अंतहि हेम हई ॥
तन घनस्याम सेइ निसि बासर, रटि रसना छिजई।
सूर विवेकहीन चातक मुख बूँदौं तौ न सई ॥

(91)

ऊधो! कोकिल कूजत कानन।
तुम हमको उपदेस करत हौ भस्म लगावन आनन ॥
हम तौ निपट अहीरि बावरी, जोग दीजिए ज्ञानिन।
कहा कथत मामी के आगे जानत नानी नानन ॥

(92)

आयो घोष बड़ो व्यापारी।
लादि खेप यह ज्ञान जोग की ब्रज में आय उतारी ॥
फाटक दै कर हाटक माँगत भोरी निपट सुधारी ॥

(93)

ऊधो! जान्यो ज्ञान तिहारो।
जानैं कहा राजगति लीला अंत अहीर बेचारो ॥
आवत नाहिं लाज के मारे, मानहु कान्ह खिसान्यो।
हम सबै अयानी, एक सयानी, कुब्जा सों मन मान्यो ॥

ऊधो, जाहु, बाँह धरि ल्याओ सुंदर स्याम पियारो।
ब्याहौ लाख, धरौ दस कुबरी, अंतहि कान्ह हमारो ॥

(94)

मधुकर जानत है सब कोऊ।
जैसे तुम औ मीत तुम्हारे, गुननि निपुन हौ दोऊ ॥
पाके चोर, हृदय के कपटी, तुम कारे औ वोऊ ॥

(95)

ऊधो! बिरहौ प्रेम करै।
ज्यों बिनु पुट पट गहै न रंगहि, पुट गहे रसहि परै।
ज्यों आँवौं घट दहत अनल तनु तौ पुनि अमिय भरै ॥

(96)

ऊधो मन माने की बात।
जरत पतंग दीप में जैसे औ फिरि फिरि लपटात।
रहत चकोर पुहुमि पर मधुकर! ससि अकास भरमात ॥

(97)

अपने मन सुरति करत रहिबी।
ऊधो! इतनी बात स्याम सों समय पाय कहिबी ॥
घोष बसत की चूक हमारी कछू न जिय गहिबी ॥

(98)

पा लागौं कहियो मोहन सों जोग कूबरी दीजे।
सूरदास प्रभु रूप निहारैं हमरे सनमुख कीजै ॥

(99)

सँदेसो कैसे कै अब कहौं ?
इन नैनन्ह या तन को पहरो कब लौं देति रहौं ?
जो कछु विचार होय उर अंतर रचि पचि सोच गहौं।
मुख आनत ऊधो तन चितवत न सो विचार न हौं ॥

(100)

ऊधो! इतनी कहियो जाय।
अति कृशगात भई हैं तुम बिन बहुत दुखारी गाय ॥

जल समूह बरसत अँखियन तें हूँकति लीन्हें नावँ।
जहाँ जहाँ गोदोहन करते ढूँढ़ति सोइ सोइ ठाँवँ॥

(101)

ऊधो कहियो यह संदेस।
योग कहत कुब्जा रस माते तातें तुम सकुचौ जनि लेस॥

(102)

मेरे मन इतनी सूल रही।
वै बतियाँ छतियाँ लिखि राखीं जे नँदलाल कही॥
एक दिवस मेरे गृह आए, मैं ही मथति दही।
देखि तिन्हें हौं मान कियो सखि, सो हरि गुसा गही॥

(103)

कहाँ लगि मानिए अपनी चूक।
बिनु गोपाल ऊधो! मेरी छाती ह्वै न गई द्वै टूक॥

(104)

फिर ब्रज बसहु गोकुलनाथ।
बहुरि तुमहि न जगाय पठवौं गोधनन के साथ॥
बरजौं न माखन खात कबहूँ, देहुँ देन लुटाय।
कबहूँ न दैहौं उराहनो जसुमति के आगे जाय॥
दौरि दाम न देहुँगी, लकुटी न जसुमति पानि।
चोरी न देहुँ उधारि, किए अवगुन न कहिहौं आनि॥
करिहौं न तुमसों मान हठ, हठिहौं न माँगत दान।
कहिहौं न मृदु मुरली बजावन, करन तुमसों गान॥
कहिहौं न चरनन देन जावक, गुहन बेनी फूल।
कहिहौं न करन सिंगार बट तर वसन जमुना कूल॥
भुज भूषनन जुत कंध धरि कै रास नाहिं कराउँ।
हौं सँकेत निकुंज बसि कै दूति मुख न बुलाउँ॥
एक बार जो देहु दरसन प्रीति पंथ बसाय।
करौं चौंर चढ़ाय आसन नैन अँग अँग लाय॥
देहु दरसन नंदनंदन! मिलन ही की आस।
सूर प्रभु की कुँवर छवि को मरत लोचन प्यास॥

(105)

ऊधो! इतनी जाय कहौ।
सब बल्लभी कहति हरि सों, 'ये दिन मधुपुरी रहौ ॥
आज कालि तुमहू देखत हौ तपत तरनि सम चंद।
सुंदर स्याम परम कोमल तनु, क्यों सहिहैं नँदनंद ॥
मधुर मोर पिक परुष प्रबल अति बन उपबन चढ़ि बोलत।
सिंह बृकन सम गाय बच्छ ब्रज बीथिन बीथिन डोलत ॥
तुम तौ परम साधु कोमल चित जानत हौ सब रीति।
सूर स्याम को क्यों बोलैं, ब्रज दिन टारे यह ईति' ॥

(106)

जहँ जहँ रहौ राज करौ तहँ तहँ लेहु कोटि सिर भार।
यह असीस हम देति सूर सुनु, 'न्हात खसै जनि बार' ॥

(107)

सुनौ स्याम! यह बात और कोउ क्यों समुझाय कहै।
दुहुँ दिसि की रति विरह बिरहिनी कैसे कै जो सहै ॥
जब राधे, तब ही मुख 'माधौ माधौ' रटति रहै।
जब माधौ ह्वै जाति सकल तनु राधा बिरह दहै ॥
उभय अग्र दव दारु कीट ज्यों सीतलताहि चहै।
सूरदास अति बिकल बिरहिनी कैसेहु सुख न लहै ॥

(इतिहास, पृ. 162)

(108)

तब तें इन सबहिन सचु पायो।
जब तें हरि संदेस तिहारो सुनत ताँवरो आयो ॥
फूले ब्याल दुरे ते प्रगटे पवन पेट भरि खायो।
ऊँचे बैठि बिहंग सभा बिच कोकिल मंगल गायो ॥
निकसि कंदरा तें केहरि हू माथे पूँछ हिलायो।
बनगृह तें गजराज निकसि कै अंग अंग गर्व जनायो ॥

(109)

बातें बूझत यों बहरावति।
सुनहु स्याम! वै सखी सयानी पावस ऋतु राधहि न सुनावति ॥
घन गरजत तौ कहत कुसलमति गूँजत गुहा सिंह समझावति।

नहिं दामिनि, द्रुम दवा सैल चढ़ि, फिरि बयारि उलटी झर लावति।
नाहिंन मोर बकत पिक दादुर, ग्वाल मंडली खगन खेलावति॥

नंददास

(1)

ताही छिन उडुराज उदित रस रास सहायक।
कुंकुम मंडित बदन प्रिया जनु नागरि नायक॥
कोमल किरन अरुन मानों बन ब्यापि रही यों।
मनसिज खेल्यो फागु घुमड़ि घुरि रह्यो गुलाल ज्यों॥
फटिक छटा सी किरन कुंज रंध्रन जब आई।
मानहुँ बितत बितान सुदेस तनाव तनाई॥
तब लीनो कर कमल योगमाया सी मुरली।
अघटित घटना चतुर बहुरि अधरन सुर जु रली।

(रासपंचाध्यायी)

(2)

कहन स्याम संदेस एक मैं तुम पै आयो।
कहन समय संकेत कहूँ अवसर नहिं पायो॥
सोचत ही मन में रह्यो कब पाऊँ इक ठाउँ।
कहि सँदेस नँदलाल को बहुरि मधुपुरी जाउँ॥
सुनौ ब्रज नागरी।
जौ उनके गुन होय, बेद क्यों नेति बखानै।
निरगुन सगुन आतमा रुचि ऊपर सुख सानै॥
बेद पुराननि खोजि कैं पायो कतहुँ न एक।
गुन ही के गुन होहि तुम कहौ अकासहि टेक॥
सुनौ ब्रज नागरी।
जौ उनके गुन नाहिं और गुन भए कहाँ तें।
बीज बिना तरु जमै मोहि तुम कहौं कहाँ तें॥
वा गुन की परछाँह री माया दरपन बीच।
गुन तें गुन न्यारे भए अमल वारि जल कीच॥
सखा सुनु स्याम के।

(भ्रमरगीत)

(3)

श्री वृंदाबन चिद घन कछु छबि बरनि न जाई।
कृष्ण ललित लीला के काज गहि रह्यो जड़ताई॥
जहँ नग, खग, मृग, लता, कुंज, बीरुध, तृन जेते।
नहिंन काल गुन प्रभा सदा सोभित रहैं तेते॥
सकल जंतु अबिरुद्ध जहाँ हरिमृग सँग चरहीं।
काम क्रोध मद लोभ रहित लीला अनुसरहीं॥
सब दिन रहत बसंत कृष्ण अवलोकनि लोभा।
त्रिभुवन कानन जा बिभूति करि सोभित सोभा॥
या बन की बर बानिक या बन ही बनि आवै।
सेस, महेस, सुरेस, गनेस न पारहिं पावै॥

(चिंतामणि, भाग-2, पृ. 25-26)

कृष्णदास

(1)

तरनि तनया तट आवत है प्रात समय,
कंदुक खेलत देख्यो आनंद को कँदवा।
नूपुर पद कुनित, पीतांबर कटि बाँधे,
लाल उपरना, सिर मोरन के चँदवा॥

(2)

कंचन मनि मरकत रस ओपी।
नंद सुवन के संगम सुखकर अधिक बिराजति गोपी॥
मनहुँ विधाता गिरिधर पिय हित सुरतधुजा सुख रोपी।
बदन कांति कै सुनु री भामिनि! सघन चंद श्री लोपी॥
प्राननाथ के चित चोरन को भौंह भुजंगम कोपी।
कृष्णदास स्वामी बस कीन्हें प्रेमपुंज को चोपी॥

(3)

मो मन गिरिधर छबि पै अटक्यो।
ललित त्रिभंग चाल पै चलि कै, चिबुक चारु गड़ि ठठक्यो॥
सजल स्याम घन बरन लीन ह्वै फिरि चित अनत न भटक्यो।
कृष्णदास किए प्रान निछावर यह तन जग सिर पटक्यो॥

परमानंददास

(1)

कहा करौं बैकुंठहि जाय।
जहँ नहिं नंद, जहाँ न जसोदा, नहिं जहँ गोपी ग्वाल न गाय ॥
जहँ नहिं जल जमुना को निर्मल और नहीं कदमन की छाय।
परमानंद प्रभु चतुर ग्वालिनी ब्रजरज तजि मेरी जाय बलाय ॥

(2)

राधे जू, हारावलि टूटी।
उरज कमल दल माल मरगजी, बाम कपोल अलक लट छूटी ॥
बर उर उरज करज बिच अंकित, बाहु जुगल बलयावलि फूटी।
कंचुकि चीर बिबिध रंग रंजित गिरधर अधर माधुरी घूँटी ॥
आलस वलित नैन अनियारे अरुन उनींदे रजनी खूटी।
परमानंद प्रभु सुरति समय रस मदन नृपति की सेना लूटी ॥

कुंभनदास

(1)

संतन सो कहा सीकरी सों काम।
आवत जात पनहियाँ टूटी बिसरि गयो हरि नाम ॥
जिनको मुख देखे दुख उपजत तिनको करिबे परी सलाम।
कुंभनदास लाल गिरिधर बिनु और सबै बेकाम ॥

(2)

तुम नीके दुहि जानत गैया।
चलिए कुँवर रसिक मनमोहन लगौं तिहारे पैयाँ ॥
तुमहि जानि करि कनक दोहनी घर तें पठई मैया।
निकटहि है यह खरिक हमारो, नागर लेहुँ बलैया ॥
देखियत परम सुदेस लरिकई चित चहुँट्यो सुँदरैया।
कुंभनदास प्रभु मानि लई रति गिरि गोबर्धन रैया ॥

चतुर्भुजदास

जसोदा! कहा कहौं हौं बात।
तुम्हरे सुत के करतब मो पै कहत कहे नहिं जात॥
भाजन फोरि, ढारि सब गोरस, लै माखन दधि खात।
जौ बरजौं तौ आँखि देखावै, रंचहु नाहिं सकात॥
और अटपटी कहँ लौं बरनौं छुवत पानि सों गात।
दास चतुर्भुज गिरिधर गुन हौं कहति कहति सकुचात॥

छीत स्वामी

भोर भए नव कुंज सदन तें आवत लाल गोवर्धनधारी।
लटपट पाग मरगजी माला सिथिल अंग डगमग गति न्यारी॥
बिन गुन माल बिराजति उर पर नख छत द्वैज चंद अनुहारी।
छीत स्वामि जब चितए मो तन, तब हौं निरखि गई बलिहारी॥

गोविन्द स्वामी

प्रात समय उठि जसुमति जननी गिरिधर सुत को उबटि न्हवावति।
करि सिंगार बसन भूषन सजि फूलन रचि रचि पाग बनावति॥
छुटे बंद बागे अति सोभित, बिच बिच चोब अरगजा लावति।
सूथन लाल फूँदना सोभित, आजुकि छबि कछु कहति न आवति॥
बिबिध कुसुम की माला उर धरि श्री कर मुरली बेंत गहावति।
ले दरपन देखे श्रीमुख को गोविंद प्रभु चरननि सिर नावति॥

हितहरिवंश

(1)

रहौ कोउ काहू मनहि दिए।
मेरे प्राननाथ श्री स्यामा सपथ करौं तिन छिए॥
जो अवतार कदंब भजत हैं धरि दृढ़ ब्रत जु हिए।

तेऊ उमगि तजत मर्यादा बन बिहार रस पिए॥
खोए रतन फिरत जे घर घर, कौन काज इमि जिए ?
हित हरिबंस अनत सचु नाहीं बिन या रसहिं पिए॥

(2)

ब्रज नव तरुनि कदंब मुकुट मनि स्यामा आजु बनी।
नख सिख लौं अंग अंग माधुरी मोहे स्याम धनी॥
यों राजति कबरी गूथित कच कनक कंज बदनी।
चिकुर चंद्रिकन बीच अधर बिधु मानौ ग्रसित फनी॥
सौभग रस सिर स्त्रवत पनारी पिय सीमंत ठनी।
भृकुटि काम कोदंड, नैन सर, कज्जल रेख अनी॥
भाल तिलक, ताटंक गंड पर, नासा जलज मनी।
दसन कुंद, सरसाधर पल्लव, पीतम मन समनी॥
हित हरिबंस प्रसंसित स्यामा कीरति बिसद घनी।
गावय स्त्रवननि सुनत सुखाकर विश्व दुरित दवनी॥

(हित चौरासी)

(3)

बिपिन घन कुंज रति केलि भुज मेलि रुचि
स्याम स्यामा मिले सरद की जामिनी।
हृदय अति फूल, रस मूल पिय नागरी
कर निकर मत्त मनु बिबिध गुन रागिनी॥
सरस गति हास परिहास आवेरा बस
दलित दल मदन बल कोक रस कामिनी॥
हित हरिवंस सुनि लाल लावन्य भिदे
प्रिया अति सूर सुख सुरत संग्रामिनी॥

(हित चौरासी)

गदाधर भट्ट

(1)

सखी हौं स्याम रंग रँगी।
देखि बिकाय गई वह मूरति, सूरत माँहि पगी॥
संग हुतो अपनो सपनो सो सोइ रही रस खोई।

जागेहु आगे दृष्टि परै, सखि, नेकु न न्यारो होई॥
एक जु मेरी अँखियनि में निसि द्यौस रह्यो करि भौन।
गाय चरावत जात सुन्यो सखि ! सो धौं कन्हैया कौन ?
कासौं कहौं कौन पतियावै, कौन करै बकवाद ?
कैसे कै कहि जाति गदाधर गूँगे तें गुर स्वाद ?

(2)

जयति श्री राधिके, सकल सुख साधिके, तरुनि मनि नित्य नव तन किसोरी।
कृष्ण मुख लीन मन, रूप की चातकी, कृष्ण मुख हिम किरन की चकोरी॥
कृष्ण दृग भृंग बिस्राम हित पद्मिनी, कृष्ण दृग मृगज बंधन सुडोरी।
कृष्ण अनुराग मकरंद की मधुकरी, कृष्ण गुन गान रससिंधु बोरी॥
बिमुख पर चित्त तें चित्त जाको सदा, करति निज नाह कै चित्त चोरी।
प्रकृति यह गदाधर कहत कैसे बने, अमित महिमा, इतै बुद्धि थोरी॥

(3)

झूलति नागरि नागर लाल।
मंद मंद सब सखी झुलावति गावति गीत रसाल॥
फरहरात पट पीत नील के अंचल चंचल चाल।
मनहुँ परसपर उमगि ध्यान छवि प्रगट भई तिहिं काल॥
सिलसिलात अति प्रिया सीस तें लटकति बेनी भाल।
जनु पिय मुकुट बरहि भ्रम बस तहँ ब्याली बिकल बिहाल॥
मल्लीमाल प्रिया के उर की, पिय तुलसी दल भाल।
जनु सुरसरि रबितनया मिलि कैं सोभित स्रेनि मराल॥
स्यामल गौर परस्पर प्रति छबि सोभा बिसद बिसाल।
निरखि गदाधर रसिक कुँवरि मन पर्‌यो सुरस जंजाल॥

मीराबाई

(1)

स्वस्ति श्री तुलसी कुलभूषन दूषन हरन गोसाई।
बारहिं बार प्रनाम करहुँ, अव हरहु सोक समुदाई॥
घर के स्वजन हमारे जेते, सवन्ह उपाधि बढ़ाई।
साधु संग अरु भजन करत मोहिं देत कलेस महाई॥
मेरे मात पिता के सम हौ हरिभक्तन्ह सुखदाई।
हमको कहा उचित करबो है सो लिखिए समझाई॥

(2)

बसो मेरे नैनन में नंदलाल।
मोहन मूरति, साँवरि सूरति, नैना बने रसाल॥
मोर मुकुट मकराकृत कुंडल अरुन तिलक दिए भाल।
अधर सुधारस मुरली राजति उर बैजंती माल॥
छुद्र घंटिका कटि तट सोभित नूपुर सबद रसाल।
मीरा प्रभु संतन सुखदाई भक्तबछल गोपाल॥

(3)

मन रे परसि हरि के चरन।
सुभग सीतल कमल कोमल त्रिबिध ज्वाला हरन॥
जो चरन प्रहलाद परसे इंद्र पदवी धरन।
जिन चरन ध्रुव अटल कीन्हों राखि अपनी सरन॥
जिन चरन ब्रह्मांड भेट्यौ नख सिखौ श्री भरन।
जिन चरन प्रभु परस लीन्हें तरी गौतम-घरनि॥
जिन चरन धार्‌यो गोबरधन गरब मघवा हरन।
दास मीरा लाल गिरिधर अगम तारन तरन॥

स्वामी हरिदास

ज्यों ही ज्यों ही तुम राखत हौ, त्यों ही त्यों ही रहियत हौं, हे हरि!
और अपत्तै गाय धरौ सु तौ कहौ कौन के पैंड भरि॥
जदपि हौं अपनो भायो कियो चाहौं, कैसे करि सकौं जो तुम राखौ पकरि।
कहै हरिदास पिंजरा के जनावर लौं तरफराय रह्‌यौ उड़िबे को कितोऊ करि॥

सूरदास मदनमोहन

(1)

मधु के मतवारे स्याम! खोलौ प्यारे पलकैं।
सीस मुकुट लटा छुटी और छुटी अलकैं॥
सुर नर मुनि द्वार ठाढ़े दरस हेतु कलकैं।
नासिका के मोती सोहै बीच लाल ललकैं॥
कटि पीतांबर मुरली कर स्रवन कुंडल झलकै।
सूरदास मदनमोहन दरस दैहौ भल कै॥

(2)

नवल किसोर नवल नागरिया।
अपनी भुजा स्याम भुज ऊपर, स्याम भुजा अपने उर धरिया॥
करत बिनोद तरनि तनया तट स्यामा स्याम उमगि रस भरिया।
यौं लपटाय रहै उर अंतर मरकत मनि कंचन ज्यों जरिया॥
उपमा को घन दामिनि नाहीं, कँदरप कोटि वारने करिया।
सूर मदन मोहन बलि जोरी नँदनंदन बृषुभानु दुलरिया॥

श्रीभट्ट

(1)

भींजत कब देखौं इन नैना।
स्यामा जू की सुरंग चूनरी, मोहन को उपरैना॥
स्यामा स्याम कुंज तर ठाढ़े जतन कियो कछु मैं ना।
श्रीभट उमड़ि घटा चहुँ दिसि तें घिरि आई जल सेना॥

(2)

ब्रजभूमि मोहनी मैं जानी।
मोहन कुंज, मोहन बृंदाबन, मोहन जमुना पानी॥
मोहन नारि सकल गोकुल की बोलति अमरित बानी॥
श्रीभट्ट के प्रभु मोहन नागर, मोहनि राधा रानी॥

(3)

बसौ मेरे नैननि में दोउ चंद।
गौर बदनि बृषभानु नंदिनी, स्याम बरन नंद नंद॥
गोलक रहे लुभाय रूप में निरखत आनंद कंद।
जय श्रीभट्ट प्रेम रस बंधन, क्यों छूटे दृढ़ फंद॥

हरिराम व्यास

(1)

हुतो रस रसिकन को आधार।
बिन हरिबंसहि सरस रीति को कापै चलिहै भार ?

को राधा दुलरावै, गावै, बचन सुनावै चार ?
बृंदाबन की सहज माधुरी कहिहै कौन उदार ?
पद-रचना अब का पै ह्वैहै, निरस भयो संसार।
बड़ो अभाग अनन्य सभा को उठि गो ठाट सिंगार॥
जिन बिन दिन छिन जुग सम बीतत सहज रूप आगार।
ब्यास एक कुल कुमुद चंद बिनु उडुगन जूठी थार॥

(2)

बृंदाबन के रूख हमारे मात पिता सुत बंध।
गुरु गोबिंद साधुगति मति सुख, फल फूलन की गंध॥
इनहिं पीठि दै अनत डीठि करै सो अंधन में अंध।
ब्यास इनहिं छोड़ै औ छुड़ावै ताको परियो कंध॥

(3)

आज कछु कुंजन में बरषा सी।
बादल दल में देखि सखी री! चमकति है चपला सी॥
नान्हीं नान्हीं बूँदन कछु धुरवा से, पवन बहै सुख रासी।
मंद मंद गरजनि सी सुनियतु, नाचति मोर सभा सी॥
इंद्रधनुष बग पंगति डोलति बोलति कोक कला सी।
इंद्रबधू छबि छाइ रही मनु गिरि पर अरुन घटा सी॥
उमगि महीरुह स्यों महि फूली, भूली मृगमाला सी।
रटति प्यास चातक ज्यों रसना, रस पीवत हू प्यासी॥

(4)

सुघर राधिका प्रवीन बीना, बर रास रच्यो
स्याम संग बर सुढंग तरनि तनया तीरे।
आनँद कंद बृंदाबन सरद मंद मंद पवन
कुसुम पुंज तापदवन, धुनित कल कुटीरे॥
रुनित किंकिनी सुचारु, नूपुर तिमि बलय हारु
अंग बर मृदंग ताल तरल रंग भीरे।
गावत अति रंग रह्यो, मो पै नहिं जात कह्यो
ब्यास रस प्रवाह बह्यो निरखि नैन सीरे॥

(5)

ब्यास न कथनी काम की करनी है इक सार।
भक्ति बिना पंडित बृथा ज्यों खर चंदन भार॥

अपने अपने मत लगे बादि मचावत सोर।
ज्यों त्यों सबको सेइबो एकै नंदकिसोर॥
प्रेम अतन या जगत में जानैं बिरला कोय।
ब्यास सतन क्यों परसि है पचि हार्‌यो जग रोय॥
सती सूरमा संत जन इन समान नहिं और।
अगम पंथ पै पग धरैं डिगे न पावैं ठौर॥

रसखान

(1)

मानुष हौं तो वही रसखान बसौं संग गोकुल गाँव के ग्वारन।
जौ पसु हौं तो कहा बसु मेरो चरौं नित नंद की धेनु मँझारन॥
पाहन हौं तो वही गिरि को जो कियो हरि छत्र पुरंदर धारन।
जौ खग हौं तो बसेरो करौं मिलि कालिंदी कूल कदंब की डारन॥

(2)

या लकुटी अरु कामरिया पर राज तिहूँ पर को तजि डारौं।
आठहुँ सिद्धि नवौ निधि के सुख नंद की गाय चराय बिसारौं॥
नैनन सो रसखान जबै ब्रज के बन बाग तड़ाग निहारौं।
केतिक ही कलधौत के धाम करील के कुंजन ऊपर वारौं॥

(3)

ब्रह्म मैं ढूँढ्यौ पुरानन गानन, बेद रिचा सुनी चौगुने चायन।
देख्यो सुन्यो कबहूँ न कहूँ वह कैसे सरूप औ कैसे सुभायन॥
टेरत हेरत हारि पर्‌यो रसखान बतायो न लोग लुगायन।
देख्यो दुरो वह कुंज कुटीर में बैठो पलोटत राधिका पायन॥

(4)

मोर पखा सिर ऊपर राखिहौं, गुंज की माल गरै पहिरौंगी।
ओढ़ि पितंबर लै लकुटी बन गोधन ग्वालन संग फिरौंगी॥
भावतो सोई मेरो रसखान सो तेरे कहे सब स्वांग भरौंगी।
या मुरली मुरलीधर की अधरान धरी अधरा न धरौंगी॥

(5)

सेस महेस गनेस दिनेस सुरेसहु जाहि निरंतर गावैं।
जाहि अनादि अनंत अखंड अछेद अभेद सुवेद बतावैं॥
नारद से सुक ब्यास रहैं, पचि हारे तऊ पुनि पार न पावैं।
ताहि अहीर की छोहरियाँ छछिया भरि छाछ पै नाच नचावैं॥

(6)

नैनन सों रसखान जबैं ब्रज के बन बाग तड़ाग निहारौं।
केतिक ये कलधौत के धाम करील की कुंजन ऊपर वारौं॥

(चिंतामणि, भाग-1, पृ. 53)

(7)

जेहि बिनु जाने कछुहि नहिं जान्यो जात बिसेस।
सोइ प्रेम जेहि जान कै रहि न जात कछु सेस॥
प्रेम फाँस सो फँसि मरै सोई जियै सदाहि।
प्रेम मरम जानैं बिना मरि कोउ जीवत नाहिं॥
तोरि मानिनी तें हियो फोरि मोहनी मान।
प्रेम देव की छबिहि लखि भए मियाँ रसखान॥

(प्रेम वाटिका)

ध्रुवदास

(1)

रूप जल उठत तरंग हैं कटाछन के
अंग अंग भौंरन की अति गहराई है।
नैनन को प्रतिबिंब पर्‌यो है कपोलन में
तेई भए मीन तहाँ ऐसी उर आई है॥
अरुन कमल मुसकान मानों फबि रही
थिरकनि बेसरि के मोती की सुहाई है॥
भयो है मुदित सखी लाल को मराल मन
जीवन जुगल ध्रुव एक ठाँव पाई है॥

(सिंगार सत)

(2)

प्रेम बात कछु कहि नहिं जाई। उलटी चाल तहाँ सब भाई ॥
प्रेम बात सुनि बौरो होई। तहाँ सयान रहै नहिं कोई ॥
तन मन प्रान तिही छिन हारै। भली बुरी कछुवै न बिचारै ॥
ऐसो प्रेम उपजिहै जबहीं। हित ध्रुव बात बनैगी तबहीं ॥

(नेह मंजरी)

(3)

बहु बीती थोरी रही सोऊ बीती जाय।
हित ध्रुव बेगि बिचारि कै बसि बृंदाबन आय ॥
बसि बृंदाबन आय त्यागि लाजहि अभिमानहि।
प्रेमलीन ह्वै दीन आपको तृन सम जानहि ॥
सकल सार कौ सार भजन तू करि रस रीती।
रे मन सोच बिचार, रही थोरी, बहु बीती ॥

(भजन सत)

फुटकल रचनाएँ

अकबर

(1)

दीन देखि सब दीन एक न दीनो दुसह दुख।
सो अब हम कहँ दीन कछु नहि राख्यो बीरबल ॥

(2)

जाको जस है जगत में जगत सराहै जाहि।
ताको जीवन सफल है कहत अकब्बर साहि ॥

(3)

साहि अकब्बर एक समै चले कान्ह बिनोद बिलोकन बालहि।
आहट तें अबला निरख्यौ चकि चौंकि चली करि आतुर चालहि ॥
त्यों बलि बेनी सुधारि धरी सु भई छबि यों ललना अरु लालहि।
चंपक चारु कमान चढ़ावत काम ज्यों हाथ लिये अहिबालहि ॥

छीहल

देख्या नगर सुहावना अधिक सुचंगा थानु।
नाऊँ चँदेरी परगटा जनु सुरलोक समानु॥
ठाईं ठाईं सरवर पेखिय सूभर भरे निवाण।
ठाईं ठाईं कुँवा बावरी सोहइ फटिक सवाँण॥
पन्द्रह सै पचहत्तरै पूनिम फागुण मास।
पंच सहेली वर्णई कबि छीहल परगास॥

(पंच सहेली)

लालचदास

पन्द्रह सौ सत्तासी जहिया। समय विलंबित बरनौं तहिया॥
मास असाढ़ कथा अनुसारी। हरिबासर रजनी उजियारी॥
सकल संत कहँ नावौं माथा। बलि बलि जैहौं जादवनाथा॥
रायबरेली बरनि अवासा। लालच रामनाम कै आसा॥

कृपाराम

सिधि निधि सिव मुख चंद्रलखि माघ सुद्धि तृतियासु।
हिततरंगिनी हौं रची कबि हित परम प्रकासु॥
लोचन चपल कटाच्छ सर अनियारे बिष पूरि।
मन मृग बेधै मुनिन के जग जन सहत बिसूरि॥
आजु सबारे हौं गई नंदलाल हित ताल।
कुमुद कुमुदिनी के भटू निरखे औरै हाल॥
पति आयो परदेस तें ऋतु बसंत को मानि।
झमकि झमकि निज महल में टहलैं करैं सुरानि॥

महापात्र नरहरि बंदीजन

अरिहु दंत तिनु धरै ताहि नहिं मारि सकत कोइ।
हम संतत तिनु चरहिं बचन उच्चरहिं दीन होइ॥

अमृत पय नित स्रवहिं बच्छ महि थंभन जावहिं।
हिंदुहिं मधुर न देहिं, कटुक तुरकहिं न पियावहिं॥
कह कबि नरहरि अकबर सुनौ बिनवति गउ जोरे करन।
अपराध कौन मोहि मारियत मुएहु चाम सेवइ चरन॥

नरोत्तमदास

(1)

सीस पगा न झगा तन पै प्रभु! जानै को आहि, बसै केहि ग्रामा।
धोती फटी सी, लटी दुपटी अरु पायँ उपानह को नहिं सामा॥
द्वार खड़ो द्विज दुर्बल एक, रह्यो चकि सो बसुधा अभिरामा।
पूछत दीनदयाल को धाम, बतावत आपनो नाम सुदामा॥

(2)

कैसे बिहाल बिवाइन सों भए, कंटक जाल गड़े पग जोए।
हाय महादुख पाए सखा! तुम आए इतै न, कितै दिन खोए॥
देखि सुदामा की दीन दसा करुना करि कै करुनानिधि रोए।
पानी परात को हाथ छुयौ नहिं, नैनन के जल सों पग धोए॥

आलम

दिल्लीपति अकबर सुरताना । सप्त दीप में जाकी आना॥
धरमराज सब देस चलावा । हिंदू तुरुक पंथ सब लावा॥

सन नौ सौ इक्कानबे आही । करौं कथा औ बोलौं ताही॥

(माधवानल कामकंदला)

महाराज टोडरमल

जार को बिचार कहा, गनिका को लाज कहा,
गदहा को पान कहा, आँधरे को आरसी।

निगुनी को गुन कहा, दान कहा दारिद को,
सेवा कहा सूम को अरंडन की डार सी ॥
मदपी को सुचि कहा, साँच कहा लंपट को
नीच को बचन कहा स्यार की पुकार सी।
टोडर सुकवि ऐसे हठी तौ न टारे टरैं
भावै कहौ सूधी बात भावै कहो फारसी ॥

महाराज बीरबल

(1)

उछरि उछरि भेकी झपटे उरग पर, उरग हू केकिन पै लपटैं लहकि है।
केकिन के सूरति हिए की ना कछू है भए, एकी करि केहरि न बोलत बहकि है ॥
कहै कवि ब्रह्म वारि हेरत हरिन फिरैं, बैहर बहुत बड़े जोर सों जहकि है।
तरनि के तावन तवा सी भई भूमि रही, दसहू दिसान में दवारि सी दहकि है ॥

(2)

पूत कपूत, कुलच्छिनि नारि, लराक परोसि, लजायन सारो।
बंधु कुबुद्धि, पुरोहित लंपट, चाकर चोर, अतीथ धुतारो ॥
साहब सूम, अड़ाक तुरंग, किसान कठोर, दिवान नकारो।
ब्रह्म भनै सुनु साह अकब्बर बारहौ बाँधि समुद्र में डारो ॥

गंग

(1)

कबहुँ न भँडुवा रन चढ़े कबहुँ न बाजी बंब।
सकल सभाहि प्रनाम करि बिदा होत कवि गंग ॥

(2)

चकित भँवर रहि गयो गमन नहिं करत कमलबन।
अहि फन मनि नहिं लेत, तेज नहिं बढ़त पवन घन ॥
हंस मानसर तज्यो चक्क चक्की न मिलै अति।
बहु सुंदरि पद्मिनी पुरुष न चहैं, न करैं रति ॥
खलभलित सेस कबि गंग भन, अमित तेज रबि रथ खस्यौ।
खानान खान बैरम सुवन जबहिं क्रोध करि तँग कस्यौ ॥

(3)

बैठी थी सखिन संग पिय को गवन सुन्यो,
सुख के समूह में बियोग आगि भरकी।
गंग कहै त्रिबिध सुगंध कै पवन बह्यो,
लागत ही ताके तन भई बिथा जर की ॥
प्यारी को परसि पौन गयो मानसर कहँ,
लागत ही औरै गति भई मानसर की।
जलचर जरे औ सेवार जरि छार भयो,
जल जरि गयो, पंक सूख्यो, भूमि दरकी ॥

(4)

झुकत कृपान मयदान ज्यों उदित भान, एकन तें एक मानो सुषमा जरद की।
कहैं कबि गंग तेरे बल की बयारि लगे, फूटी गजघटा घनघटा ज्यों सरद की ॥
एते मान सोनित की नदियाँ उमड़ चलीं, रही न निसानी कहूँ महि में गरद की।
गौरी गह्यो गिरिपति, गनपति गह्यो गौरी, गौरीपति गही पूँछ लपकि बरद की ॥

(5)

देखत कै बृच्छन में दीरघ सुभायमान,
कीर चल्यो चाखिबे को प्रेम जिय जग्यो है।
लाल फल देखि कै जटान मँड़रान लागे,
देखत बटोही बहुतेरे डगमग्यो है ॥
गंग कबि फल फूटे भुआ उधिराने लखि
सबहि निरास ह्वै कै निज गृह भग्यो है।
ऐसो फलहीन बृच्छ बसुधा में भयो, यारो,
सेमर बिसासी बहुतेरन को ठग्यो है ॥

मनोहर कवि

इंदु बदन, नरगिस नयन, संबुल वारे बार।
उर कुंकुम, कोकिल बयन जेहि लखि लाजत मार ॥
बिथुरे सुथुरे चीकने घने घने घुघुवार।
रसिकन को जंजीर से बाला तेरे बार ॥
अचरज मोहिं हिंदू तुरुक बादि करत संग्राम।
इक दीपति सों दीपियत काबा कासी धाम ॥

बलभद्र मिश्र

(1)

पाटल नयन कोकनद के से दल दोऊ, बलभद्र बासर उनीदी लखी बाल मैं।
सोभा के सरोवर में बाड़व की आभा कैंधौं, देवधुनी भारती मिली हैं पुन्य काल मैं॥
काम-कैबरत कैंधौं नासिका-उडुप बैठो, खेलत सिकार तरुनी के मुख-ताल मैं।
लोचन सितासित में लोहित लकीर मानो, बाँधे जुग मीन लाल रेशम की डोर मैं॥

(2)

मरकत के सूत कैंधौं पन्नग के पूत, अति
राजत अभूत तमराज कैसे तार हैं।
मखतूल गुनग्राम सोभित सरस स्याम
काम मृग कानन कै कुहू के कुमार हैं॥
कोप की किरन, कै जलज नाल नील तंतु
उपमा अनंत चारु चवँर सिंगार हैं।
कारे सटकारे भींजे सोंधे सों सुगंध बास
ऐसे बलभद्र नवबाला तेरे बार हैं॥

जमाल

पूनम चाँद, कुसूँम रंग, नदी तीर, द्रुम डाल।
रेत भीत, भुस लीपणो, ए थिर नहीं जमाल॥
रंग ज चोल मजीठ का संत बचन प्रतिपाल।
पाहण रेख रु करम गत ए किमि मिटैं जमाल॥
जमला ऐसी प्रीति कर जैसी केस कराय।
कै काला, कै ऊजला जब तब सिर स्यूँ जाय॥
मनसा तो गाहक भए नैना भए दलाल।
धनी बसत बेचै नहीं किस बिध बनै जमाल॥
बालपणे धौला भया तरुणपणे भया लाल।
बृद्धपणे काला भया कारण कोण जमाल॥
कामिण जावक रंग रच्यो दमकत मुकता कोर।
इम हंसा मोती तजे इम चुग लिए चकोर॥

केशवदास

(1)

जौं हौं कहौं रहिए तौ प्रभुता प्रगट होति
चलन कहौं तौ हितहानि नाहिं सहनो।
'भावै सो करहु' तौ उदास भाव प्राननाथ!
'साथ लै चलहु' कैसे लोकलाज बहनो॥
केसवदास की सौं तुम सुनहु, छबीले लाल,
चलेही बनत जौ पै, नाहीं आज रहनो।
जैसियै सिखाओ सीख तुम ही सुजान प्रिय
तुमहि चलत मोहि जैसो कछु कहनो॥

(2)

चंचल न हूजै नाथ, अंचल न खैंचो हाथ,
सोवै नैक सारिकाऊ, सुक तौ सोवायो जू।
मंद करौ दीप दुति चंद मुख देखियत
दारिकै दुराय आऊँ द्वार तौ दिखायो जू॥
मृगज मराल बाल बाहिरै बिडारि देउँ
भायो तुम्हें केसव सो मोहूँ मन भायो जू।
छल के निवास ऐसे बचन बिलास सुनि
सौ गुनो सुरत हू तें स्याम सुख पायो जू॥

(3)

कैटभ सो नरकासुर सो पल में मधु सो मुर सो जिन मार्‍यो।
लोक चतुर्दस रक्षक केसव पूरन बेद पुरान बिचार्‍यो॥
श्री कमला कुच कुंकुम मंडन पंडित देव अदेव निहार्‍यो।
सो कर माँगन को बलि पै करतारहु ने करतार पसार्‍यो॥

रामचंद्रिका

सूर्योदय

(4)

अरुन गात अति प्रात पद्‌मिनी प्राननाथ भय।
मानहु केसवदास कोकनद कोक प्रेममय॥

परिपूरन सिंदूर पूर कैंधौं मंगल घट।
किधौं सक्र को छत्र मड्यो मानिक मयूख पट॥
कै सोनित कलित कपाल यह किल कापालिक काल को।
यह ललित लाल कैंधौं लसत दिग भामिनि के भाल को॥

दशरथ

(5)

बिधि के समान हैं बिमानीकृत राजहंस
बिबिध बिबुध युत मेरु सो अचल है।
दीपति दिपति अति सातौ दीप देखियत
दूसरो दिलीप सो सुदक्षिणा को बल है॥
सागर उजागर सो बहु बाहिनी को पति
छनदान प्रिय कैंधौं सूरज अमल है।
सब बिधि समरथ राजै राजा दसरथ
भगीरथ पथ गामी गंगा कैसो जल है॥

अयोध्या

(6)

मूलन ही की जहाँ अधोगति केसव गाइय।
होम हुतासन धूम नगर एकैं मलिनाइय॥
दुर्गति दुर्गन हीं, जो कुटिलगति सरितन ही में।
श्रीफल को अभिलाष प्रगट कबिकुल के जी में॥

राम की सेना

(7)

कुंतल ललित नील, भृकुटी धनुष नैन, कुमुद कटाच्छ बान सबल सदाई है।
सुग्रीव सहित तार अंगदादि भूपनन, मध्य देस केसरी सु जग गति भाई है॥
बिग्रहानुकूल सब लच्छ लच्छ ऋच्छ बल, ऋच्छराज मुखी मुख केसौदास गाई है।
रामचंद्रजी की चमू राजश्री बिभीषन की, रावन की मीचु दर कूच चलि आई है॥

रावणसभा

(8)

पढ़ौ बिरंचि मौन बेद जीव सोर छंडि रे।
कुबेर बेर कै कही न जच्छ भीर मंडि रे॥
दिनेस जाइ दूरि बैठु नारदादि संग ही।
न बोलु चंद्र मंद बुद्धि, इंद्र की सभा नहीं॥

परशुराम

(9)

कूर कुठार निहारि तज्यो, फल ताको यहै जो हियो जरई।
आजु ते तो कहँ बंधु! महाधिक! छत्रिन पै जो दया करई॥

(चिंतामणि, भाग-2, पृ. 77)

पताका

(10)

अति सुंदर अति साधु। थिर न रहति पल आधु॥
परम तपोमय मानि। दंडधारिणी जानि॥

(चिंतामणि, भाग-1, पृ. 117)

पंचवटी

(11)

फल-फूलन पूरे, तरुवर रूरे, कोकिल कुल कलरव बोलैं।
अति मत्त मयूरी, पिय रस पूरी, बन बन प्रति नाचति डोलैं॥

(चिंतामणि, भाग-2, पृ. 24)

सोभत दंडक की रुचि बनी। भाँतिन भाँतिन सुंदर धनी॥
सेव बड़े नृप की जनु लसै। श्रीफल भूरिभाव जहँ बसै॥

(चिंतामणि, भाग-2, पृ. 24)

बेर भयानक सी अतिलगे। अर्क समूह जहाँ जगमगै॥
पांडव की प्रतिमा मन लेखौ। अर्जुन भीम महामति देखौ॥

हे सुभगा सम दीपति पूरी । सिंदुर औ तिलकावलि रूरी ॥
राजति है यह ज्यौं कुल कन्या । धाय बिराजति है सँग धन्या ॥

(चिंतामणि, भाग-1, पृ. 117)

(12)

जदपि सुजाति सुलच्छनी सुबरन सरस सुवृत्त।
भूषन बिनु न बिराजई कबिता बनिता मित्त ॥
केसव केसनि अस करी बैरिहु जस न कराहिं।
चंद्रबदनि मृगलोचनी बाबा कहि कहि जाहिं ॥

होलराय

(1)

दिल्ली तें न तख़्त ह्वैहैं, बख़्त ना मुगल कैसो
ह्वैहैं ना नगर बढ़ि आगरा नगर तें।
गंग तें न गुनी, तानसेन तें न तानबाज,
मान तें न राजा औ न दाता बीरबर तें ॥
खान खानखाना तें न, नर नरहरि तें न,
ह्वैहैं ना दिवान कोऊ बेडर टुडर तें।
नवौ खंड सात दीप सात हू समुद्र पार
ह्वैहैं ना जलालुदीन साह अकबर तें ॥

रहीम

(1)

दुरदिन परे रहीम कह भूलत सब पहिचानि।
सोच नहीं बितहानि को जौ न होय हित हानि ॥
कोउ रहीम जनि काहु के द्वार गए पछिताय।
संपति के सब जात हैं बिपति सबै ले जाय ॥
ज्यों रहीम गति दीप की कुल कपूत गति सोय।
बारे उजियारो लगै बढ़े अँधेरो होय ॥
सर सूखै पंछी उड़ैं औरैं सरन समाहिं।
दीन मीन बिन पंख के कहु रहीम कहँ जाहिं ॥
माँगत मुकरि न को गयो केहि न त्यागियो साथ।

माँगत आगे सुख लह्यौ ते रहीम रघुनाथ॥
रहिमन वे नर मर चुके जे कहुँ माँगन जाहिं।
उनते पहले वे मुए जिन मुख निकसत नाहिं॥
रहिमन रहिला की भली जौ परसै चित लाय।
परसत मन मैलो करै सो मैदा जरि जाय॥
तब ही लौं जीबो भलो दैबौ होय न धीम।
जग में रहिबो कुँचित गति उचित न होय रहीम॥
ये रहीम दर दर फिरैं माँगि मधुकरी खाहिं।
यारो यारी छाँड़िए अब रहीम वे नाहिं॥
चित्रकूट में रमि रहे रहिमन अवध नरेस।
जा पर बिपदा परति है सो आवत यहि देस॥
सुरतिय नरतिय नागतिय सब चाहति अस होय।
गोद लिये हुलसी फिरैं तुलसी सो सुत होय॥
बड़े पेट के भरन में है रहीम दुख बाढ़ि।
तातें हाथी हहरि के दिए दाँत द्वै काढ़ि॥

(जायसी, भूमिका, पृ. 158)

(2)

भोरहि बोलि कोइलिया बढ़वति ताप।
घरी एक भरि, अलिया ! रहु चुपचाप॥
बाहर लैकै दियवा बारन जाइ।
सासु ननद घर पहुँचत देति बुझाइ॥
पिय आवत अँगनैया उठि कै लीन।
बिहँसत चतुर तिरियवा बैठक दीन॥
लै कै सुघर खुरपिया पिय के साथ।
छइबे एक छतरिया बरसत पाथ॥
पियतम इक सुमिरिनियाँ मोहि देइ जाहु।
जेहि जपि तोर बिरहवा करब निबाहु॥

(बरवै नायिका भेद)

(3)

कलित ललित माला वा जवाहिर जड़ा था।
चपल चखन वाला चाँदनी में खड़ा था॥
कटि तट बिच मेला पीत सेला नबेला।
अलि, बन अलबेला यार मेरा अकेला॥

(मदनाष्टक)

(4)

उत्तम जाति है ब्राह्मनी देखत चित्त लुभाय।
परम पाप पल में हरत परसत वाके पाय॥
रूप रंग रतिराज में छतरानी इतरान।
मानो रची बिरंचि पचि कुसुम कनक में सान॥
बनियाइनि बनि आइकै बैठि रूप की हाट।
पेम पेक तन हेरि कै गरुवै टारति बाट॥
गरब तराजू करति चख भौंह मोरि मुसकाति।
डाँड़ी मारति बिरह की चित चिंता घटि जाति॥

(नगरशोभा)

फुटकल कवित्त

(5)

बड़न सों जान पहचान कै रहीम कहा, जो पै करतार ही न सुख देनहार है।
सीतहर सूरज सों नेह कियो याही हेत, ताहू पै कमल जारि डारत तुषार है॥
छीरनिधि माँहिं धँस्यो, संकर के सीस बस्यो, तऊना कलंक नस्यो, ससि में सदा रहै।
बड़ो रिझवार या चकोर दरबार है, पै कलानिधि यार तऊ चाखत अँगार है॥

(6)

जाति हुती सखि गोहन में मनमोहन को लखि ही ललचानो।
नागरि नारि नई ब्रज की उनहूँ नँदलाल को रीझिबो जानो॥
जाति भई फिरि कै चितई तब भाव रहीम यहै उर आनो।
ज्यों कमनैत दमानक में फिरि तीर सों मारि लै जात निसानो॥

(7)

कमलदल नैनन की उनमानि।
बिसरति नाहिं सखी! मो मन तें मंद मंद मुसुकानि॥
बसुधा की बस करी मधुरता सुधापगी बतरानि।
मढ़ी रहै चित उर बिसाल की मुकुतमालि थहरानि॥
नृत्य समय पीतांबर हू की फहर फहर फहरानि।
अनुदिन श्री बृंदाबन ब्रज तें आवन आवन जानि।
अब रहीम चित तें न टरति है सकल स्याम की बानि॥

कादिर

गुन को न पूछै कोऊ, औगुन की बात पूछै,
कहा भयो दई, कलिकाल यों खरानो है।
पोथी औ पुरान ज्ञान ठट्टन में डारि देत
चुगुल चबाइन को मान ठहरानो है॥
कादिर कहत यासों कछु कहिबे की नाहिं
जगत की रीति देखि चुप मन मानो है।
खोलि देखौ हियौ सब ओरन सों भाँति भाँति
गुन ना हिरानो, गुनगाहक हिरानो है॥

मुबारक

(1)

परी मुबारक तिय बदन अलक ओप अति होय।
मनो चंद की गोद में रही निसा सी सोय॥
चिबुक कूप में मन पर्‌यो छबि जल तृषा बिचारि।
कढ़ति मुबारक ताहि तिय अलक डोरि सी डारि॥
चिबुक कूप रसरी अलक तिल सु चरस, दृग बैल।
बारी बैस सिंगार की सींचत मनमथ छैल॥

(अलकशतक और तिलशतक)

(2)

कनक बरन बाल, नगन लसत भाल
मोतिन के माल उर सोहैं भली भाँति हैं।
चंदन चढ़ाय चारु चंदमुखी मोहनी सी
प्रात ही अन्हाय पग धारे मुसुकात हैं॥
चूनरी बिचित्र स्याम सजि कै मुबारक जू
ढाँकि नख सिख तें निपट सकुचाति हैं।
चंद्र मै लपेटि कै, समेटि कै नखत मानो
दिन को प्रनाम किए राति चली जाति है॥

बनारसीदास जैन

(1)

भोंदू! ते हिरदय की आँखैं।
जे सरबैं अपनी सुख संपति भ्रम की संपति भाखैं॥
जिन आँखिन सों निरखि भेद गुन ज्ञानी ज्ञान बिचारैं।
जिन आँखिन सों लखि सरूप मुनि ध्यान धारना धारैं॥

(2)

काया सों बिचार प्रीति, माया ही में हार जीति,
लिए हठ रीति जैसे हारिल की लकरी।
चंगुल के जोर जैसे गोह गहि रहै भूमि,
त्यौं ही पाँय गाड़े पै न छाड़ै टेक पकरी॥
मोह की मरोर सों मरम को न ठौर पावैं,
धावैं चहुँ ओर ज्यों बढ़ावै जाल मकरी।
ऐसी दुरबुद्धि भूलि, झूठ के झरोखे झूलि,
फूली फिरै ममता जंजीरन सों जकरी॥

(3)

कब घर में बैठे रहें नाहिंन हाट बजार।
मधुमालती, मृगावती पोथी दोय उचार॥

(अर्धकथानक)

सेनापति

आत्मपरिचय

(1)

दीक्षित परशुराम दादा हैं विदित नाम,
जिन कीन्हे जग्य, जाकी बिपुल बड़ाई है।
गंगाधर पिता गंगाधर के समान जाके,
गंगातीर बसति अनूप जिन पाई है॥
महा जानमनि, विद्यादानहू में चिंतामनि,
हीरामनि दीक्षित तें पाई पंडिताई है।

सेनापति सोई सीतापति के प्रसाद जाकी
सब कवि कान दै सुनत कविताई है॥

राज्याश्रय से विरक्ति

(2)

केतो करौ कोई, पैए करम लिखोई, तातें
दूसरी न होइ, उर सोइ ठहराइए।
आधी तें सरस बीति गई है बरस, अब
दुर्जन दरस बीच रस न बढ़ाइए॥
चिंता अनुचित, धरु धीरज उचित
सेनापति ह्वै सुचित रघुपति गुन गाइए।
चारि बर दानि तजि पायँ कमलेच्छन के
पायक मलेच्छन के काहे को कहाइए॥

घर-परिवार से विरक्ति

(3)

महामोह कंदनि में जगत जकंदनि में
दिन दुख दंदनि में जात है बिहाय कै।
सुख को न लेस है कलेस सब भाँतिन को
सेनापति याही तें कहत अकुलाय कै॥
आवै मन ऐसी घर बार परिवार तजौं
डारौं लोकलाज के समाज बिसराय कै।
हरिजन पुंजनि में बृंदाबन कुंजनि में
रहौं बैठि कहूँ तरवर तर जाय कै॥

दाता और सूम

(4)

नाहीं नाहीं करै, थोरो माँगे सब दैन कहै, मंगन को देखि पट देत बार बार है।
जिनके मिलत भली प्रापति की घटी होति, सदा सुभ जनमन भावै निरधार है॥
भोगी ह्वै रहत बिलसत अवनी के मध्य, कन कन जोरै, दानपाठ परवार है।
सेनापति बचन की रचना दिरारि देखौ, दाता और सूम दोऊ कीन्हें इकसार है॥

वित्त और कवित्त

(5)

बानि सों सहित सुबरन मुँह रहैं जहाँ,
धरत बहुत भाँति अरथ-समाज को।
संख्या करि लीजै अलंकार हैं अधिक यामैं,
राखौ मति ऊपर सरस ऐसे साज को॥
सुनौ महाजन! चोरी होति चार चरन की,
तातें सेनापति कहै तजि उर लाज को।
लीजियो बचाय ज्यौं चुरावै नाहिं कोउ, सौंपी
वित्त की सी थाती मैं कवित्तन के ब्याज को॥

ग्रीष्म

(6)

बृष को तरनि, तेज सहसौ करनि तपै,
ज्वालनि के जाल बिकराल बरसत है।
तचति धरनि, जग झुरत झुरनि, सीरी
छाँह को पकरि पंथी पंछीं बिरमत हैं॥
सेनापति नेक दुपहरी ढरकत होत
घमका बिषम जो न पात खरकत है।
मेरे जान पौन सीरे ठौर को पकरि काहू
घरी एक बैठि कहूँ घामै बितवत है॥

पावस

(7)

सेनापति उनए नए जलद सावन के
चारिहूँ दिसान घुमरत भरे तोय कै।
सोभा सरसाने न बखाने जात कैहूँ भाँति
आने हैं पहार मानो काजर के ढोय कै॥
घन सों गगन छप्यो तिमिर सघन भयो,
देखि न परत मानो रबि गयो खोय कै॥
चारि मास भरि स्याम निसा को भरम मानि
मेरे जान याही तें रहत हरि सोय कै॥

पावस

(8)

दूरि जदुराई सेनापति सुखदाई देखौ
आई ऋतु पावस न पाई प्रेम पतियाँ ॥
धीर जलधर की सुनत धुनि धरकी औ
दरकी सुहागिन की छोह भरी छतियाँ ॥
आई सुधि बर की, हिए में आनि खरकी,
सुमिरि प्रान प्यारी वह प्रीतम की बतियाँ।
बीती औधि आवन की लाल मनभावन की,
डग भई बावन की सावन की रतियाँ ॥

अंगद

(9)

बालि को सपूत कपि कुल पुरहूत
रघुबीर जू को दूत धरि रूप बिकराल को।
युद्धमद गाढ़ो, पाँव रोपि भयो ठाढ़ो, सेना
पति बल बाढ़ो रामचंद्र भुवपाल को ॥
कच्छप कहलि रह्यो, कुंडली टहलि रह्यो,
दिग्गज दहलि त्रास परो चकचाल को।
पाँव के धरत अति भार के परत भयो
एक ही परत मिलि सपत पताल को ॥

शरणागत विभीषण

(10)

रावन को वीर, सेनापति, रघुवीर जू की
आयो है सरन, छाँड़ि ताहि मद-अंध को।
मिलत ही ताको राम कोप कै करी है ओप
नाम जोय दुर्जन दलन दीनबंध को ॥
देखौ दानवीरता निदान एक दान ही में
दीन्हें दोऊ दान, को बखानै सत्य संध को।
लंका दसकंधर की दीनी है बिभीषन को,
संका बिभीषन की सो दीनी दंसकंध को ॥

पुहकर कवि

(1)

चले मैमता हस्ति झूमंत मत्ता । मनो बद्दलां स्याम साथै चलंता ॥
बनी बागरी रूप राजंत दंता । मनौ बग्ग आषाढ़ पाँतैं उदंता ॥
लसैं पीत लालैं सुढालैं ढलक्कैं । मनौ चंचला चौंधि छाया झलक्कैं ॥

(2)

चंद की उजारी प्यारी नैनन तिहारे, परे
चंद की कला में दुति दुनी दरसाति है।
ललित लतानि में लता सी गहि सुकुमारि
मालती सी फूलैं जब मृदु मुसुकाति है ॥
पुहकर कहै जित देखिए बिराजै तित
परम बिचित्र चारु चित्र मिलि जाति है।
आवै मन माहि तब रहै मन ही में गड़ि
नैननि बिलोके बाल नैननि समाति है ॥

सुंदर

काके गए बसन, पलटि आए बसन, सु
मेरो कछु बस न रसन उर लागे हौ।
भौहैं तिरछौहैं कवि सुंदर सुजान सौहैं
कछु अलसौहैं गौहैं जाके रस पागे हौ ॥
परसौं में पाय हुते परसौ में पाय गहि
परसौ वै पाय निसि जाके अनुरागे हौ।
कौन बनिता के हौ जू कौन बनिता के हौ सु
कौन बनिता के बनि, ताके संग जागे हौ ॥

लालचंद या लक्षोदय

(1)

तव तड़की बोली तिसे जी राखी मन धरि रोस।
नारी आणों काँ न बीजी द्यौ मत झूठो दोस ॥

हम्मे कलेबी जीणा नहीं जी किसूँ करीजै बाद।
पदमिणि का परणों न बीजी जिनि भोजन होय स्वाद॥

(2)

सिंहलदीप नो राजियो रे, सिंहल सिंह समान रे।
तसु बहण छै पदमिणि रे, रूपे रंभ समान रे॥
जोबन लहर्‌या जायछै रे, ते परणूँ भरतार रे।
परतज्ञा जे पूरबै रे, तासु बरै बरमाल रे॥

(पदमिनी चरित्र)

ईश्वरदास

(1)

भादौ मास पाष उजियारा। तिथि नौमी औ मंगलवारा।
नषत अश्विनी मेघ क चंदा। पंच जना सो सदा अनंदा।
जोगिनीपुर दिल्ली बड़ थाना। साह सिकंदर बड़ सुलताना।
कठै बैठ सरसुती विद्या गनपति कीन्ह।
ता दिन कथा अरंभ यह इसरदास कवि कीन्ह॥

(2)

रोवै ब्याधी बहुत पुकारी। छोहन्ह ब्रिछ रौवैं सब झारी।
बाघ सिंह रोवत बन माँही। रोवत पंछी बहुत ओनाहीं॥

भक्तिकाल

चिंतामणि त्रिपाठी

(1)

येई उधारत हैं तिन्हैं जे परे मोह महोदधि के जल फेरे।
जे इनको पल ध्यान धरैं मन, ते न परैं कबहूँ जम घेरे॥
राजै रमा रमनी उपधान अभै बरदान रहैं जन नेरे।
हैं बलभार उदंड भरे हरि के भुजदंड सहायक मेरे॥

(2)

इक आजु मैं कुंदन बेलि लखी मनि मंदिर की रुचिवृंद भरैं।
कुरबिंद के पल्लव इंदु तहाँ अरबिंदन तें मकरंद झरैं॥
उत बुंदन के मुकतागन ह्वै फल सुंदर भ्वै पर आनि परैं।
लखि यों दुति कंद अनंद कला नँदनंद सिलाद्रव रूप धरैं॥

(3)

आँखिन मूँदिबे के मिस आनि अचानक पीठि उरोज लगावै।
कैहूँ कहूँ मुसकाय चितै अँगराय अनूपम अंग दिखावै॥
नाह छुई छल सों छतियाँ हँसि भौंह चढ़ाय अनंद बढ़ावै।
जोबन के मद मत्त तिया हित सों पति को नित चित्त चुरावै॥

बेनी

(1)

छहरै सिर पै छबि मोरपखा, उनकी नथ के मुकता थहरैं।
फहरै पियरो पट बेनी इतै, उनकी चुनरी के झबा झहरैं॥
रसरंग भिरे अभिरे हैं तमाल दोऊ रस ख्याल चहैं लहरैं।
नित ऐसे सनेह सों राधिका स्याम हमारे हिए में सदा बिहरैं॥

(2)

कबि बेनी नई उनई है घटा, मोरवा बन बोलत कूकन री।
लहरै बिजुरी छितिमंडल छ्वै लहरै मन मैन भभूकन री॥
पहिरौ चुनरी चुनि कै दुलही, सँग लाल के झूलहु झूकन री।
ऋतु पावस यों ही बितावत हौ, मरिहौ फिरि बावरि! हूकन री॥

महाराज जसवंत सिंह

अत्युक्ति अलंकार

(1)

अलंकार अत्युक्ति यह बरनत अतिसय रूप।
जाचक तेरे दान तें भए कल्पतरु भूप॥

पर्यस्तापह्नुति अलंकार

(2)

पर्यस्त जु गुन एक को और विषय आरोप।
होइ सुधाधर नाहिं यह बदन सुधाधर ओप॥

(भाषा-भूषण)

बिहारीलाल

नहिं पराग नहिं मधुर मधु नहिं विकास यहि काल।
अली कली ही सों बँध्यो आगे कौन हवाल॥
बतरस लालच लाल की मुरली धरी लुकाइ।
सौंह करै, भौंहनि हँसै दैन कहै, नटि जाइ॥
नासा मोरि, नचाइ दृग करी कका की सौंह।
काँटे सी कसकै हिये गड़ी कँटीली भौंह॥
ललन चलन सुनि पलन में अँसुवा झलके आइ।
भई लखाइ न सखिन्ह हू झूठै ही जमुहाइ॥
पत्रा ही तिथि पाइए वा घर के चहुँ पास।
नित प्रति पून्यो ही रहै आनन ओप उजास॥

छाले परिबे के डरन सकै न हाथ छुवाइ।
झिझकति हियैं गुलाब के झवा झवावति पाइ॥
इत आवति चलि जात उत चली छ-सातक हाथ।
चढ़ी हिंडोरे सी रहै लगी उसासन साथ॥
सीरे जतननि सिसिर रितु सहि बिरहिनि तन ताप।
बसिबै कौं ग्रीषम दिनन पर्‌यो परोसिनि पाप॥
आड़े दै आले बसन जाड़ेहू की राति।
साहस कै कै नेह बस सखी सबै ढिग जाति॥
ढीठि परोसिनि ईठ ह्वै कहे जु गहे सयान।
सबै संदेसे कहि कह्‌यो मुसकाहट मैं मान॥
नए बिरह बढ़ती बिथा खरी बिकल जिय बाल।
बिलखी देखि परोसिन्यौ हरषि हँसी तिहि काल॥
दृग अरुझत, टूटत कुटुम, जुरत चतुर चित प्रीति।
परति गाँठि दुरजन हिए, दई नई यह रीति॥
तंत्रीनाद, कबित्त रस, सरस राग रति रंग।
अनबूड़े बूड़े, तिरे जे बूड़े सब अंग॥
करे चाह सों चुटकि कै खरे उड़ौहैं मैन।
लाज नवाए तरफरत करत खूँद सो नैन॥
सघन कुंज, छाया सुखद, सीतल मंद समीर।
मन ह्वै जात अजौं वहै वा जमुना के तीर॥
यद्यपि सुंदर सुघर पुनि सगुनौ दीपक देह।
तऊ प्रकास करै तितो भरिए जितो सनेह॥
कनक कनक तें सौगुनी मादकता अधिकाय।
वह खाए बौरात नर, यह पाए बौराय॥
तो पर वारौं उरवसी सुनु राधिके सुजान।
तू मोहन के उर बसी ह्वै उरबसी समान॥
सीस मुकुट कटि काछनी कर मुरली उर माल।
यहि बानिक मो मन सदा बसौ बिहारी लाल॥
थोरेई गुन रीझते बिसराई वह बानि।
तुमहू कान्ह मनौ भए आजुकाल के दानि॥
हितकरि तुम पठयो लगे वा बिजना की बाय।
टरी तपनि तन की तऊ चली पसीने न्हाय॥ (सूरदास, पृ. 121)
जहाँ जहाँ ठाढ़े लख्यो स्याम सुभग सिरमौर।
उनहूँ बिन छिन गहि रहत दृगनि अजौं वह ठौर॥

(रसमीमांसा, पृ. 171)

मंडन

अलि! हौं तो गई जमुना जल को सो कहा कहौं बीर! विपत्ति परी।
घहराय कै कारी घटा उनई इतनेई में गागरि सीस धरी॥
रपट्यो पग, घाट चढ्यो न गयो कबिमंडन ह्वै कै बिहाल गिरी।
चिर जीवहु नंद को बारो अरी! गहि बाँह गरीब ने ठाढ़ी करी॥

मतिराम

(1)

कुंदन को रँग फीको लगै, झलकै अति अंगनि चारु गोराई।
आँखिन में अलसानि, चितौन में मंजु बिलासन की सरसाई॥
को बिनु मोल बिकात नहीं मतिराम लहे मुसकानि मिठाई।
ज्यों ज्यों निहारिए नेरे ह्वै नैननि त्यों त्यों खरी निकरै सी निकाई॥

(2)

क्यों इन आँखिन सों निहसंक ह्वै मोहन को तन पानिप पीजै ?
नेकु निहारे कलंक लगै यहि गाँव बसे कहु कैसे कै जीजै ?
होत रहै मन यों मतिराम कहूँ बन जाय बड़ो तप कीजै।
ह्वै बनमाल हिए लगिए अरु ह्वै मुरली अधरारस पीजै॥

(3)

केलि कै राति अघाने नहिं दिन ही में लला पुनि घात लगाई।
'प्यास लगी, कोऊ पानी दै जाइयो', भीतर बैठि कै बात सुनाई॥
जेठी पठाई गई दुलही, हँसि हेरि हरैं मतिराम बुलाई।
कान्ह के बोल पै कान न दीन्हीं, सुगेह की देहरि पै धरि आई॥

(4)

दोऊ अनंद सों आँगन माँझ बिराजैं असाढ़ की साँझ सुहाई।
प्यारी के बूझत और तिया को अचानक नाम लियौ रसिकाई॥
आई उनै मुँह में हँसी, कोहि तिया पुनि चाप सी भौंह चढ़ाई।
आँखिन तें गिरे आँसू के बूँद, सुहास गयो उड़ि हंस की नाई॥

(5)

सूबन को मेटि दिल्ली देस दलिबे को चूम
सुभट समूह निसि वाकी उमहति है।
कहै मतिराम ताहि रोकिबे की संगर में
काहू के न हिम्मत हिये में उलहति है।
सत्रुसाल नंद के प्रताप की लपट सब
गरब गनीम बरगीन को दहति है।
पति पातसाह की, इजति उमरावन की
राखी रैया राव भावसिंह की रहति है॥

भूषण

(1)

इंद्र जिमि जंभ पर, बाड़व सु अंभ पर
रावन सदंभ पर रघुकुलराज हैं।
पौन वारिवाह पर, संभु रतिनाह पर
ज्यों सहस्र बाहु पर राम द्विजराज हैं॥
दावा द्रुम दंड पर, चीता मृग झुंड पर
भूषण वितुंड पर जैसे मृगराज हैं।
तेज तम अंस पर, कान्ह जिमि कंस पर
त्यो मलेच्छ वंस पर सेर सिवराज हैं॥

(2)

डाढ़ी के रखैयन की डाढ़ी सी रहति छाती
बाढ़ी मरजाद जस हद्द हिंदुवाने की।
कढ़ि गई रैयत के मन की कसक सब
मिटि गई ठसक तमाम तुरकाने की॥
भूषन भनत दिल्लीपति दिल धकधक
सुनि सुनि धाक सिवराज मरदाने की।
मोटी भई चंडी बिन चोटी के चबाय सीस
खोटी भई संपति चकत्ता के घराने की॥

(3)

सबन के ऊपर ही ठाढ़ो रहिबे के जोग
ताहि खरो कियो जाय जारन के नियरे।
जानि गैरमिसिल गुसीले गुसा धारि उर
कीन्हों ना सलाम, न बचन बोले सियरे॥
भूषन भनत महाबीर बलकन लाग्यो
सारी पातसाही के उड़ाय गए जियरे।
तमक तें लाल मुख सिवा को निरखि भयो
स्याह मुख नौरंग, सिपाह मुख पियरे॥

(4)

दारा की न दौर यह, रार नहिं खजुवे की
बाँधिबो नहीं है कैंधौं मीर सहवाल को।
मठ बिस्वनाथ को न बास ग्राम गोकुल को
देबी को न देहरा, न मंदिर गोपाल को॥
गाढ़े गढ़ लीन्हे अरु बैरी कतलाम कीन्हें
ठौर ठौर हासिल उगाहत हैं साल को।
बूड़ति है दिल्ली सो सँभारै क्यों न दिल्लीपति
धक्का आनि लग्यो सिवराज महाकाल को॥

(5)

चकित चकत्ता चौंकि चौंकि उठै बार बार
दिल्ली दहसति चितै चाहि करषति है।
बिलखि बदन बिलखत बिजैपुर पति
फिरत फिरंगिन की नारी फरकति है॥
थरथर काँपत कुतुबसाहि गोलकुंडा
हहरि हबस भूप, भीर भरकति है।
राजा सिवराज के नगारन की धाक सुनि
केते बादसाहन की छाती धरकति है॥

(6)

जिहि फन फूतकार उड़त पहार भार
कूरम कठिन जनु कमल बिदलिगो।
विषजाल ज्वालामुखी लवलीन होत जिन
झारन चिकारि मद दिग्गज उगलिगो॥

कीन्हों जिहि पान पयपान सो जहान कुल
कोलहू उछलि जलसिंधु खलभलिगो।
खग्ग खगराज महाराज सिवराज जू को
अखिल भुजंग मुगलद्दल निगलिगो॥

कुलपति मिश्र

ऐसिय कुंज बनी छबि पुंज रहै अलि गुंजत यों सुख लीजै।
नैन बिसाल हिये बनमाल बिलोकत रूप सुधा भरि पीजै॥
जामिनि जाम की कौन कहै जुग जात न जानिए ज्यों छिन छीजै।
आनँद यों उमग्योई रहै, पिय मोहन को मुख देखिबो कीजै॥

सुखदेव मिश्र

(1)

ननद निनारी, सासु मायके सिधारी
अहे रैनि अँधियारी भरी, सूझत न करु है।
पीतम को गौन, कविराज न सोहात भौन
दारुन बहत पौन, लाग्यो मेघ झरु है॥
संग न सहेली, बैस नवल अकेली,
तन परी तलबेली महा लाग्यो मैन सरु है।
भई अधिरात, मेरो जियरा डरात,
जागु जागु रे बटोही! यहाँ चोरन को डरु है॥

(2)

जोहैं जहाँ मगु नंदकुमार तहाँ चली चंदमुखी सुकुमार है।
मोतिन ही को कियो गहनो सब फूलि रही जनु कुंद की डार है॥
भीतर ही जो लखी सो लखी अब बाहिर जाहिर होति न दार है।
जोन्ह सी जोन्हैं गई मिलि यों मिलि जाति ज्यों दूध में दूध की धार है॥

कालिदास त्रिवेदी

(1)

गढ़न गढ़ी से गढ़ी, महल मढ़ी से मढ़ि
बीजापुर ओप्यो दलमलि सुघराई में।
कालिदास कोप्यो वीर औलिया अलमगीर
तीर तरवारि गही पुहमी पराई में॥
बूँद तें निकसि महिमंडल घमंड मची
लोहू की लहरि हिमगिरि की तराई में।
गाड़ि के सुझंडा आड़ कीनी बादसाह तातें
डकरी चमुंडा गोलकुंडा की लड़ाई में॥

(2)

चूमौं करकंज मंजु अमल अनूप तेरो
रूप के निधान कान्ह! मो तन निहारि दै।
कालिदास कहै मेरे पास हरै हेरि हेरि
माथे धरि मुकुट, लकुट कर डारि दै॥
कुँवर कन्हैया मुखचंद की जुन्हैया चारु
लोचन चकोरन की प्यासन निवारि दै।
मेरे कर मेहँदी लगी है, नंदलाल प्यारे !
लट उरझी है नकबेसर सँभारि दै॥

(3)

हाथ हँसि दीन्हों भीति अंतर परसि प्यारी
देखत ही छकी मति कान्हर प्रबीन की।
निकस्यो झरोखे माँझ बिगस्यौ कमल सम
ललित अँगूठी तामें चमक चुनीन की॥
कालिदास तैसी लाल मेहँदी के बुंदन की
चारु नख चंदन की लाल अँगुरीन की॥
कैसी छबि छाजति है छाप और छलान की सु
कंकन चुरीन की जड़ाऊ पहुँचीन की॥

(4)

सीतल गुलाब जल भरि चहबच्चन में
डारि कै कमल दल न्हाइबे को धँसिए।

कालिदास अंग अंग अगर-अतर-संग
केसर, उसीर, नीर घनसार घँसिए॥
जेठ में गोबिंद लाल चंदन के चहलन
भरि भरि गोकुल के महलन बसिए॥

(चिंतामणि, भाग-2, पृ. 25)

राम

उमड़ि घुमड़ि घन छोड़त अखंड धार
चंचला उठति तामें तरजि तरजि कै।
बरही पपीहा भेक पिक खग टेरत हैं
धुनि सुनि प्रान उठे लरजि लरजि कै॥
कहै कवि राम लखि चमक खदोतन की
पीतम को रही मैं तो बरजि बरजि कै।
लागे तन तावन बिना री मनभावन के
सावन दुवन आयो गरजि गरजि कै॥

नेवाज

(1)

देखि हमैं सब आपुस में जो कछू मन भावै सोई कहती हैं।
ये घरहाई लुगाई सबै निसि द्यौस नेवाज हमैं दहती हैं॥
बातैं चवाब भरी सुनि कै रिस आवति, पै चुप ह्वै रहती हैं।
कान्ह पियारे तिहारे लिये सिगरे ब्रज को हँसिबो सहती हैं॥

(2)

आगे तौ कीन्ही लगालगी लोचन, कैसे छिपै अजहूँ जौ छिपावति।
तू अनुराग को सोध कियो, ब्रज की बनिता सब यों ठहरावति॥
कौन सँकोच रह्यो है नेवाज जो तू तरसै, उनहूँ तरसावति।
बावरी! जो पै कलंक लग्यो तौ निसंक ह्वै क्यों नहिं अंक लगावति॥

देव

(1)

सूनो कै परम पद, ऊनो कै अनंत मद,
नूनो कै नदीस नद, इंदिरा झुरै परी।
महिमा मुनीसन की, संपति दिगीसन की,
ईसन की सिद्धि ब्रजबीथी बिथुरै परी ॥
भादों की अँधेरी अधिराति मथुरा के पथ
पाय के सँयोग 'देव' देवकी दुरै परी।
परावार पूरन अपार परब्रह्म रासि
जसुदा के कोरै एक बार ही कुरै परी ॥

(2)

डार द्रुम पलना, बिछौना नव पल्लव के,
सुमन झँगूला सोहै तन छबि भारी दै।
पवन झुलावै, केकी कीर बहरावै देव
कोकिल हलावै हुलसावै कर तारी दै ॥
पूरित पराग सों उतारो करै राई लोन
कंजकली नायिका लतानि सिर सारी दै।
मदन महीप जू को बालक बसंत, ताहि
प्रातहि जगावत गुलाब चटकारी दै ॥

(3)

सखी के सकोच, गुरु सोच मृगलोचनि,
रिसानी पिय सों जो उन नेकु हँसि छुयो गात।
देव वै सुभाय मुसकाय उठि गए, यहाँ
सिसकि सिसकि निसि खोई, रोय पायो प्रात ॥
को जानै री बीर! बिनु बिरही बिरह बिथा
हाय हाय करि पछिताय न कछू सुहात।
बड़े बड़े नैनन सों आँसू भरि भरि ढरि
गोरो गोरो मुख आज ओरो सो बिलानो जात ॥

(4)

झहरि झहरि झीनी बूँद हैं परति मानो
घहरि घहरि घटा घेरी है गगन में।

आनि कह्यो स्याम मो सौं, 'चलौ झूलिबे कों आज'
फूली न समानी भई ऐसी हौं मगन मैं॥
चाहत उठ्योई उठि गई सो निगोड़ी नींद
सोइ गए भाग मेरे जानि वा जगन में।
आँख खोलि देखौं तौं न घन हैं न घनस्याम
वेई छाईं बूँदें मेरे आँसु ह्वै दृगन में॥

(5)

साँसन ही में समीर गयो अरु आँसुन ही सब नीर गयो ढरि।
तेज गयो गुन लै अपनो अरु भूमि गई तनु की तनुता करि॥
'देव' जियै मिलिबेई की आस कै, आसहु पास अकास रह्यो भरि।
जा दिन तें मुख फेरि हरै हँसि हेरि हियो जु लियो हरि जू हरि॥

(6)

जब तें कुँवर कान्ह रावरी कलानिधान!
कान परी वाके कहूँ सुजस कहानी सी।
तब ही तें देव देखी देवता सी हँसति सी
रीझति सी खीझति सी, रूठति रिसानी सी॥
छोही सी छली सी छीन लीनी सी छकी सी, छिन
जकी सी, टकी सी, लगी थकी थहरानी सी।
बींधी सी, बँधी सी, विष बूड़ति बिमोहित सी
वैठी बाल बकति, बिलोकति बिकानी सी॥

(7)

'देव' मैं सीस बसायो सनेह सों भाल मृगम्मद बिंदु कै भाख्यो।
कंचुकि में चुपर्‌यो करि चोवा, लगाय लियो उर सों अभिलाख्यो॥
लै मखतूल गुहे गहने, रस मूरतिवंत सिंगार कै चाख्यो।
साँवरे लाल को साँवरो रूप मैं नैनन को कजरा करि राख्यो॥

(8)

धार में धाय धँसी निरधार ह्वै, आय फँसीं, उकसीं न उधेरी।
री! अँगराय गिरीं गहिगी, गहि फेरे फिरी न, घिरी नहिं घेरी॥
'देव' कछू अपनो बस ना, रस लालच लाल चितै भई चेरी।
वेगि ही बूड़ि गई पँखियाँ, अँखियाँ मधु की मखियाँ भई मेरी॥

(9)

अभिधा उत्तम काव्य है मध्य लक्षणा लीन।
अधम व्यंजना रस बिरस उलटी कहत नवीन॥

सूरति मिश्र

(1)

हिम सो, हर के हास सो जस मालोपम ठानि।

(2)

सो असंगति, कारन अवर, कारज औरै थान।
चलि अहि श्रुति आनहि डसत नसत और के प्रान॥

(3)

तेरे ये कपोल बाल! अति ही रसाल
मन जिनकी सदाई उपमा बिचारियत है।
कोऊ न समान जाहि कीजै उपमान
अरु बापुरे मधूकन की देह जारियत है॥
नेकु दरपन समता की चाह करी कहूँ
भए अपराधी ऐसो चित्त धारियत है।
'सूरति' सो याही तें जगत बीच आज हूँ लौं
उनके बदन पर छार डारियत है॥

कवींद्र उदयनाथ

(1)

शहर मँझार ही पहर एक लागि जैहै
छोर पै नगर के सराय है उतारे की।
कहत कबिंद मग माँझ ही परैगी साँझ
खबर उड़ानी है बटोही द्वैक मारे की॥
घर के हमारे परदेस को सिधारे
या तें दया कै बिचारी हम रीति राहबारे की॥
उतरौ नदी के तीर, बर के तरे ही तुम,
चौंकौ जनि चौकी तहाँ पाहरू हमारे की॥

(2)

राजै रसमै री तैसी बरखा समै री चढ़ी,
चंचला नचै री चकचौंधा कौंधा बारैं री।
ब्रती ब्रत हार हिये परत फुहारै
कछू छोरैं कछू धारैं जलधर जलधारैं री॥
भनत कबिंद कुंज भौन पौन सौरभ सो
काके न कँपाय प्रान परहथ पारैं री।
कामकंदुका से फूल डोलि डोलि डारैं, मन
औरै किए डारैं ये कदंबन की डारैं री॥

(3)

सहर अमेठी के सरेष गुरुदत्त सिंह, सादत की सेना समसेरन सों भानी है।
भनत कवीन्द्र काली हुलसी असीसन को, सीसन को ईस की जमाति सरसानी है॥
तहाँ एक जोगिनी सुभट खोपरी लै उड़ी, सोनित पियत ताकी उपमा बखानी है।
प्यालो लै चिनी को नीको जोबन तरंग मानो, रंग हेतु पीवत मजीठ मुगलानी है॥

श्रीपति

(1)

जलभरे झूमैं मानो झूमै परसत आय
दसहु दिसान घूमैं दामिनि लए लए।
धूरिधार धूमरे से, धूम से धुँआरे कारे
धुरवान धारे धावैं छबि सों छए छए॥
श्रीपति सुकबि कहै घेरि घहराहिं
तकत अतन तन ताव तें तए तए।
लाल बिनु कैसे लाज चादर रहैगी आज
कादर करत मोहि बादर नए नए॥

(2)

सारस के नादन को बाद ना सुनात कहूँ
नाहक ही बकवाद दादुर महा करै।
श्रीपति सुकवि जहाँ ओज ना सरोजन की
फूल न फुलत जाहि चित दै चहा करै॥

बकन की बानी की बिराजति है राजधानी
काई सों कलित पानी फेरत हहा करै।
घोंघन के जाल, जामे नरई सेवाल ब्याल
ऐसे पापी ताल को मराल लै कहा करै॥

(3)

घूँघट उदयगिरिवर तैं निकसि रूप
सुधा सो कलित छबि कीरति बगारो है।
हरिन डिठौना स्याम सुख सील बरषत
करषत सोक, अति तिमिर बिदारो है॥
श्रीपति बिलोकि सौति बारिज मलिन होत
हरषि कुमुद फूलै नंद को दुलारो है।
रंजन मदन, तन गंजन बिरह, बिबि
खंजन सहित चंद बदन तिहारो है॥

वीर

अरुन बदन और फरकै बिसाल बाहु
कौन को हियो है करै सामने जो रुख को।
प्रबल प्रचंड निसिचर फिरैं धाए
धूरि चाहत मिलाए दसकंध अंध मुख को॥
चमकैं समरभूमि बरछी सहस फन
कहत पुकारे लंक अंक दीह दुख को।
बलकि बलकि बोलैं वीर रघुबीर धीर
महि पर मीड़ि मारौं आज दसमुख को॥

कृष्ण कवि

(1)

(सीस मुकुट कटि काछनी कर मुरली उर माल।
यहि बानिक मो मन सदा बसौ बिहारी लाल॥)
छबि सों फबि सीस किरीट बन्यो, रुचि साल हिये बनमाल लसै।
कर कंजहिं मंजु रली मुरली, कछनी कटि चारु प्रभा बरसै॥
कबि कृष्ण कहैं लखि सुंदर मूरति यों अभिलाष हिये सरसै।
वह नंद किसोर बिहारी सदा यहि बानिक मों हिय माँझ बसै॥

(2)

(थोरेई गुन रीझते बिसराई वह बानि।
तुम हू कान्ह मनौ भए आजु काल के दानि॥)
ह्वै अति आरत मैं बिनती बहु बार करी करुना रस भीनी।
कृष्ण कृपानिधि दीन के बंधु सुनी असुनी तुम काहे को कीनी॥
रीझते रंचक ही गुन सों वह बानि बिसारि मनो अब दीनी।
जानि परी तुम हू हरि जू! कलिकाल के दानिन की गति लीनी॥

रसिक सुमति

प्रत्यनीक अरि सों न बस, अरि हितूहि दुख देय।
रबि सों चलै न, कंज की दीपति ससि हरि लेय॥

गंजन

मीना के महल जरबाफ दर परदा हैं
हलबी फनूसन में रोसनी चिराग की।
गुलगुली गिलम गरक आब पग होत
जहाँ बिछी मसनद लालन के दाग की॥
केती महताब मुखी ख़चित जवाहिरन
गंजन सुकबि कहै बौरी अनुराग की।
एतमाददौला कमरुद्दीन खाँ की मजलिस
सिसिर में ग्रीषम बनाई बड़भाग की॥

अलीमुहिब खाँ (प्रीतम)

(1)

जगत के कारन करन चारो बेदन के
कमल में बसे वै सुजान ज्ञान धरि कै।
पोषन अवनि, दुखसोषन तिलोकन के
सागर में जाय सोए सेस सेज करि कै॥
मदन जरायो जो, सँहारै दृष्टि में ही सृष्टि
बसे हैं पहार वेऊ भाजि हरबरि कै।

बिधि हरि हर, और इनतें न कोऊ, तेऊ
खाट पै न सोवैं खटमलनि कों डरि कै ॥

(2)

बाघन पै गयो, देखि बनन में रहे छपि
साँपन पै गयो, ते पताल ठौर पाई है।
गजन पै गयो, धूल डारत हैं सीस पर
बैदन पै गयो, काहू दारू ना बताई है ॥
जब हहराय हम हरि के निकट गए
हरि मो सों कही तेरी मति भूल छाई है।
कोऊ न उपाय, भटकत जनि डोलै, सुन
खाट के नगर खटमल की दुहाई है ॥

दास (भिखारीदास)

(1)

वाही घरी तें न सान रहै, न गुमान रहै, न रहै सुघराई।
दास न लाज को साज रहै, न रहै तनकौ घर काज की घाई ॥
ह्याँ दिखसाध निवारे रहौ तब ही लौ भटू! सब भाँति भलाई।
देखत कान्हैं न चेत रहै, नहिं चित्त रहै, न रहै चतुराई ॥

(2)

नैनन को तरसैए कहाँ लौं, कहाँ लौं हियो बिरहागि में तैये ?
एक घरी न कहूँ कल पैये, कहाँ लगि प्रानन को कलपैये ?
आवै यही अब जी में विचार सखी! चलि सौतिहुँ के घर जैये।
मान घटे तें कहा घटिहै जु पै प्रान पियारे को देखन पैये ॥

(3)

ऊधो! तहाँई चलौ लै हमें जहँ कूबरि कान्ह बसैं इक ठोरी।
देखिय दास अघाय अघाय तिहारे प्रसाद मनोहर जोरी ॥
कूबरी सों कछु पाइए मंत्र, लगाइए कान्ह सों प्रीति की डोरी।
कूबरि भक्ति बढ़ाइए बंदि, चढ़ाइए चंदन बंदन रोरी ॥

(4)

कढ़ि कै निसंक पैठि जाति झुंड झुंडन में
लोगन को देखि दास आनंद पगति है।
दौरि दौरि जहीं तहीं लाल करि डारति है
अंक लगि कंठ लगिबे को उमगति है॥
चमक झमक वारी, ठमक जमक वारी,
रमक तमक वारी जाहिर जगति है।
राम! असि रावरे की रन में नरन में
निलज बनिता सी होरी खेलन लगति है॥

(5)

अब तौ बिहारी के वे बानक गए री, तेरी
तन दुति केसर को नैन कसमीर भो।
श्रौन तुव बानी स्वाति बूँदन के चातक भे
साँसन को भरिबो द्रुपदजा को चीर भो॥
हिय को हरष मरु धरनि को नीर भो, री !
जियरो मनोभव सरन को तुनीर भो॥
एरी! बेगि करिकै मिलापु थिर थापु, न तौ
आपु अब चहत अतनु को सरीर भो॥

(6)

अँखियाँ हमारी दईमारी सुधि बुधि हारी
मोहू तें जु न्यारी दास रहैं सब काल में।
कौन गहै ज्ञानै, काहि सौंपत सयानै, कौन
लोक ओक जानै, ये नहीं हैं निज हाल में॥
प्रेम पगि रहीं, महामोह में उमगि रहीं
ठीक ठगि रहीं, लगि रहीं बन माल में।
लाज को अँचै कै, कुल धरम पचै कै बृथा
बंधन सँचै कै भई मगन गोपाल में॥

(7)

आनन है अरबिंद न फूले, अलीगन! भूले कहाँ मँडरात हौ ?
कीर! कहा तोहि बाई भई, भ्रम बिंब के ओठन को ललचात हौ॥
दास जू ब्याली न बेनी रची, तुम पापी कलापी! कहा इतरात हौ ?
बोलति बाल न बाजत बीन, कहा सिगरे मृग घेरत जात हौ ?

(गो. तुलसीदास, पृ. 67)

स्वकीया

(8)

श्रीमानन के भौन में भोग्य भामिनी और।
तिनहूँ को सुकियाहि में गनैं सुकबि सिरमौर॥

काव्यभाषा

(9)

सूर, केसव, मंडन, बिहारी, कालिदास, ब्रह्म,
चिंतामणि, मतिराम, भूषन सु जानिए।
लीलाधर, सेनापति, निपट नेवाज, निधि,
नीलकंठ, मिश्र सुखदेव, देव मानिए॥
आलम, रहीम, रसखान, सुंदरादिक
अनेकन सुमति भए कहाँ लौं बखानिए ?
ब्रजभाषा हेत ब्रजबास ही न अनुमानौ
ऐसे ऐसे कबिन की बानी हू सों जानिए॥

(10)

ब्रजभाषा भाषा रुचिर कहैं सुमति सब कोइ।
मिलै संस्कृत पारस्यो पै अति प्रगट जु होइ॥
ब्रज मागधी मिलै अमर नाग यवन भाखानि।
सहज पारसी हू मिलै षट बिधि कहत बखानि॥
तुलसी गंग दुवौ भए सुकबिन के सरदार।
इनके काब्यन में मिली भाषा बिबिध प्रकार॥

(काव्यनिर्णय)

भावोदय

(11)

दास जू जा मुख-जोति लखे ते सुधाधर जोति खरी सकुचाति है।
आगि लिये चली जाति सो मेरे हिये बिच आगि दिये चली जाति है॥

(काव्यनिर्णय, रसमीमांसा, पृ. 194)

(12)

कंस दलन पर दौर उत इत राधा हित जोर।
चलि रहि सकै न स्याम चित ऐंच लगी दुहुँ ओर॥

(रसमीमांसा, पृ. 199)

भूपति (राजा गुरुदत्त सिंह)

घूँघट पट की आड़ दै हँसति जबै वह दार।
ससि मंडल ते कढ़ति छनि जनु पियूष की धार॥
भए रसाल रसाल हैं भरे पुहुप मकरंद।
मान सान तोरत तुरत भ्रमत भ्रमर मदमंद॥

(सतसई)

तोषनिधि

(1)

भूषन भूषित दूषन हीन प्रबीन महारस मैं छबि छाई।
पूरी अनेक पदारथ तें जेहि में परमारथ स्वारथ पाई॥
औ उकतैं मुकतैं उलही कबि तोष अनोषभरी चतुराई।
होत सबै सुख की जनिता बनि आवति जौं बनिता कबिताई॥

(2)

एक कहै हँसि ऊधव जू! ब्रज की जुवती तजि चंद्रप्रभा सी।
जाय कियो कहँ तोष प्रभू! इक प्रानप्रिया लहि कंस की दासी॥
जो हुते कान्ह प्रबीन महा सो हहा! मथुरा में कहा मति नासी।
जीव नहीं उबियात जबै ढिग पौढ़ति है कुबिजा कछुआ-सी॥

(3)

श्रीहरि की छबि देखिबे को अँखियाँ प्रति रोमहि में करि देतो।
बैनन के सुनिबे हित स्रौन जितै तित सो करतौ करि हेतो॥

मो ढिग छाँड़ि न काम कहूँ रहै तोष कहै लिखितो बिधि एतो।
तौ करतार इती करनी करि कै कलि में कल कीरति लेतो॥

(4)

तौ तन में रबि को प्रतिबिंब परे किरनैं सो घनी सरसाती।
भीतर हू रहि जात नहीं, अँखियाँ चकचौंधि ह्वै जाति हैं राती॥
बैठि रहौ, बलि, कोठरी में कह तोष करौं बिनती बहु भाँती।
सारसी नैनि लै आरसी सो अँग काम कहा कढ़ि घाम में जाती ?॥

दलपति राय और बंसीधर

अरुन हरौल नभ मंडल मुलुक पर
चढ्यौ अक्क चक्कवै कि तानि कै किरिन कोर।
आवत ही साँवत नछत्र जोय धाय धाय
घोर घमसान करि काम आए ठौर ठौर॥
ससहर सेत भयो, सटक्यो सहमि ससी,
आमिल उलूक जाय गिरे कंदरन ओर।
दुंद देखि अरबिंद बंदीखाने तें भगाने,
पायक पुलिंद वै मलिंद मकरंद चोर॥

सोमनाथ

(1)

दिसि बिदिसन तें उमड़ि मढ़ि लीनो नभ
छाँड़ि दीने धुरवा, जवासे जूथ जरिगे।
डहडहे भए द्रुम रंचक हवा के गुन
कहूँ कहूँ मोरवा पुकारि मोद भरिगे॥
रहि गए चातक जहाँ के तहाँ देखत ही
सोमनाथ कहै बूँदाबूँदि हू न करिगे।
सोर भयो घोर चारो ओर महिमंडल में
आए घन, आए घन, आय कै उघरिगे॥

(2)

प्रीति नई नित कीजत है सब सों छल की बतरानि परी है।
सीखी ढिठाई कहाँ ससिनाथ हमैं दिन द्वैक तें जानि परी है॥
और कहा लहिए, सजनी! कठिनाई गरै अति आनि परी है।
मानत है बरज्यो न कछू अब ऐसी सुजानहिं बानि परी है॥

(3)

झमकतु बदन मतंग कुंभ उत्तंग अंग वर।
बंदन बलित भुसुंड कुंडलित सुंड सिद्धिधर॥
कंचन मनिमय मुकुट जगमगै सुघर सीस पर।
लोचन तीनि बिसाल चार भुज ध्यावत सुर नर॥
ससिनाथ नंद स्वच्छंद निति कोटि विघन छर छंद हर।
जय बुद्धि बिलंद अमंद दुति इंदुभाल आनंद कर॥

रसलीन

अमिय हलाहल मद भरे सेत स्याम रतनार।
जियत मरत झुकि झुकि परत जेहि चितवत इक बार॥
धरति न चौकी नगजरी यातें उर में लाय।
छाँह परे पर पुरुष की जनि तिय धरम नसाय॥
चख चलि स्रवन मिल्यो चहत कच बढ़ि छुवन छवानि।
कटि निज दरब धर्‌यो चहत बक्षस्थल में आनि॥
कुमति चंद प्रति द्यौस बढ़ि मास मास कढ़ि आय।
तुव मुख मधुराई लखे फीको परि घटि जाय॥
रमनी मन पावत नहीं लाज प्रीति को अंत।
दुहूँ ओर ऐंचो रहै जिमि बिबि तिय को कंत॥
तिय सैसब जोबन मिले भेद न जान्यो जात।
प्रात समय निसि द्यौस के दुवौ भाव दरसात॥

रघुनाथ

(1)

फूलि उठे कमल से अमल हितू के नैन
कहै रघुनाथ भरे चैन रस सियरे।

दौरि आए भौंर से करत गुनी गुनगान
सिद्ध से सुजान सुखसागर सों नियरे ॥
सुरभी सी खुलन सुकबि की सुमति लागी
चिरिया सी जागी चिंता जनक के जियरे।
धनुष पै ठाढ़े राम रबि से लसत आजु
भोर कैसे नखत नरिंद भए पियरे ॥

(2)

ग्वाल संग जैबो, ब्रज गैयन चरैबो ऐबो
अब कहा दाहिने ये नैन फरकत हैं।
मोतिन की माल वारि डारौं गुंजमाल पर
कुंजन की सुधि आए हियो धरकत हैं ॥
गोबर को गारो रघुनाथ कछू यातें भारो
कहा भयो महलनि मनि मरकत हैं।
मंदिर हैं मंदर तें ऊँचे मेरे द्वारिका के
ब्रज के खरिक तऊ हिये खरकत हैं ॥

(3)

कैधौं सेस देस तें निकसि पुहुमी पे आय
बदन उँचाय बानी जस असपंद की।
कैंधौं छिति चँवरी उसीर की दिखावति है
ऐसी सोहै उज्ज्वल किरन जैसे चंद की ॥
जानि दिनपाल श्रीनृपाल नंदलाल जू को
कहैं रघुनाथ पाय सुघरी अनंद की।
छूटत फुहारे कैंधौं फूल्यो हैं कमल, तासों
अमल अमंद मढ़े धार मकरंद की ॥

(4)

सुधरे सिलाह राखैं, वायुवेग वाह राखैं
रसद की राह राखैं, राखे रहै बन को।
चोर को समाज राखैं, बजा औ नजर राखैं
खबरि के काज बहुरूपी हर फन को ॥
आगम भखैया राखैं, सगुन लेवैया राखैं
कहै रघुनाथ औ बिचार बीच मन को।
बाजी हारैं कबहूँ न औसर के परे जौन
ताजी राखैं प्रजन को, राजी सुभटन को ॥

(5)

आप दरियाव, पास नदियों के जाना नहीं,
दरियाव पास नदी होयगी सो धावैगी।
दरखत बेलि आसरे को कभी राखता न,
दरखत ही के आसरे को बेलि पावैगी॥
मेरे तो लायक जो था कहना सो कहा मैंने
रघुनाथ मेरी मति न्याव ही को गावैगी।
वह मुहताज आपकी है, आप उसके न,
आप क्यों चलोगे, वह आप पास आवैगी॥

दूलह

(1)

जो या कंठाभरण को कंठ करै चित लाय।
सभा मध्य सोभा लहै अलंकृती ठहराय॥

(2)

माने सनमाने तेइ माने सनमाने सन
माने सनमाने सनमान पाइयतु है।
कहैं कबि दूलह अजाने अपमाने
अपमान सों सदन तिनही को छाइयतु है॥
जानत हैं जेऊ तेऊ जात हैं बिराने द्वार
जानि बूझि भूले तिनको सुनाइयतु है।
कामबस परे कोऊ गहत गरूर तौ वा
अपनी जरूर जाजरूर जाइयतु है॥

(3)

धरी जब बाहीं तब करी तुम 'नाहीं'
पायँ दियौं पलिकाहीं 'नाहीं नाहीं' कै सुहाई हौ।
बोलत में नाहीं, पट खोलत में नाहीं
कबि दूलह उछाही लाख भाँतिन लहाई हौ॥
चुंबन में नाहीं, परिरंभन में नाहीं
सब आसन बिलासन में नाहीं ठीक ठाई हौ॥
मेलि गलबाँहीं, केलि कीन्हीं चितचाही, यह
'हाँ' तें भली 'नाहीं' सो कहाँ ते सीखि आई हौ॥

(4)

उरज उरज धँसे, बसे उर आड़े लसे
बिन गुन माल गरे धरे छबि छाए हौ।
नैन कवि दूलह हैं राते, तुतराते बैन
देखे सुने सुख के समूह सरसाए हौ॥
जावक सों लाल भाल, पलकन पीक लीक
प्यारे ब्रजचंद सुचि सूरज सुहाए हौ।
होत अरुनोद यहि कोद मति बसी आजु
कौन घरबसी घर बसी करि आए हौ॥

(5)

सारी की सरौंट सब सारी में मिलाय दीन्ही
भूषन की जेब जैसे जेब जहियतु है।
कहै कबि दूलह छिपाए रदछद मुख
नेह देखे सौतिन की देह दहियतु है॥
बाला चित्रसाला तें निकसि गुरुजन आगे
कीन्हीं चतुराई सो लखाई लहियतु है।
सारिका पुकारै, 'हम नाहीं, हम नाहीं'
'एजू! राम राम कहौ', 'नाही नाहीं' कहियतु है॥

(6)

फल बिपरीत को जतन सों बिचित्र, हरि
ऊँचे होत वामन भे बलि के सदन में।
आधार बड़े तें बड़ो, आधेय अधिक जानो
चरन समानो नाहिं चौदहो भुवन में॥
आधेय अधिक तें आधार की अधिकताई
दूसरो अधिक आयो ऐसो गनन में।
तीनों लोक तन में, अमान्यो ना गगन में
बसैं ते संत मन में कितेक कहौ मन में॥

कुमार मणिभट्ट

गावैं बधू मधुरे सुर गीतन, प्रीतम संग न बाहिर आई।
छाई कुमार नई छिति में छबि मानों बिछाई नई दरियाई॥

ऊँचे अटा चढ़ि देखि चहूँ दिसि बोलि यों बाल गरो भरि आई।
कैसी करौं हहरै हियरा, हरि आए नहीं, उलही हरियाई॥

शंभुनाथ मिश्र

आजु चतुरंग महाराज सेन साजत ही,
धौंसा की धुकार धूरि परी मुँह माही के।
भय के अजीरन तें जीरन उजीर भए
सूल उठी उर में अमीर जाही ताही के॥
वीर खेत बीच बरछी लै बिरुझानो, इते
धीरज न रह्यो संभु कौन हू सिपाही के।
भूप भगवंत बीर ग्वाही कै खलक सब
स्याही लाई बदन तमाम पातसाही के॥

शिवसहाय दास

करौ रुखाई नाहिंन बाम। बेगिहिं लै आऊँ घनस्याम॥
कहै पखानो भरि अनुराग। बाजी ताँत कि बूझ्यो राग॥
बोलै निठुर पिया बिनु दोस। आपुहि तिय बैठी गहि रोस॥
कहै पखानो जेहि गहि मोन। बैल न कूद्यो, कूदी गोन॥

रूपसाहि

जगमगाति सारी जरी झलमल भूषन जोति।
भरी दुपहरी तिया की भेंट पिया सों होति॥
लालन बेगि चलौ न क्यों बिना तिहारे बाल।
मार मरोरनि सों मरति करिए परसि निहाल॥

ऋषिनाथ

छाया छत्र ह्वै करि करति महिपालन को
पालन को पूरो फैलो रजत अपार ह्वै।

मुकुत उदार ह्वै लगत सुख स्रौनन में
जगत जगत हंस हास हीर हार ह्वै ॥
ऋषिनाथ सदानंद सुजस बिलंद
तम वृंद के हरैया चंद्र चंद्रिका सुढार ह्वै।
हीतल को सीतल करत घनसार ह्वै
महीतल को पावन करत गंगधार ह्वै ॥

बैरीसाल

नहिं कुरंग, नहिं ससक यह, नहिं कलंक, नहिं पंक।
बीस बिसे बिरहा दही, गही दीठि ससि अंक ॥
करत कोकनद मदहि रद, तुव पद हर सुकुमार।
भए अरुन अति दबि मनो पायजेब के भार ॥

दत्त

ग्रीषम में तपै भीषम भानु, गई बन कुंज सखीन की भूल सों।
घाम सों बामलता मुरझानी, बयारि करैं घनस्याम दुकूल सों ॥
कंपत यों प्रगट्यो तन स्वेद उरोजन दत्त जू ठोढ़ी के मूल सों।
द्वै अरविंद कलीन पै मानो गिरै मकरंद गुलाब के फूल सों ॥

रतन कवि

(1)

बैरिन की बाहिनी को भीषन निदाघ रबि
कुबलय केलि को सरस सुधाकरु है।
दानझरि सिंधुर है, जग को बसुंधर है
बिबुध कुलनि को फलित कामतरु है ॥
पानिप मनिन को, रतन रतनाकर को
कुबेर पुण्यजनन को, छमा महीधरु है।
अंग को सनाह, बनराह को रमा को नाह
महाबाह फतेहसाह एकै नरबरु है ॥

(2)

काजर को कोर वारे भारे अनियारे नैन
कारे सटकारे बार छहरे छवानि छ्वै।
स्याम सारी भीतर भभक गोरे गातन की
ओपवारी न्यारी रही बदन उजारी ह्वै॥
मृगमद बेंदी भाल में दी, याही आभरन
हरन हिए को तू है रंभा रति ही अवै।
नीके नथुनी के तैसे सुंदर सुहात मोती
चंद पर च्वै रहै सु मानो सुधाबिंदु द्वै॥

नाथ (हरिनाथ)

तरुनी लसति प्रकास तें, मालति लसति सुबास।
गोरस गोरस देत नहिं गोरस चहति हुलास॥

चंदन

ब्रजबारी गँवारी दै जानैं कहा, यह चातुरता न लुगायन मैं।
पुनि बारिनी जानि अनारिनी है, रुचि एती न चंदन नायन में॥
छबि रंग सुरंग के बिंदु बजे लगै इंद्रबधू लघुतायन में।
चित जो चहै दी चकि सी रहैं दी, केहि दी मेहँदी इन पायन में॥

देवकीनंदन

(1)

बैठी रंगरावटी में हेरत पिय की बाट
आए न बिहारी भई निपट अधीर मैं।
देवकीनंदन कहै स्याम घटा घिरि आई
जानि गति प्रलय की डरानी बहु बीर मैं॥
सेज पै सदासिव की मूरति बनाय पूजी
तीनि डर तीनहू की करी तदबीर मैं।
पाखन में सामरे, सुलाखन में अखैबट,
ताखन में लाखन की लिखी तसवीर मैं॥

(2)

मोतिन की माल तोरि चीर सब चीरि डारै
फेरि कै न जैहौं आली! दुख बिकरारे हैं।
देवकीनंदन कहै नोखे नाग छौनन के
अलकैं प्रसून नोचि नोचि निरबारे हैं॥
मानि मुख चंदभाव चोंच दई अधरन
तीनौं ये निकुंजन में एकै तार तारे हैं।
ठौर ठौर डोलत मराल मतवारे, तैसे
मोर मतवारे, त्यों चकोर मतवारे हैं॥

महाराज रामसिंह

सोहत सुंदर स्याम सिर मुकुट मनोहर जोर।
मनो नीलमनि सैल पर नाचत राजत मोर॥
दमकन लागी दामिनी, करन लगे घन रोर।
बोलति माती कोइलैं, बोलत माते मोर॥

भान कवि

(1)

रस मतवारे ये जोरावर दुलारे तब
बाजत नगारे भए गालिब दिलीस पर।
दल के चलत भर भर होत चारों ओर
चालति धरनि भारी भार सों फनीस पर॥
देखि कै समर सनमुख भयो ताहि समै
बरनत भान पैज कै कै बिसे बीस पर।
तेरी समसेर की सिफत सिंह रनजोर
लखी एकै साथ हाथ अरिन के सीस पर॥

(2)

घन से सघन स्याम इंदु पर छाय रहे
बैठी तहाँ असित द्विरेफन की पाँति सी।

तिनके समीप तहाँ खंज की सी जोरी, लाल!
आरसी से अमल निहारे बहु भाँति सी ॥
ताके ढिग अमल ललौहैं बिबि विद्रुम से
फरकति ओप जामैं मोतिन की कांति सी।
भीतर से कढ़ति मधुर बीन कैसी धुनि
सुनि करि भान परि कानन सुहाति सी ॥

थान कवि

(1)

दासन पै दाहिनी, परम हंसवाहिनी हौं
पोथी कर, बीना सुरमंडल मढ़त है।
आसन कँवल, अंग अंबर धवल
मुख चंद सो अवँल, रंग नवल चढ़त है ॥
ऐसी मातु भारती की आरती करत थान
जाको जस बिधि ऐसो पंडित पढ़त है।
ताकी दयादीठि लाख पाथर निराखर के
मुख ते मधुर मंजु आखर कढ़त है ॥

(2)

कलुषहरनि सुखकरनि सरन जन
बरनि बरनि जस कहत धरनिधर।
कलिमल कलित, बलित अघ खलगन
लहत परम पद कुटिल कपटतर ॥
मदन कदन सुरसदन बदन ससि
अमल नवल दुति भजन भगतवर।
सुरसरि! तव जल दरस परस करि
सुर सरि सुभगति लहत अधम नर ॥

बेनी बंदीजन

(1)

अलि डसे अधर सुगंध पाय आनन को
कानन में ऐसे चारु चरन चलाए हैं।

फटि गई कंचुकी लगे तें कंटकुंजन के
बेनी बरहीन खोली, बार छबि छाए हैं॥
बेग ते गवन कीनो, धक धक होत सीनो
अरध उसासैं, तन सेद सरसाए हैं।
भली प्रीति पाली बनमाली के बुलाइबे को
मेरे हेत आली बहुतेरे दुख पाए हैं॥

(2)

घर घर घाट घाट बाट बाट ठाट ठटे
बेला औ कुबेला फिरैं चेला लिए आसपास।
कबिन सौ बाद करैं, भेद बिन नाद करैं
महा उनमाद करैं, धरम करम नास॥
बेनी कबि कहैं बिभिचारिन को बादसाह
अतन प्रकासत न सतन सरम तास।
ललना ललक, नैन मैन की झलक
हँसि हेरत अलक रद खलक ललकदास॥

(3)

चींटी को चलावै को, मसा के मुख आपु जाय,
स्वास की पवन लागे कोसन भगत है।
ऐनक लगाए मरु मरु कै निहारे जात
अनु परमानु की समानता खगत है॥
बेनी कबि कहै, हाल कहाँ लौं बखान करौं
मेरी जान ब्रह्म को बिचारिबो सुगत है।
ऐसे आम दीन्हें दयाराम मन मोदकरि
जाके आगे सरसों सुमेर सो लगत है॥

बेनी प्रबीन

(1)

भोर ही न्योति गई ती तुम्हें वह गोकुल गाँव की ग्वालिनि गोरी।
आधिक राति लौं बेनी प्रबीन कहा ढिग राखि करी बरजोरी॥
आवै हँसी मोहिं देखत लालन, भाल में दीन्हीं महावर घोरी।
एते बड़े ब्रजमंडल में न मिली कहुँ माँगेहु रंचक रोरी॥

(2)

जान्यो न मैं ललिता अलि ताहि जो सोवत माँहि गई करि हाँसी।
लाए हिए नख केहरी के सम, मेरी तऊ नहिं नींद बिनासी॥
लै गई अंबर बेनी प्रबीन ओड़ाय लटी दुपटी दुखरासी।
तोरि तनी, तन छोरि अभूषन, भूलि गई गर देन को फाँसी॥

(3)

घनसार पटीर मिलै मिलै नीर चहै तन लावै न लावै चहै।
न बुझे बिरहागिनि झार झरी हू, चहै घन लावै न लावै चहै॥
हम टेरि सुनावतीं बेनी प्रबीन, चहै मन लावै न लावै चहै।
अब आवै बिदेस तें पीतम गेह, चहै धन लावै न लावै चहै॥

(4)

काल्हि कौ गूँधी बबा की सौं मैं गजमोतिन की पहिरी अति आला।
आई कहाँ तें यहाँ पुखराज की, संग एई जमुना तट बाला॥
न्हात उतारी हौं बेनी प्रबीन हँसैं सुनि बैनन नैन रसाला।
जानति ना अंग की बदली, सब सों 'बदली बदली' कहै माला॥

(5)

सोभा माई कुंज भौन, जहाँ जहाँ कीन्हों गौन,
सरस सुगंध पौन पाई मधुपनि है।
बीथिन बिथोरे मुकताहल मराल पाए
आली दुसाल साल पाए अनगनि है॥
रैनि पाई चाँदनी फटक सी चटक रुख
सुख पायो पीतम प्रबीन बेनी धनि है।
बैन पाई सारिका, पढ़न लागी कारिका
सो आई अभिसारिका कि चारु चिंतामनि है॥

जसवंत सिंह द्वितीय

घनन के घोर, सोर चारो ओर मोरन के
अति चित्तचोर तैसे अंकुर मुनै रहैं।
कोकिलन कूक हूक होति बिरहीन हिय
लूक से जगत चीर चारन चुनै रहैं॥

झिल्ली झनकार तैसो पिकन पुकार डारी
मारि डारी डारी द्रुम अंकुर सुनै रहैं।
लुनै रहैं प्रान प्रानप्यारे जसवंत बिनु
कारे पीरे लाल ऊदे बादर उनै रहैं॥

यशोदानंद

यदि च भवति बुधमिलनं, किं त्रिदिवेन ?
यदि च भवति शठमिलनं, किं निरयेण ?॥
अहिरिनि मन कै गहिरिनि उतरु न देइ।
नैना करै मथनिया मन मथि लेइ॥
तुरकिनि जाति हुरुकिनी अति इतराइ।
छुवन न देइ इजरवा मुरि मुरि जाइ॥
पीतम तुम कचलोइया हम गजबेलि।
सारस के असि जोरिया फिरौं अकेलि॥

करन कवि

(1)

कंटकित होत गात बिपिन समाज देखि
हरी हरी भूमि हेरि हियो लरजतु है।
एते पै करन धुनि परति मयूरन की
चातक पुकारि तेह ताप सरजतु है॥
निपट चवाई भाई बंधु जे बसत गाँव
दाँव परे जनि कै न कोऊ बरजतु है।
अरज़्यो न मानी तू न गरज़्यो चलत बार
ए रे! घन बैरी! अब काहे गरज़तु है॥

(2)

खलखंडन मंडन धरनि उद्धत उदित उदंड।
दसमंडन दारुन समन हिंदुराज भुजदंड॥

गुरदीन पांडे

मुखससी ससि दून कला धरे । कि मुकुतागन जावक में भरे ॥
ललित कुंदकली अनुहारि के । दसन हैं बृषभानु कुमारि के ॥
सुखद जंत्र कि माल सुहाग के । ललित मंत्र किधौं अनुराग के ॥
भृकुटि यों बृषभानु सुता लसैं । जनु अनंग सरासन को हँसैं ॥
मुकुर तौ पर दीपति को धनी । ससि कलंकित, राहु बिथा घनी ॥
अपर ना उपमा जग में लहै । तव प्रिया! मुख के सम को कहै ? ॥

ब्रह्मदत्त

कुसल कलानि में, करनहार कीरति को,
कवि कोविदन को कलप तरुवर है।
सील सनमान बुद्धि विद्या को निधान ब्रह्म
मतिमान हंसन को मान सरवर है ॥
दीप नारायन अवनीप को अनुज प्यारो
दीन दुख देखत हरत हरबर है ॥
गाहक गुनी को, निरबाहक दुनी को नीको
गनी गज बकस गरीव परवर है ॥

पद्‌माकर भट्‌ट

(1)

मीनागढ़ बंबई सुमंद मंदराज वंग
बंदर को बंद करि बंदर बसावैगो।
कहै पदमाकर कसकि कासमीर हू को
पिंजर सों घेरि कै कलिंजर छुड़ावैगो ॥
बाँका नृप दौलत अलीजा महाराज कबौं
साजि दल पकरि फिरंगिन दबावैगो।
दिल्ली दहपट्टि, पटना हू को झपट्टि करिर
कबहूँक लत्ता कलकत्ता को उड़ावैगो ॥

(2)

फागु की भीर, अभीरिन में गहि गोबिंदै लै गई भीतर गोरी।
भाई करी मन की पद्माकर ऊपर नाई अबीर की झोरी॥
छीनि पितंबर कम्मर तें सु बिदा दई मीड़ि कपोलन रोरी।
नैन नचाय कही मुसुकाय, 'लला फिर आइयो खेलन होरी'॥

(3)

आई संग आलिन के ननद पठाई नीठि
सोहत सोहाई सीस ईंड़री सुपट की।
कहै पदमाकर गंभीर जमुना के तीर
लागी घट भरन नबेली नेह अटकी॥
ताही समय मोहन जो बाँसुरी बजाई, तामें
मधुर मलार गाई ओर बंसीबट की।
तान लागे लटकी, रही न सुधि घूँघट की,
घर की, न घाट की, न बाट की, न घट की॥

(4)

गोकुल के, कुल के, गली के गोप गाँवन के
जौ लगि कछू को कछू भारत भनै नहीं।
कहै पदमाकर परोस पिछवारन के
द्वारन के दौरे गुन औगुन गनै नहीं॥
तौ लौं चलि चातुर सहेली! याही कोद कहूँ
नीकैं के निहारै ताहि, भरत मनै नहीं।
हौं तो स्यामरंग में चोराई चित चोरा चोरी
बोरत तौ बोर्‌यौ पै निचोरत बनै नहीं॥

(5)

आरस सो आरत, सँभारत न सीस पट
गजब गुजारति गरीबन की धार पर।
कहै पदमाकर सुरा सों सरसार तैसे
बिथुरि बिराजैं बार हीरन के हार पर॥
छाजत छबीले छिति छहरि छरा के छोर
भोर उठि आई केलिमंदिर के द्वार पर।
एक पग भीतर और एक डेहरी पै धरे
एक कर कंज, एक कर है किवार पर॥

(6)

मोहि लखि सोवत बिथोरिगो सुबेनी बनी
तोरिगो हिए को हार, छोरिगो सुगैया को।
कहै पदमाकर त्यौं घोरिगो घनेरो दुख
बोरिगो बिसासी आज लाज ही की नैया को॥
अहित अनैसो ऐसो कौन उपहास यातें
सोचन खरी मैं परी जोवति जुन्हैया को।
बूझिहैं चवैया तब कैहौं कहा, दैया!
इत पारिगो को मैया! मेरी सेज पै कन्हैया को॥

(7)

ए हो नंदलाल! ऐसी ब्याकुल परी है बाल,
हाल ही चलौ तौ चलौ, जोरे जुरि जायगी।
कहै पदमाकर नहीं तौ ये झकोरे लगे,
ओरे लौं अचाका बिन घोरे घुरि जायगी॥
सीरे उपचारन घनेरे घनसारन सों,
देखत ही देखौ दामिनी लौं दुरि जायगी।
तौ ही लगि चैन जौ लौं चेतिहै न चंद्रमुखी
चेतैगी कहूँ तौ चाँदनी में चुरि जायगी॥

(8)

चालो सुनि चंदमुखी चित में सुचैन करि
तित बन बागन घनेरे अलि घूमि रहे।
कहै पदमाकर मयूर मंजु नाचत हैं
चाय सों चकोरनी चकोर चूमि चूमि रहे॥
कदम, अनार, आम, अगर, असोक थोक
लतनि समेत लोने लोने लगि भूमि रहे।
फूलि रहे, फलि रहे, फबि रहे, फैलि रहे
झपि रहे, झलि रहे, झुकि रहे, झूमि रहे॥

(9)

तीखे तेगवाही जे सिलाही चढ़े घोड़न पै
स्याही चढ़े अमित अरिंदन की ऐल पै।
कहै पदमाकर निसान चढ़े हाथिन पै,
धूरि धार चढ़े पाकसासन के सैल पै॥

साजि चतुरंग चमू जंग जीतिबे के हेतु,
हिम्मत बहादुर चढ़त फर फैल पै।
लाली चढ़ै मुख पै, बहाली चढ़ै बाहन पै,
काली चढ़ै सिंह पै, कपाली चढ़ै बैल पै॥

(10)

ऐ ब्रजचंद गोबिंद गोपाल! सुन्यो क्यों न एते कलाम किए मैं।
त्यों पदमाकर आनँद के नद हौ, नँदनंदन! जानि लिए मैं॥
माखन चोरी कै खोरिन ह्वै चले भाजि कछू भय मानि जिए मैं।
दूरि न दौरि दुर्‌यौ जौ चहौ तौ दुरौ किन मेरे अँधेरे हिए मैं॥

(11)

आई भले हौ चली सखियान मैं पाई गोबिंद के रूप की झाँकी।
त्यों पदमाकर हार दियो गृह काज कहा अरु लाज कहाँ की॥
है नख तें सिख लौं मृदु माधुरी बाँकियै भौहैं, बिलोकनि बाँकी।
आज की या छबि देखि भटू! अब देखिबे कों न रह्‌यो कछु बाकी॥

(रसमीमांसा, 183)

(12)

गुलगुली गिलमै, गलीचा हैं, गुनीजन हैं, चिक हैं, चिराके हैं, चिरागन की माला हैं।
कहै पदमाकर है गजक गजा हू सजी, सज्जा हैं, सुरा हैं, सुराही हैं, सुप्याला हैं।
शिशिर के पाला को न ब्यापत कसाला तिन्हें, जिनके अधीन एते उदित मसाला हैं।

(चिंतामणि, भाग-1, पृ. 112)

ग्वाल कवि

(1)

ग्रीषम की गजब धुकी है धूप धाम धाम
गरमी झुकी है जाम जाम अति तापिनी।
भीजे खसबीजन झलेहु ना सुखात स्वेद
गात न सुहात, बात दावा सी डरापिनी॥
ग्वाल कबि कहैं कोरे कुंभन तें, कूपन तें,
लै लै जलधार बार बार मुख थापिनी।
जब पियो तब पियो, अब पियो फेर अब,
पीवत हूँ पीवत मिटै न प्यास पापिनी॥

(2)

मोरन के सोरन की नेकौ न मरोर रही
घोर हू रही न घन घने या फरद की।
अंबर अमल, सर सरिता बिमल भल
पंक को न अंक औ न उड़न गरद की॥
ग्वाल कवि चित्त में चकोरन के चैन भए
पंथिन की दूर भई दूषन दरद की।
जल पर, थल पर, महल, अचल पर
चाँदी सी चमकि रही चाँदनी सरद की॥

(3)

जाकी खूबखूबी खूब खूबन की खूबी यहाँ
ताकी खूबखूबी खूब खूबी नभ गाहना।
जाकी बदजाती बदजाती यहाँ चारन में
ताकी बदजाती बदजाती ह्वाँ उराहना॥
ग्वाल कवि वे ही परसिद्ध सिद्ध जो है जग
वे ही परसिद्ध ताकी यहाँ ह्वाँ सराहना।
जाकी यहाँ चाहना है ताकी वहाँ चाहना है
जाकी यहाँ चाह ना है ताकी वहाँ चाह ना॥

(4)

दिया है खुदा ने खूब खुसी करो ग्वाल कवि
खाव पियो, लेव देव, यहीं रह जाना है।
राजा राव उमराव केते बादसाह भए
कहाँ ते कहाँ को गए, लग्यो न ठिकाना है॥
ऐसी जिंदगानी के भरोसे पै गुमान ऐसे
देस देस घूमि घूमि मन बहलाना है।
आए परवाना पर चलै ना बहाना, यहाँ
नेकी कर जाना, फेर आना है न जाना है॥

प्रतापसाहि

(1)

सीख सिखाई न मानति है, बर ही बस संग सखीन के आवे।
खेलत खेल नए जल में, बिना काम बृथा कत जाम बितावै॥

छोड़ि कै साथ सहेलिन को, रहि कै कहि कौन सवादहि पावै।
कौन परी यह बानि, अरी! नित नीरभरी गगरी ढरकावै॥

(2)

चंचलता अपनी तजि कै रस ही रस सों रस सुंदर पीजियो।
कोऊ कितेक कहै तुम सों, तिनकी कही बातन को न पतीजियो॥
चोज चवाइन के सुनियो न, यही इक मेरी कही नित कीजियो।
मंजुल मंजरी पैहौ, मलिंद! बिचारि कै भार सँभारि कै दीजियो॥

(3)

तड़पै तड़िता चहुँ ओरन तें, छिति छाई समीरन की लहरैं।
मदमाते महा गिरि शृंगन पै गन मंजु मयूरन के कहरैं॥
इनकी करनी बरनी न परै, मगरूर गुमानन सों गहरे।
घन में नभमंडल में छहरैं, घहरैं, कहूँ जाय, कहूँ ठहरैं॥

(4)

कानि करै गुरु लोगनि की, न सखीन की सीखन ही मन लावति।
ऐंड़ भरी अँगराति खरी, कत घूँघट में नए नैन नचावति॥
मंजन कै दृग अंजन आँजति, अंग अनंग उमंग बढ़ावति।
कौन सुभाव री तेरो पर्‌यो, खिन आँगन में खिन पौरि में आवति॥

(5)

कहा जानि, मन में मनोरथ बिचारि कौन
चेति कौन काज, कौन हेतु उठि आई प्रात।
कहै परताप छिन डोलिबो पगन कहूँ
अंतर को खोलिबो न बोलिबो हमैं सुहात॥
ननद जिठानी सतरानी अनखानी अति
रिस कै रिसानी, सो न हमैं कछु जानी जात।
चाहौ पल बैठ रहौ, चाहौ उठि जाव तौ न
हमको हमारी परी, बूझै को तिहारी बात॥

(6)

चंचल चपला चारु चमकत चारो ओर
झूमि झूमि धुरवा धरनि परसत है।
सीतल समीर लगै दुखद बियोगिन्ह
सँयोगिन्ह समाज सुखसाज सरसत है॥

कहै परताप अति निविड़ अँधेरी माँह
मारग चलत नाहिं नेकु दरसत है।
झुमड़ि झलानि चहुँ कोद तें उमड़ि आज,
धाराधर धारन अपार बरसत है॥

(7)

महाराज रामराज रावरो सजत दल
होत मुख अमल अनंदित महेस के।
सेवत दरीन केते गब्बर गनीम रहे
पन्नग पताल त्यों ही डरन खगेस के॥
कहै परताप धरा धँसत भसत
कसमसत कमठ पीठि कठिन कलेस के।
कहरत कोल, दहरत हैं दिगीस दल
लहरत सिंधु, थहरत फन सेस के॥

रसिक गोविंद

(1)

चकित भूप बानी सुनत गुरु बसिष्ठ समुझाय।
दिए पुत्र तब, ताड़का मग में मारी जाय॥
छाँड़त सर मारिच उड़्यो, पुनि प्रभु हत्यो सुबाह।
मुनि मख पूरन, सुमन सुर बरसत अधिक उछाह॥

(रामायण सूचनिका)

(2)

आलस सों मंद मंद धरा पै धरति पाय
भीतर तें बाहिर न आवै चित चाय कै।
रोकति दृगनि छिन छिन प्रति लाज साज
बहुत हँसी की दीनी बानि बिसराय कै॥
बोलति वचन मृदु मधुर बनाय, उर
अंतर के भाव की गँभीरता जनाय कै।
बात सखी सुंदर गोविंद की कहात तिन्हैं
सुंदर बिलोकै बंक भृकुटि नचाय कै॥

(रसिक गोविंदानंद घन)

(3)

मुकुलित पल्लव फूल सुगंध परागहि झारत।
जुग मुख निरखि बिपिन जनु राई लोन उतारत॥
फूल फलन के भार डार झुकि यों छबि छाजै।
मनु पसारि दइ भुजा देन फल पथिकन काजै॥
मधु मकरंद पराग लुब्ध अलिमुदित मत्त मन।
बिरद पढ़त ऋतुराज नृपति के मनु बंदीजन॥

रीतिकाल : अन्य कवि

बनवारी

(1)

धन्य अमर छिति छत्रपति अमर तिहारो मान।
साहजहाँ की गोद में हन्यो सलावत खान॥
उत गकार मुख ते कढ़ी इतै कढ़ी जमधार।
'वार' कहन पायो नहीं भई कटारी पार॥

(2)

आनि कै सलावत खाँ जोर कै जनाई बात
तोरि धर पंजर करेजे जाय करकी।
दिलीपति साहि को चलन चलिबे को भयो
गाज्यो गजसिंह को, सुनी जो बात बर की॥
कहै बनवारी बादसाही के तखत पास
फरकि फरकि लोथ लोथनि सों अरकी।
कर की बड़ाई, कै बड़ाई बाहिबे की करौं
बाढ़ की बड़ाई, कै बड़ाई जमधर की॥

(3)

नेह बर साने तेरे नेह बरसाने देखि
यह बरसाने बर मुरली बजावैंगे।
साजु लाल सारी, लाल करैं लालसा री,
देखिबे की लालसा री, लाल देखे सुख पावैंगे॥
तू ही उर बसी, उर बसी नाहि और तिय,
कोटि उरबसी तजि तोसों चित लावैंगे।
सजे बनवारी बनवारी तन आभरन
गोरे तन वारी बनवारी आज आवैंगे॥

सबलसिंह चौहान

अभिमनु धाइ खड़ग परहारे । सम्मुख जेहि पायो तेहि मारे ॥
भूरिश्रवा बान दस छाँटे । कुँवर हाथ के खड़गहि काटे ॥
तीनि बान सारथि उर मारे । आठ बान तें अस्व सँहारे ॥
सारथि जूझि गिरे मैदाना । अभिमनु बीर चित्त अनुमाना ॥
यहि अंतर सेना सब धाई । मारु मारु कै मारन आई ॥
रथ कौं खैंचि कुँवर कर लीन्हे। ताते मार भयानक कीन्हे ॥
अभिमनु कोपि खंभ परहारे । इक इक घाव बीर सब मारे ॥
अर्जुन सुत इमि मार किय महावीर परचंड।
रूप भयानक देखियत जिमि जम लीन्हें दंड ॥

वृंद

भले बुरे सब एक सम जौ लौं बोलत नाहिं।
जानि परत हैं काग पिक ऋतु बसंत के माहिं ॥
हितहू कौं कहिए न तेहि जो नर होय अबोध।
ज्यों नकटे को आरसी होत दिखाए क्रोध ॥

छत्रसिंह कायस्थ

निरखत ही अभिमन्यु को बिदुर डुलायो सीस।
रच्छा बालक की करौ ह्वै कृपाल जगदीस ॥
आपुन काँधो युद्ध नहिं धनुष दियो भुव डारि।
पापी बैठे गेह कत पांडुपुत्र तुम चारि ॥
पौरुष तजि लज्जा तजी तजी सकल कुल कानि।
बालक रनहिं पठाय कै आपु रहे सुख भानि ॥

कवच कुंडल इंद्र लीने बाण कुंती लै गई।
भई बैरिनि मेदिनी चित कर्ण के चिंता भई ॥

(विजय मुक्तावली)

बैताल

मरै बैल गरियार मरै वह अड़ियल टट्टू।
मरै करकसा नारि मरै वह खसम निखट्टू॥
बाम्हन सो मरि जाय हाथ लै मदिरा प्यावै।
पूत वही मरि जाय जो कुल में दाग लगावै॥
अरु बेनियाव राजा मरै तबै नींद भर सोइए।
बैताल कहै बिक्रम सुनौ एते मरै न रोइए॥

आलम

(1)

प्रेमरंग पगे जगमगे जगे जामिनी के
जोबन की जोति जगि जोर उमगत हैं।
मदन के माते मतवारे ऐसे घूमत हैं
झूमत हैं झुकि झुकि झँपि उघरत हैं॥
आलम सो नवल निकाई इन नैनन की
पाँखुरी पदुम पै भँवर शिरकत हैं।
चाहत हैं उड़िबे को, देखत मयंक मुख,
जानत हैं रैनि तातें ताहि में रहत हैं॥

(2)

जा थल कीने बिहार अनेकन ता थल काँकरी बैठि चुन्यो करैं।
जा रसना सों करी बहु बातन ता रसना सों चरित्र गुन्यो करैं॥
आलम जौन से कुंजन में करी केलि तहाँ अब सीस धुन्यो करैं।
नैनन में जो सदा रहते तिनकी अब कान कहानी सुन्यो करैं॥

(3)

कैंधौं मोर सोर तजि गए री अनत भाजि
कैंधौं उत दादुर न बोलत हैं, ए दई!
कैंधौं पिक चातक महीप काहू मारि डारे
कैंधौं बगपाँति उत अंतगति ह्वै गई?
आलम कहै, आली! अजहूँ न आए प्यारे
कैंधौं उत रीत बिपरीत बिधि ने ठई?

मदन महीप की दुहाई फिरबे तें रही
जूझि गए मेघ, कैंधौं बीजुरी सती भई ?

(4)

रात के उनींदे, अरसाते, मदमाते, राते,
अति कजरारे दृग तेरे यों सुहात हैं।
तीखी तीखी कोरनि करोरि लेत काढ़े जीउ
केते भए घायत औ केते तलफात हैं॥
ज्यौं ज्यौं लै सलिल चख 'सेख' धोवै बार-बार
त्यों त्यों बल बुदंन के बार झुकि जात हैं॥
कैबर के भाले, कैधौं नाहर नहन वाले
लोहू के पियासे कहूँ पानी तें अघात हैं॥

(5)

दाने की न पानी की, न आवै सुधि खाने की
याँ गली महबूब की अराम खुसखाना है।
रोज ही से है जो राजी यार की रजाय बीच
नाज की नजर तेज तीर का निसाना है॥
सूरत चिराग रोसनाई आसनाई बीच
बार बार वरै बलि जैसे परवाना है।
दिल से दिलासा दीजै हाल के न ख्याल हूजै
बेखुद फकीर वह आसिक दीवाना है॥

गुरु गोविंद सिंहजी

निर्जन बिरूप हौ, कि सुंदर स्वरूप हौ,
कि भूपन के भूप हौ, कि दानी महादान हौ ?
प्रान के बचैया, दूध पूत के देवैया,
रोग सोक के मिटैया, किधौं मानी महामान हौ ?
विद्या के विचार हौ, कि अद्वैत अवतार हौ,
कि सुद्धता की मूर्ति हौ, कि सिद्धता की सान हौ ?
जोबन के जाल हौ, कि कालहू के काल हौ,
कि सत्रुन के साल हौ, कि मित्रन के प्रान हौ ?

श्रीधर या मुरलीधर

इत गलगाजि चढ़्यो फर्रूखसियर साह,
उत मौजदीन करी भारी भट भरती।
तोप की डकारनि सों, वीर हहकारिनि सों
धौसे की धुकारनि धमकि उठी धरती॥
श्रीधर नवाब फरजंद खाँ सुजंग जुरे
जोगिनी अघाई जुग जुगन की बरती॥
हहर्यौ हरौल, भीर गोल पै परी ही, तू न
करतो हरौली तौ हरौलै भीर परती॥

(जंगनामा)

लाल कवि

छत्रसाल प्रशंसा

(1)

लखत पुरुष लच्छन सब जाने । पच्छी बोलत सगुन बखाने॥
सतकबि कबित सुनत रस पागे । बिलसति मति अरथन में आगे॥
रुचि सो लखत तुरंग जो नीके । बिहँसि लेत मोजरा सब ही के॥
चौंकि चौंकि सब दिसि उठै सूबा खान खुमान।
अब धौं धावै कौन पर छत्रसाल बलवान॥

युद्धवर्णन

(2)

छत्रसाल हाड़ा तहँ आयो । अरुन रंग आनन छवि छायो॥
भयो हरौल बजाय नगारो । सार धार को पहिरनहारो॥
दौरि देस मुगलन के मारौ । दपटि दिली के दल संहारौ॥
एक आन सिवराज निबाही । करै आपने चित की चाही॥
आठ पातसाही झकझोरे । सूबनि पकरि दंड लै छोरे॥
काटि फटक किरवान बल बाँटि जंबुकनि देहु।
ठाटि युद्ध यहि रीति सों बाँटि धरनि धरि लेहु॥
चहूँ ओर सों सूबनि घेरो । दिसनि अलातचक्र सो फेरो॥
पजरे सहर साहि के बाँके । धूम धूम में दिनकर ढाँकै॥

कबहूँ प्रगटि युद्ध में हाँकै। मुगलनि मारि पुहुमि तल ढाँके ॥
बाननि बरखि गयंदनि फोरै । तुरकनि तमक तेग तर तोरै ॥
कबहूँ उमड़ि अचानक आवै । घन सम घुमड़ि लोह बरसावै ॥
कबहूँ हाँकि हरौलन कूटै । कबहूँ चापि चँदालनि लूटै ॥
कबहूँ देस दौरि कै लावै । रसद कहूँ की कढ़न न पावै ॥

घन आनंद

(1)

गुरनि बतायो, राधा मोहन हू गायो सदा, सुखद सुहायो वृंदावन गाढ़े गहि रे।
अद्भुत अभूत महिमंडन, परे तें परे, जीवन को लाहु हा हा क्यों न ताहि लहि रे ॥
आनँद को घन छायो रहत निरंतर ही, सरस सुदेस सो, पपीहापन बहि रे।
जमुना के तीर केलि कोलाहल भीर ऐसी, पावन पुलिन पै पतित परे रहि रे ॥

(2)

बहुत दिनान को अवधि आसपास परे
खरे अरबरनि भरे हैं उठि जान को।
कहि कहि आवन छबीले मनभावन को
गहि गहि राखति ही है दै सनमान को ॥
झूठी बतियानि की पत्यानि तें उदास ह्वै कै
अब ना घिरत घन आनँद निदान को।
अधर लगे हैं आनि करि कै पयान प्रान
चाहत चलन ये सँदेसो लै सुजान को ॥

(3)

कान्ह परे बहुतायत में, इकलैन की बेदन जानौ कहा तुम ?
हौ मनमोहन, मोहे कहूँ न, बिथा विमनैन की मानौ कहा तुम ?
बौरे वियोगिन्ह आप सुजान ह्वै, हाय कछू उर आनौ कहा तुम ?
आरतिवंत पपीहन को घन आनँद जू! पहिचानौ कहा तुम ?

(4)

कारी कूर कोकिला कहाँ को बैर काढ़ति री
कूकि कूकि अबही करेजो किन कोरि लै।
पैंड़ परै पापी ये कलापी निसि द्यौस ज्यौं ही

चातक रे घातक ह्वै तुहू कान फोरि लै ॥
आनँद के घन प्रान जीवन सुजान बिना
जानि कै अकेली सब घेरो दल जोरि लै ॥
जौं लौं करैं आवन बिनोद बरसावन वे
तौं लौं रे डरारे बजमारे घर घोरि लै ॥

(5)

ऐ रे बीर पौन! तेरो सबै ओर गौन, बीरी
तोसो और कौन, मनै ढरकौंही बानि दै ॥
जगत के प्रान, ओछे बड़े के समान, घन
आनँद निधान सुखदान दुखियानि दै ॥
जान उजियारे, गुन भारे अति मोहि प्यारे
अब ह्वै अमोही बैठे पीठि पहिचानि दै ॥
बिरह बिथा की मूरि आँखिन में राखौं पूरि
धूरि तिन्ह पाँयन की हा हा! नैकु आनि दै ॥

(6)

पूरन प्रेम को मंत्र महा पन जा मधि सोधि सुधारि है लेख्यो।
ताही के चारु चरित्र बिचित्रनि यों पचि कै रचि राखि बिसेख्यो ॥
ऐसो हियो हित पत्र पवित्र जो आन कथा न कहूँ अवरेख्यो।
सो घन आनँद जान अजान लौं टूक कियो पर बाँचि न देख्यो ॥

(7)

आनाकानी आरसी निहारिबो करौगे कौ लौं
कहा मो चकित दसा त्यों न दीठि डोलिहै।
मौन हू सों देखिहौं कितेक पन पालिहौ जू
कूकभरी मूकता बुलाय आप बोलिहै ॥
जान घन आनँद यों मोहि तुम्हें पैज परी
जानियैगो टेक टरें कौन धौं मलोलिहै।
रूई दिए रहौगे कहाँ लौं बहरायबे की
कबहूँ तौ मेरियै पुकार कान खोलिहै ॥

(8)

अंतर में वासी पै प्रवासी कैसो अंतर है
मेरी न सुनत दैया! आपनीयौ ना कहौ।

लोचननि तारे ह्वै सुझायो सब, सूझौ नाहिं
बूझि न परति ऐसी सोचनि कहा दहौ॥
हौ तो जानराय, जाने जाहु न, अजान यातें
आनँद के घन छाय छाय उघरे रहौ।
मूरति मया की हा हा सूरति दिखैये नैकु
हमैं खोय या विधि हो! कौन धौं लहा लहौ॥

(9)

मूरति सिंगार की उजारी छबि आछी भाँति
दीठि लालसा के लोयननि लै लै आँजिहौं।
रति रसना सवाद पाँवड़े पुनीतकारी
पाय चूमि चूमि कै कपोलनि सों माँजिहौं॥
जान प्यारे प्रान अंग अंग रुचि रंगिन में
बोरि सब अंगन अनंग दुख भाँजिहौं॥
कब घन आनँद ढरौंही बानि देखें, सुधा
हेत मन-घट दरकनि सुठि राँजिहौं॥

(10)

निसि द्यौस खरी उर माँझ अरी छबि रंग भरी मुरि चाहनि की।
तकि मोरनि त्यों चख ढोरि रहैं, ढरिगो हिय ढोरनि बाहनि की॥
चट दै कटि पै बट प्रान गए गति सो मति में अवगाहनि की।
घन आनँद जान लख्यो जब तें जक लागियै मोहि कराहनि की॥

(11)

परकारज देह को धारे फिरौ परजन्य! जथारथ ह्वै दरसौ।
निधिनीर सुधा के समान करौ, सबही बिधि सुंदरता सरसौ॥
घन आनँद जीवन दायक हौ, कबौं मेरियौ पीर हिये परसौ।
कबहूँ वा बिसासी सुजान के आँगन मो अँसुवान को लै बरसौ॥

(12)

अति सूधो सनेह को मारग है, जहँ नैकु सयानप बाँक नहीं।
तहँ साँचे चलैं तजि आपनपौ, झिझकैं कपटी जे निसाँक नहीं॥
घन आनँद प्यारे सुजान सुनौ, इत एक तें दूसरो आँक नहीं।
तुम कौन सी पाटी पढ़े हौ लला, मन लेहु पै देहु छटाँक नहीं॥

(13)

मोहन अनूप बने रूप ठगी आँखैं इतै
इनकी उरझ की छबीले येई साखियै।
पीवति अघाय प्यास बाढ़ियै रहति महा
अहा अचरज कहौ कहा कहि भाखियै॥
जान मनि जीवन उदार रिझवार छैल
जसुधा कुँवर गुन गहि अभिलाखियै।
चोप चातकी है भई आनँद के घन हौ जू
सुदरस रस दै रसीले रस राखियै॥

(रसमीमांसा, पृ. 183-84)

(14)

सलोने स्याम प्यारे क्यों न आवौ। दरस प्यासी मरैं तिनकौं जिवावौ॥
कहाँ हौ जू, कहाँ हौ जू, कहाँ हौ। लगे ये प्रान तुम सों हैं, जहाँ हौ॥
रहौ किन प्रान प्यारे नैन आगैं। तिहारे कारनैं दिनरात जागैं॥
सजन! हित मान कै ऐसी न कीजै। भई हैं बावरी सुध आय लीजै॥

(विरहलीला)

रसनिधि

अद्‌भुत गति यह प्रेम की बैनन कही न जाय।
दरस भूख लागै दृगन भूखहिं देत भगाय॥
लेहु न मजनू गोर ढिग कोऊ लैला नाम।
दरदवंत को नेकु तौ लेन देहु बिसराम॥
चतुर चितेरे तुव सबी लिखत न हिय ठहराय।
कलस छुवत कर आँगुरी कटी कटाछन जाय॥
मन गयंद छबिमद छके तोरि जँजीर भगात।
हिय के झीने तार सों सहजैं ही बँधि जात॥

महाराज विश्वनाथ सिंह

(1)

भाइन भृत्यन विष्णु सो, रैयत भानु सो, सत्रुन काल सो भावै।
सत्रुबली सों बचै करि बुद्धि औ अस्त्र सों धर्म की रीति चलावै॥

जीतन को करै केतें उपाय औ दीरघ दृष्टि सबै फल पावै।
भाखत है बिसुनाथ ध्रुवै, नृप सो कबहूँ नहि राज गँवावै॥

(2)

बाजि गज सोर रथ सुतुर कतार जेते
प्यादे ऐंड़वारे जे सबीह सरदार के।
कुँवर छबीले जे रसीले राजबंस वारे
सूर अनियारे अति प्यारे सरकार के॥
केते जातिवारे, केते केते देस वारे,
जीव स्वान सिंह आदि सैलवारे जे सिकार के।
डंका की धुकार द्वै सवार सबै एक बार
राज़ वार पार कार कोसल कुमार के॥

(3)

उठौ कुँवर दोउ प्रान पियारे।
हिमरितु प्रात पाय सब मिटिगे नभसर पसरे पुहकर तारे॥
जगवन महँ निकस्यो हरषित हिय बिचरन देत दिवस मनियारो।
विस्वनाथ यह कौतुक निरखहु रविमनि दसहु दिसिन उजियारो॥

(4)

करि जो कर में कयलास लियो कसि कै अब नाक सिकोरत है।
दइ तालन बीस भुजा झहराय झुको धनु को झकझोरत है॥
तिल एक हलै न हलै पुहुमी रिसि पीसि कै दाँतन तोरत है।
मन में यह ठीक भयो हमरे, मद काको महेस न मोरत है॥

नागरीदास

(1)

जहाँ कलह तहँ सुख नहीं, कलह सुखन को सूल।
सबै कलह इक राज में, राज कलह को मूल॥
कहा भयो नृप हू भए, ढोवत जग बेगार।
लेत न सुख हरि भक्ति को, सकल सुखन को सार॥
मैं अपने मन मूढ़ तें डरत रहत हौं हाय।
बृंदाबन की ओर तें मति कबहूँ फिरि जाय॥

(2)

सुनि व्यवहारिक नाम को ठाढ़े दूरि उदास।
दौरि मिले भरि नैन सुनि नाम नागरीदास।
इक मिलत भुजन भरि दौर दौर । इक टेरि बुलावत और ठौर ॥

(3)

देख्यो श्री बृंदा बिपिन पार । बिच बहति महा गंभीर धार ॥
नहिं नाव, नाहिं कछु और दाव। हे दई! कहा कीजै उपाव ॥
रहे वार लगन की लगै लाज । गए पारहि पूरै सकल काज ॥
यह चित्त माहिं करि कै बिचार। परे कूदि कूदि जल मध्य धार ॥

(4)

काहे को रे नाना मत सुनै तू पुरानन के
तै ही कहा, तेरी मूढ़ गूढ़ मति पंग की।
वेद के विवादनि को पावैगो न पार कहूँ
छाँड़ि देहू आस सब दान न्हान गंग की ॥
और सिद्धि सोधे अब, नागर, न सिद्ध कहु
मानि लेहु मेरी कही वार्ता सुढंग की।
जाइ ब्रज भोरे! कोरे मन को रँगाइ लै रे
बृंदावन रेनु रची गौर स्याम रंग की ॥

(वैराग्य सागर)

(5)

अंतर कुटिल कठोर भरे अभिमान सों।
तिनके गृह नहिं रहैं संत सनमान सों ॥
उनकी संगति भूलि न कबहूँ जाइए।
ब्रजनागर नँदलाल सु निसिदिन गाइए ॥

(वैराग्य सागर)

(6)

जौ मेरे तन होते दोय।
मैं काहू तें कछु नहिं कहतो, मोतें कछु कहतो नहिं कोय ॥
एक जो तन हरि बिमुखन के सँग रहतो देस बिदेस।
बिबिध भाँति के जग दुख सुख जहँ, नहीं भक्ति लवलेस ॥
एक जौ तन सतसंग रंग रँगि रहतो अति सुख पूर।
जनम सफल करि लेतो, ब्रज बसि जहँ ब्रज जीवन मूर ॥

द्वै तन बिन द्वै काज ह्वैहैं, आयु तो छिन छिन छीजै।
नागरिदास एक तन तें अब कहौं काह करि लीजै॥

(वैराग्य सागर)

(7)

चरन छिदत काँटेनि तें, स्रवत रुधिर, सुधि नाहिं।
पूछति हौं फिरि हौं भटू! खग मृग तरु बन माहिं॥
कबै झुकत मो ओर को ऐहैं मद गज चाल।
गरबाँहीं दीने दोऊ प्रिया नवल नँदलाल॥

(मनोरथ मंजरी)

(8)

सब मजहब सब इल्म अरु सबै ऐश के स्वाद।
अरे, इश्क के असर बिनु ये सबही बरबाद॥
आया इश्क लपेट में लागी चश्म चपेट।
सोई आया खलक में और भरैं सब पेट॥
कोई न पहुँचा वहाँ तक आसिक नाम अनेक।
इश्क चमन के बीच में आया मजनूँ एक॥

(इश्क चमन)

(9)

भादौं की कारी अँध्यारी निसा झुकि बादर मंद फुही बरसावैं।
स्यामा जू आपनी ऊँची अटा पै छकी रसरीति मलारहि गावैं॥
ता समै मोहन के दृग दूरि तें आतुर रूप की भीख यो पावैं।
पौन मया करि घूँघट टारै, दया करि दामिनि दीप दिखावैं॥

(वर्षा के कबित्त)

जोधराज

(1)

कब हठ करै अलावदी रणथंभवर गढ़ आहि।
कबै सेख सरनै रहै बहुर्‌यो महिमा साहि॥
सूर सोच मन में करौ पदवी लहौ न फेरि।
जो हठ छंडो राव तुम उत न लजै अजमेरि॥

सरन राखि सेख न तजौं तजौ सीस गढ़ देस।
रानी राव हमीर को यह दीन्हौं उपदेस ॥

(2)

कह पँवार जगदेव सीस आपन कर कट्टयो।
कहाँ भोज बिक्रम सुराव जिन परदुख मिट्टयो ॥
सवा भार नित करन कनक बिप्रन को दीनो।
रह्यो न रहिए कोय देव नर नाग सु चीनो ॥
यह बात राय हम्मीर सूँ रानी इमि आसा कही।
जो भई चक्कवै मंडली सुनौ राव दीखै नहीं ॥

(3)

जीवन मरन सँजोग जग कौन मिटावै ताहि।
जो जनमै संसार में अमर रहै नहिं आहि ॥
कहाँ जैत, कहँ सूर, कहाँ सोमेस्वर राणा।
कहाँ गए प्रथिराज साह दल जीति न आणा ॥
होतब मिटै न जगत में कीजै चिंता कोहि।
आसा कहै हमीर सौं अब चूकौ मत सोहि ॥

(4)

पुंडरीक सुत सुता तासु पद कमल मनाऊँ।
बिसद बरन बर बसन बिषद भूपन हिय ध्याऊँ ॥
बिषद जंत्र सुर सुद्ध तंत्र तुंबर जुत सोहैं।
बिषद ताल इक भुजा, दुतिय पुस्तक मन मोहै ॥
मति राजहंस हंसह चढ़ी रटी सुरन कीरति बिमल।
जय मातु सदा बरदायनी देहु सदा बरदान-बल ॥

बख़्शी हंसराज

(1)

दमकति दिपति देह दामिनि सी चमकत चंचल नैना।
घूँघट बिच खेलत खंजन से उड़ि उड़ि दीठि लगै ना ॥
लटकति ललित पीठ पर चोटी बिच बिच सुमन सँवारी।
देखे ताहि मैर सो आवत मनहुँ भुजंगिनि कारी ॥

(2)

इत तें चली राधिका गोरी सौंपन अपनी गैया।
उत तें अति आतुर आनंद सों आए कुँवर कन्हैया॥
कसि भौहैं, हँसि कुँवरि राधिका कान्ह कुँवर सो बोली।
अंग अंग उमगि भरे आनँद सों, दरकति छिन छिन चोली॥

(3)

ए रे मुकुट वार चरवाहे! गाय हमारी लीजौ।
जाय न कहूँ तुरत की ब्यानी, सौंपि खरक कै दीजौ॥
होहु चरावनहार गाय के बाँधनहार छुरैया।
करि दीजौ तुम आय दोहनी, पावै दूध लुरैया॥

(4)

कोऊ कहूँ आय बनवीथिन या लीला लखि जैहै।
कहि कहि कुटिल कठिन कुटिलन सों सिगरे ब्रज बगरैहै॥
जो तुम्हरी इनकी ये बातैं सुनिहै कीरति रानी।
तौ कैसे पटिहै पाटे तें, घटिहै कुल को पानी॥

जनकराज किशोरीशरण

फूले कुसुम द्रुम विविध रंग सुगंध के चहुँ चाब।
गुंजत मधुप मधुमत्त नाना रंग रज अँग फाब॥
सीरो सुगंध सुमंद बात विनोद कंत बहंत।
परसत अनंग उदोत हिय अभिलाष कामिनि कंत॥

अलबेली अलि

(1)

लाल तेरे लोभी लोलुप नैन।
केहि रस छकनि छके हौ छबीले मानत नाहिन चैन॥
नींद नैन घुरि घुरि आवत अति, घोरि रही कछु नैन।
अलबेली अलि रस के रसिया, कत बिसरत ये बैन॥

(2)

बने नवल प्रिय प्यारी।
सरद रैन उजियारी॥
सरद रैन सुख दैन मैन मय जमुना तीर सुहायो।
सकल कलापूरन ससि सीतल महिमंडल पर आयो॥
अतिसय सरस सुगंध मंद गति बहत पवन रुचिकारी।
नव नव रूप नवल नव जोबन बने नवल पिय प्यारी॥

चाचा हित वृंदावन दास

(1)

मिठबोलनी नवल मनिहारी।
भौहें गोल गरूर हैं, याके नयन चुटीले भारी॥
चूरी लखि मुख तें कहैं, घूँघट में मुसकाति।
ससि मनु बदरी ओट तें दुरि दरसत यहि भाँति।
चूरो बड़ो है मोल को नगर न गाहक कोय।
मो फेरी खाली परी, आई सब घर टोय॥

(2)

प्रीतम तुम मो दृगन बसत हो।
कहा भरोसे ह्वै पूछत हौ, कै चतुराई करि जु हँसत हौ॥
लीजै परखि स्वरूप आपनो, पुतरिन में तुमही तौ लसत हौ।
बृंदाबन हित रूपरसिक तुम, कुंज लड़ावत हिय हुलसत हौ॥

गिरधर कविराय

(1)

साईं बेटा बाप के बिगरे भयो अकाज।
हरनाकुस अरु कंस को गयो दुहुन को राज॥
गयो दुहुन को राज बाप बेटा के बिगरे।
दुसमन दावागीर भए महिमंडल सिगरे॥
कह गिरिधर कबिराय जुगन याही चलि आई।
पिता पुत्र के बैर नफा कहु कौने पाई॥

(2)

रहिए लटपट काटि दिन बरु घामहिं में सोय।
छाँह न वाकी बैठिए जो तरु पतरो होय॥
जो तरु पतरो होय एक दिन धोखा दैहै।
जा दिन बहै बयारि टूटि तब जर से जैहै॥
कह गिरिधर कबिराय छाँह मोटे की गहिए।
पाता सब झरि जाय तऊ छाया में रहिए॥

भगवत रसिक

(1)

कुंजन तें उठि प्रात गात जमुना में धोवै।
निधुवन करि दंडवत बिहारी को मुख जोवै॥
करै भावना बैठि स्वच्छ थल रहित उपाधा।
घर घर लेय प्रसाद लगै जब भोजन साधा॥
संग करै भगवत रसिक, कर करवा गूदरि गरे।
बृंदाबन बिहरत फिरै, जुगल रूप नैनन भरे॥

(2)

हमारो बृंदाबन उर और।
माया काल तहाँ नहिं ब्यापै, जहाँ रसिक सिरमौर॥
छूटि जाति सत असत वासना, मन की दौरा दौर।
भगवत रसिक बतायो श्री गुरु अमल अलौकिक ठौर॥

श्री हठीजी

(1)

कलप लता के किधौं पल्लव नवीन दोऊ
हरन मंजुता के कंज ताके बनिता के हैं।
पावन पतित गुन गावैं मुनि ताके छबि
छलै सविता के जनता के गुरुता के हैं॥
नवौ निधि ताके सिद्धता के आदि आलै हठी
तीनौ लोकता के प्रभुता के प्रभु ताके हैं।

कटै पाप ताके बढ़ै पुन्य के पताके जिन
ऐसे पद ताके बृषभानु की सुता के हैं॥

(2)

गिरि कीजै गोधन मयूर नव कुंजन को,
पसु कीजै महाराज नंद के नगर को।
नर कौन, तौन जौन राधे राधे नाम रटै,
तट कीजै बर कूल कालिंदी कगर को॥
इतने पै जोई कछु कीजिए कुँवर कान्ह,
रखिए न आन फेर हठी के झगर को।
गोपी पद पंकज पराग कीजै महाराज,
तृन कीजै रावरेई गोकुल नगर को॥

गुमान मिश्र

(1)

दुर्जन की हानि, बिरधापनोई करै पीर,
गुन लोप होत एक मोतिन के हार ही।
टूटे मनिमाले निरगुन गाय ताल लिखै
पोथिन ही अंक, मन कलह बिचार ही॥
संकर बरन पसु-पच्छिन में पाइयत,
अलक ही पारै अंसभंग निरधार ही।
थिर चिर राजौ राज अली अकबर, सुरराज
के समाज जाके राज पर वार ही॥

(2)

दिग्गज दबत दबकत दिगपाल भूरि
धूरि की धुँधेरी सों अँधेरी आभा भान की।
धाम औ धरा को माल बाल अबला को अरि
तजत परान राह चाहत परान की॥
सैयद समर्थ भूप अली अकबर दल
चलत बजाय मारू दुंदुभी धुकान की।
फिर फिर फननि फनीस उलटतु ऐसे
चोली खोलि ढोली ज्यों तमोली पाके पान की॥

(3)

न्हाती जहाँ सुनयना नित बावली में।
छूटे उरोजतल कुंकुम नीर ही में॥
श्रीखंड चित्र दृग-अंजन संग साजै।
मानौ त्रिवेनि नित ही घर ही विराजै॥

(4)

हाटक हंस चल्यो उड़ि के नभ में दुगुनी तन ज्योति भई।
लीक सी खैंचि गयो छन में, छहराय रही छबि सोनमई॥
नैनन सों निरख्यो न बनाय कै, कै उपमा मन माँहि लई।
स्यामल चीर मनौ पसर्‌यो तेहि पै कल कंचन बेलि नई॥

सरजूराम पंडित

गुरु पद पंकज पावन रेनू। कहा कलपतरु, का सुरधेनू॥
गुरु पद रज अज हरि हर धामा। त्रिभुवन विभव, बिस्व बिस्रामा॥
तब लगि जग जड़ जीव भुलाना। परम तत्त्व गुरु जिय नहिं जाना॥
श्री गुरु पंकज पाँव पसाऊ। स्रवत सुधामय तीरथराऊ॥
सुमिरत होत हृदय असनाना। मिटत मोहमय मन मल नाना॥

भगवंतराय खीची

बिदित बिसाल ढाल भालु कपि जाल की है,
ओट सुरपाल की हैं तेज के तुमार की।
जाही सों चपेटि कै गिराए गिरि गढ़, जासौ
कठिन कपाट तोरे, लंकिनी सों मार की॥
भनै भगवंत जासों लागि लागि भेंटे प्रभु
जाके त्रास लखन को छुभिता खुमार की।
ओढ़े ब्रह्म अस्त्र की अवाती महाताती, बंदौं
युद्ध मदमाती छाती पवन कुमार की॥

सूदन

(1)

बखत बिलंद तेरी दुंदुभी धुकारन सों
दुंद दबि जात देस देस सुख जाही के।
दिन दिन दूनो महिमंडल प्रताप होत
सूदन दुनी में ऐसे बखत न काही के॥
उद्धत सुजान सुत बुद्धि बलवान सुनि
दिल्ली के दरनि बाजैं आवन उछाही के।
जाही के भरोसे अब तखत उमाही करैं
पाही से खरे हैं जो सिपाही पातसाही के॥

(2)

दुहूँ ओर बंदूक जहँ चलत बेचूक,
रव होत धुकधूक, किलकार कहूँ कूक।
कहुँ धनुष टंकार जिहि बान-झंकार
भट देत हुंकार संकार मुँह सूक॥
कहुँ देखि दपटंत, गज बाजि झपटंत,
अरि ब्यूह लपटंत, रपटंत कहुँ चूक।
समसेर सटकंत, सर सेल फटकंत,
कहुँ जात हटकंत, लटकंत लगि झूक॥

(3)

दब्बत लुत्थिनु भब्बत इक्क सुखब्बत से।
चब्बत लोह, अचब्बत सोनित गब्बत से॥
चुट्टित खुट्टित केस सुलुट्टित इक्क मही।
जुट्टित कुट्टित सीस सुखुट्टित तेग गही॥
कुट्टित घुट्टित काय विछुट्टित प्रान सही।
छुट्टित आयुध, हुट्टित गुट्टित देह दही॥

(4)

धड़धद्धरं धड़धद्धरं भड़भब्भरं भड़भब्भरं।
तड़तत्तरं तड़तत्तरं कड़कक्करं कड़कक्करं॥
घड़घग्घरं घड़घग्घरं झड़झज्झरं झड़झज्झरं।
अररर्ररं अररर्ररं सररर्ररं सररर्ररं॥

(5)

सोनित अरघ ढारि, लुत्थ जुत्थ पाँवड़े दै,
दारूधूम धूप दीप, रंजक की ज्वालिका।
चरबी को चंदन, पुहुप पल-टूकन के,
अच्छत अखंड गोला गोलिन की चालिका॥
नैवेद्य नीको साहि सहित दिली को दल,
कामना बिचारी मनसूर-पन-पालिका।
कोटरा के निकट विकट जंग जोरि सूजा,
भलो बिधि पूजा कै प्रसन्न कीन्हीं कालिका॥

(6)

इसी गल्ल धरि कन्न में बकसी मुसक्याना।
हमनूँ बूझत हौं तुसी 'क्यों किया पयाना'॥
'असी आवने भेद नूँ तू ने नहिं जाना।
साह अहम्मद ने तुझे अपना करि माना'॥

(7)

डोलती डराती खतरानी बतरानी वेबे,
कुड़िए न बेखी अणी मी गुरून पावाँ हाँ।
कित्थे जला पेऊँ, कित्थे उज्जले भिड़ाऊँ असी,
तुसी को लै गीवा असी जिंदगी बचावाँ हाँ॥
भट्टरस साहि हुआ चंदला वजीर वेखो,
एहा हाल कीता, वाह गुरू नूँ मनावाँ हाँ।
जावाँ कित्थे जावाँ अम्मा बावे केही पावाँजली,
एही गल्ल अक्खैं लक्खौं लक्खौं गली जावाँ हाँ॥

हरनारायण

सोहैं मुंड चंद सों, त्रिपुंड सों बिराजै भाल,
तुंड राजै रदन उदंड के मिलन तें।
पाप-रूप-पानिप बिघन-जल जीवन के
कुंड सोखि सुजन बचावै अखिलन तें॥
ऐसे गिरिनंदिनी के नंदन को ध्यान ही में
कीबे छोड़ि सकल अपानहि दिलन तें।

भुगुति मुकुति ताके तुंड तें निकसि तापै
कुंड बाँधि कढ़ती भुसुंड के बिलन तें॥

ब्रजवासी दास

कहति जसोदा कौन बिधि समझाऊँ अब कान्ह।
भूलि दिखायो चंद मैं ताहि कहत हरि खान॥
यहै देत नित माखन मोको। छिन छिन देति तात सो तोको॥
जो तुम स्याम चंद को खैहौ। बहुरो फिर माखन कहँ पैहौ॥
देखत रहौ खिलौना चंदा। हठ नहिं कीजै बाल गोविंदा॥
पा लागौं हठ अधिक न कीजै। मैं बलि, रिसहि रिसहि तन छीजै॥
जसुमति कहति कहा धौं कीजै। माँगत चंद कहाँ तें दीजै॥
तव जसुमति इक जलपुट लीनो। कर मैं लै तेहि ऊँचो कीनो॥
ऐसे कहि स्यामैं बहरावै। आव चंद, तोहि लाल बुलावै॥
हाथ लिए तेहि खेलत रहिए। नैकु नहीं धरनी पर धरिए॥

गोकुलनाथ

(1)

सखिन के श्रुति में उकुति कल कोकिल की
गुरुजन हू पै पुनि लाज के कथान की।
गोकुल अरुन चरनांबुज पै गुज पुंज
धुनि सी चढ़ति चंचरीक चरचान की॥
पीतम के श्रवन समीप ही जुगुति होति
मैन मंत्र तंत्र के बरन गुनगान की।
सौतिन के कानन में हलाहल ह्वै हलति
ए री सुखदानि! तौ बजनि बिछुवान की॥

(राधाकृष्ण विलास)

(2)

दुर्ग अति ही महत रक्षित भटन तें चहुँ ओर।
ताहि घेर्‌यौ शाल्व भूपति सेन लै अति घोर॥
एक मानुष निकसिबे की रही कतहुँ न राह।
परी सेना शाल्व नृप की भरी जुद्ध उछाह॥

(3)

लहि सुदेष्णा की सु आज्ञा नीच कीचक जौन।
जाय सिंहिनि पास जंबुक तथा कीनो गौन॥
लग्यो कृष्णा सों कहन या भाँति सस्मित बैन।
यहाँ आई कहाँ तें, तुम कौन हो छबि ऐन॥
नहीं तुम सी लखी भू पर भरी सुषमा बाम।
देवि, जच्छिनि, किन्नरी, कै श्री, सची अभिराम॥
कांति सो अति भरो तुम्हरो लखत बदन अनूप।
करैगो नहि स्वबस काको महा मन्मथ भूप॥

(महाभारत)

गोपीनाथ

सर्व दिसि में फिरत भीपम को सुरथ मन-मान।
लखे सब कोउ तहाँ भूप अलातचक्र समान॥
सर्व थर सब रथिन सों तेहि समय नृप सब ओर।
एक भीषम सहस सम रन जुरो हो तहँ जोर॥

(महाभारत)

मणिदेव

बचन यह सुनि कहत भो चक्रांग हंस उदार।
उड़ौगे मम संग किमि तुम कहहु सो उपचार॥
खाय जूठो पुष्ट, गर्वित काग सुनि ये बैन।
कह्यौ जानत उड़न की शत रीति हम बल ऐन॥

(महाभारत)

बोधा

(1)

अति खीन मृनाल के तारहु तें तेहि ऊपर पाँव दै आवनो है।
सुई वेह कै द्वार सकै न तहाँ परतीति को टाँड़ो लदावनो है॥
कबि बोधा अनी घनी नेजहु तें चढ़ि तापै न चित्त डरावनो है।
यह प्रेम को पंथ कराल महा तरवारि की धार पै धावनो है॥

(2)

एक सुभान के आनन पै कुरबान जहाँ लगि रूप जहाँ को।
कैयो सतक्रतु की पदवी लुटिए लखि कै मुसकाहट ताको॥
सोक जरा गुजरा न जहाँ कवि बोधा जहाँ उजरा न तहाँ को।
जान मिलै तौ जहान मिलै, नहिं जान मिलै तो जहान कहाँ को॥

(3)

कबहूँ मिलिबो, कबहूँ मिलिबो, यह धीरज ही में धिरैबो करै।
उर तें कढ़ि आवै, गरे तें फिरै, मन की मन ही में सिरैबो करै॥
कबि बोधा न चाँड़ सरी कबहूँ, नितही हरवा सो हिरैबो करै।
सहते ही बनै, कहते न बनै, मन ही मन पीर पिरैबो करै॥

(4)

हिलि मिलि जानै तासों मिलि कै जनावै हेत
हित को न जानै ताको हितू न बिसाहिए।
होय मगरूर तापै दूनी मगरूरी कीजे
लघु ह्वै चलै जो तासों लघुता निबाहिए॥
बोधा कवि नीति को निबेरो यही भाँति अहै,
आपको सराहै ताहि आपहू सराहिए।
दाता कहा, सूर कहा, सुंदर सुजान कहा,
आपको न चाहै ताके बाप को न चाहिए॥

रामचंद्र

(1)

नूपुर बजत मानि मृग से अधीन होत
मीन होत जानि चरनामृत झरनि को।
खंजन से नचैं देखि सुषमा सरद की सी
सचैं मधुकर से पराग केसरनि को॥
रीझि रीझि तेरी पदछबि पै तिलोचन के
लोचन ये, अंब! धारैं केतिक धरनि को।
फूलत कुमुद से मयंक से निरखि नख
पंकज से खिलैं लखि तरवा तरनि को॥

(2)

मानिए करींद्र जो हरींद्र को सरोष हर
मानिए तिमिर घेरै भानु किरनन को।
मानिए चटक बाज जुर्रा को पटकि मारै
मानिए झटकि डारै भेक भुजगन को॥
मानिए कहै जो वारिधार पै दवारि औ
अँगार बरसाइबो बतावै बारिदन को।
मानिए अनेक बिपरीत की प्रतीति, पै न
भीति आई मानिए भवानी-सेवकन को॥

मंचित

(1)

कुंडल लोल अमोल कान के छुवत कपोलन आवैं।
डुलै आप से खुलैं जोर छबि बरबस मनहिं चुरावैं॥
खौर बिसाल भाल पर सोभित केसर की चित भावैं।
ताके बीच बिंदु रोरी को ऐसो बेस बनावैं॥
भृकुटी बंक नैन खंजन से कंजन गंजनवारे।
मदभंजन खग मीन सदा जे मनरंजन अनियारे॥

(सुरभी दान लीला)

(2)

अचरज अमित भयो लखि सरिता । दुतिय न उपमा कहि सम चरिता॥
कृष्णदेव कहँ प्रिय जमुना सी । जिमि गोकुल गोलोक प्रकासी॥
अति विस्तार पार पद पावन । उभय करार घाट मनभावन॥
बनचर बनज विपुल बहु पच्छी । अलि-अवली-धुनि सुनि अति अच्छी॥
नाना जिनिस जीव सरि सेवैं । हिंसाहीन असन सुनि जेवैं॥

(कृष्णायन)

मधुसूदन दास

(1)

सिय रघुपति पद कंज पुनीता । प्रथमहिं बंदन करौं सप्रीता॥
मृदु मंजुल सुंदर सब भाँती । ससि कर सरिस सुभग नख पाँती॥

प्रणत कल्पतरु तर सब ओरा । दहन अज्ञ तम जन चित चोरा ॥
त्रिबिध कलुष कुंजर घन घोरा । जगप्रसिद्ध केहरि बर जोरा ॥
चिंतामणि पारस सुरधेनू । अधिक कोटि गुन अभिमत देनू ॥
जन मन मानस रसिक मराला । सुमिरत भंजन विपति बिसाला ॥

(2)

निरखि कालजित कोपि अपारा । बिदित होय करि गदा प्रहारा ॥
महावेग युत आवै सोई । अष्ट धातु मय जाय न जोई ॥
अयुत भार भरि भार प्रमाना । देखिय जगपति दंड समाना ॥
देखि ताहि लव हनि इपु चंडा । कीन्ही तुरत गदा त्रय खंडा ॥
जिमि नभ माँह मेघ समुदाई । बरषहिं बारि महा झरि लाई ॥
तिमि प्रचंड सायक जनु ब्याला । हने कीस तन लव तेहि काला ॥
भए विकल अति पवनकुमारा । लगे करन तब हृदय विचारा ॥

मनियार सिंह

(1)

मेरो चित्त कहाँ दीनता में अति दूबरो है
अधरम धूमरो न सुधि के सँभारे पै ।
कहाँ तेरी ऋद्धि कवि बुद्धिधारा ध्वनि तें
त्रिगुण तें परे ह्वै दिखात निरधारे पै ॥
मनियार यातें मति थकित जकित ह्वै के
भक्ति बस धरि उर धीरज बिचारे पै ।
बिरची कृपाल वाक्य माल या पुहुपदंत
पूजन करन काज चरन तिहारे पै ॥

(2)

तेरे पद-पंकज पराग राजराजेश्वरी !
वेद वदनीय विरुदावली वढ़ी रहै ।
जाकी किनुकाई पाय धाता ने धरित्री रची
जापै लोक लोकन की रचना कढ़ी रहै ॥
मनियार जाहि विष्णु सेवैं सर्व पोषत में
सेस हू के सदा सीस सहस मढ़ी रहै ।
सोई सुरासुर के सिरोमनि सदाशिव के
भसम के रूप ह्वै सरीर पै चढ़ी रहै ॥

(3)

अभय कठोर बानी सुनि लछमन जू की
मारिबे की चाहि जो सुधारी खल तरवारि।
बीर हनुमंत तेहि गरजि सुहास करि
उपटि पकरि ग्रीव भूमि लै परे पछारि॥
पुच्छ तें लपेटि फेरि दंतन दरदराइ
नखन वकोटि चोंथि देत महि डारि डारि।
उदर बिदारि मारि लुत्थन को टारि बीर
जैसे मृगराज गजराज डारै फारि फारि॥

कृष्णदास

कौन काज लाज ऐसी करै जो अकाज अहो,
वार वार कहो नरदेव कहाँ पाइए।
दुर्लभ समाज मिल्यो सकल सिद्धांत जानि
लीला गुन नाम धाम रूप सेवा गाइए॥
बानी की सयानी सब पानी में बहाय दीजै
जानी सो न रीति जासों दंपति रिझाइए।
जैसी जैसी गही जिन लही तैसी नैनन हू
धन्य धन्य राधाकृष्ण नित ही गनाइए॥

गणेश

ताही के उपरांत, कृष्ण इंद्र आवत भए।
भेंटि परस्पर कांत, बैठ सभासद मध्य तहँ॥
बोले हरि इंद्र सों बिनै कै कर जोरि दोऊ
आजु दिग्विजय हमारे हाथ आयो है।
मेरे गुर लोग सब तोषित भए हैं आजु
पूरो तप, दान, भाग्य सुफल सुहायो है॥
कारज समस्त सरे, मंदिर में आए आप
देवन के देव मोहि धन्य ठहरायो है।
सो सुन पुरंदर उपेंद्र लखि आदर सों
बोलै, सुनौ बंधु! दानवीर नाम पायो है॥

सम्मन

निकट रहे आदर घटे, दूरि रहे दुख होय।
सम्मन या संसार में, प्रीति करौ जनि कोय॥
सम्मन चहौ सुख देह कौ तौ छाँड़ौ ये चारि।
चोरी, चुगुली, जामिनी और पराई नारि॥
सम्मन मीठी बात सों होत सबै सुख पूर।
जेहि नहिं सीखो बोलिबो, तेहि सीखो सब धूर॥

असनीवाले प्राचीन ठाकुर

(1)

सजि सूहे दुकूलन बिज्जु छटा सी अटान चढ़ी घटा जोवति हैं।
सुचिती ह्वै सुनै धुनि मोरन की, रसमाती सँयोग सँजोवति हैं॥
कबि ठाकुर वै पिय दूरि बसैं, हम आँसुन सों तन धोवति हैं।
धनि वै धनि, पावस की रतियाँ पति की छतियाँ लगि सोवति हैं॥

(2)

बौरे रसालन की चढ़ि डारन कूकत क्वैलिया मौन गहै ना।
ठाकुर कुंजन कुंजन गुंजत भौंरन भीर चुपैबो चहै ना॥
सीतल मंद सुगंधित बीर समीर लगे तन धीर रहै ना।
व्याकुल कीन्हो बसंत बनाय के, जाय के कंत सों कोऊ कहै ना॥

असनीवाले दूसरे ठाकुर

(1)

कारे लाल करहे पलासन के पुंज तिन्हैं
अपने झकोरन झुलावन लगी है री।
ताही को ससेटी तृन-पत्रन-लपेटी धरा—
धाम तैं अकास धूरि धावन लगी है री॥
ठाकुर कहत सुचि सौरभ प्रकासन मों
आछी भाँति रुचि उपजावन लगी है री।
ताती सीरी बैहर वियोग वा संयोगवारी
आवनि बसंत की जनावन लगी है री॥

(2)

प्रात झुकामुकि भेष छपाय कै गागर लै घर तें निकरी ती।
जानि परी न कितीक अबार है, जाय परी जहँ होरी धरी ती॥
ठाकुर दौरि परे मोहिं देखि कै, भागि बची री, बड़ी सुघरी ती।
बीर की सौं जौ किवार न देउँ तौ मैं होरिहारन हाथ परी ती॥

बुंदेलखंड वाले तीसरे ठाकुर

(1)

कैसे सुचित्त भए निकसौ बिहँसौ बिलसौ हरि दै गलबाँहीं।
ये छल छिद्रन की बतियाँ छलती छिन एक घरी पल माँहीं॥
ठाकुर वै जुरि एक भईं, रचिहैं परपंच कछू ब्रज माँही।
हाल चवाइन की दुहचाल की लाल तुम्हैं है दिखात कि नाहीं॥

(2)

वेई नर निर्णय निदान में सराहे जात
सुखन अघात प्याला प्रेम को पिए रहैं।
हरि रस चंदन चढ़ाय अंग अंगन में
नीति को तिलक, बेंदी जस की दिए रहैं॥
ठाकुर कहत मंजु कंज ते मृदुल मन,
मोहनी सरूप धारे हिम्मत हिए रहैं।
भेंट भए समये असमये, अचाहे चाहे,
ओर लौं निबाहैं, आँखैं एक सी किए रहैं॥

(3)

सेवक सिपाही हम उन रजपूतन के
दान जुद्ध जुरिबे में नेकु जे न मुरके।
नीति देनवारे हैं मही के महिपालन को
हिये के बिसुद्ध हैं, सनेही साँचे उर के॥
ठाकुर कहत हम बैरी बेवकूफन के
जालिम दमाद हैं अदानियाँ ससुर के।
चोजिन के चोजी महा, मौजिन के महाराज
हम कबिराज हैं पै चाकर चतुर के॥

(4)

सीखि लीन्हों मीन मृग खंजन कमल नैन
सीखि लीन्हों जस औ प्रताप को कहानो है।
सीखि लीन्हों कल्पवृक्ष कामधेनु चिंतामनि
सीखि लीन्हों मेरु औ कुबेर गिरि आनो है॥
ठाकुर कहत याकी बड़ी है कठिन बात
याको नहिं भूलि कहूँ बाँधियत बानो है।
ढेल सो बनाय आय मेलत सभा के बीच
लोगन कबित्त कीबो खेल करि जानो है॥

(5)

दस बार, बीस बार, बरज दई है जाहि
एते पै न मानै जो तौ जरन बरन देव।
कैसो कहा कीजै कछू आपनो करो न होय
जाके जैसे दिन ताहि तैसेई भरन देव॥
ठाकुर कहत मन आपनो मगन राखो
प्रेम निहसंक रसरंग बिहरन देव।
बिधि के बनाए जीव जेते हैं जहाँ के तहाँ
खेलत फिरत तिन्हैं खेलन फिरन देव॥

(6)

अपने अपने सुठि गेहन में चढ़े दोऊ सनेह की नाव पै री!
अँगनान में भींजत प्रेम भरे, समगो लखि मैं बलि जाँव पै री!
कहै ठाकुर दोउन की रुचि सों रंग ह्वै उमड़े दोऊ ठाँव पै री!
सखी, कारी घटा बरसै बरसाने पै, गोरी घटा नंदगाँव पै री!

(7)

वा निरमोहिनि रूप की रासि जऊ उर हेतु न ठानति ह्वैहै।
बारहि बार बिलोकि घरी घरी सूरति तौ पहिचानति ह्वैहै॥
ठाकुर या मन को परतीति है; जो पै सनेह न मानति ह्वैहै।
आवत हैं नित मेरे लिए, इतनो तो विसेष कै जानति ह्वैहै॥

(8)

यह चारहु ओर उदौ मुखचंद की चाँदनी चारु निहारि लै री!
बलि जौ पै अधीन भयो पिय, प्यारी! तौ एतौ विचार विचारि लै री!!

कबि ठाकुर चूकि गयो जौ गोपाल तौ तैं बिगरी कौं सँभारि लै री।
अब रैहै न रैहै यहै समयो, बहती नदी पायँ पखारि लै री॥

(9)

पावस तें परदेस ते आय मिले पिय औ मनभाई भई है।
दादुर मोर पपीहरा बोलत, ता पर आनि घटा उनई है॥
ठाकुर वा सुखकारी सुहावनी दामिनि कौंध कितै को गई है।
री अब तौ घनघोर घटा गरजौ बरसौ तुम्हैं धूर दई है॥

(10)

पिय प्यार करैं जेहि पै सजनी तेहि की सब भाँतिन सैयत है।
मन मान करौं तो परौं भ्रम में, फिर पाछे परे पछतैयत है॥
कबि ठाकुर कौन की कासौं कहौं, दिन देखि दसा बिसरैयत है।
अपने अटके सुन ए री भटू! नित सौत के मायके जैयत हैं॥

ललकदास

धरि निज अंक राम को माता । लह्यो मोद लखि मुख मृदु गाता॥
दंत कुंद मुकुता सम सोहै । बंधुजीव सम जीभ बिमोहै॥
किसलय सधर अधर छवि छाजै । इंद्रनील सम गंड बिराजै॥
सुंदर चिबुक नासिका सोहै । कुंकुम तिलक चिलक मन मोहै॥
काम चाप सम भृकुटि बिराजै । अलक कलित मुख अति छबि छाजै॥
यहि बिधि सकल राम के अंगा । लखि चूमति जननी सुख संगा॥

खुमान

आयो इंद्रजीत दसकंध को निबंध बंध
बोल्यो रामबंधु सों प्रबंध किरवान को।
को है अंसुमाल, को है कोल बिकराल
मेरे सामुहें भए न रहै मान महेसान को॥
तू तौ सुकुमार यार लखन कुमार ! मेरी
मार बेसुमार को सहैया घमासान को ?
बीर न चितैया, रनमंडल रितैया, काल
कहर .बेतैया हौं जितैया मघवान को॥

नवल सिंह कायस्थ

(1)

अभव अनादि अनंत अपारा । अमन अप्रान अमर अविकारा।
अग अनीह आतम अबिनासी । अगम अगोचर अबिरल वासी ॥
अकथनीय अद्वैत अरामा । अमल असेष अकर्म अकामा ॥
रहत अलिप्त ताहि उर ध्याऊँ । अनुपम अमल सुजस मैं गाऊँ ॥

(2)

सगुन सरूप सदा सुषमा निधान मंजु
बुद्धि गुन गुनन अगाध बनपति से।
भनै नवलेस फैल्यो विशद मही में यश
बरनि न पावै पार झार फनपति से ॥
जक्त निज भक्तन के कलुष प्रभंजै रंजै
सुमति बढ़ावै धन धान धनपति से।
अवर न दूजो देव सहस प्रसिद्ध यह
सिद्धि बरदैन सिद्ध ईस गनपति से ॥

रामसहाय दास

गड़े नुकीले लाल के नैन रहैं दिन रैनि।
तव नाजुक ठोड़ी न क्यों गाड़ परै मृदु बैनि ॥
भटक न, झटपट चटक कै अटक सुनट के संग।
लटक पीतपट की निपट हटकति कटक अनंग ॥
लागै बौना नैन में कियो कहा धौं मैन।
नहि लागे नैना, रहैं लागै नैना नैन ॥
गुलुफनि लगि ज्यों त्यों गयो करि करि साहस जोर।
फिर न फिर्‌यो मुरवान चपि चित अति खात मरोर ॥
यौ बिभाति दसनावली ललना बदन मँझार।
पति को नातो मानि के मनु आई उडुमार ॥

चंद्रशेखर

(1)

उवै भानु पच्छिम प्रतच्छ दिन चंद प्रकासै।
उलटि गंग बरु बहै, काम रति प्रीति बिनासै॥
तजै गौरि अरधंग, अचल ध्रुव आसन चल्लै।
अचल पवन बरु होय, मेरु मंदर गिरि हल्लै॥
सुरतरु सुखाय, लोमस मरै, मीर! संक सब परिहरौ।
मुखबचन बीर हम्मीर को बोलि न यह कबहूँ टरौ॥

(2)

आलम नेवाज सिरताज पातसाहन के
गाज ते दराज कोव नजर तिहारी है।
जाके डर डिगत अडोल गढ़धारी, डग-
मगत पहार औ डुलति महि सारी है॥
रंक जैसो रहत ससंकित सुरेस भयो
देस देसपति में अतंक अति भारी है।
भारी गढ़धारी, सदा जंग की तयारी,
धाक मानै ना तिहारी या हमीर हठधारी है॥

(3)

भागे मीरजादे पीरजादे औ अमीरजादे
भागे खानजादे प्रान मरत बचाय कै।
भागे गज बाजि रथ पथ न सँभारै, परै
गोलन पै गोल, सूर सहमि सकाय कै॥
भाग्यो सुलतान जान बचत न जानि बेगि
बलित वितुंड पै बिराजि बिलखाय कै।
जैसे लगे जंगल में ग्रीषम की आगि
चलै भागि मृग महिष बराह बिललाय कै॥

(4)

थोरी थोरी बैसवारी नवल किसोरी सबै
भोरी भोरी बातन बिहँसि मुख मोरतीं।
बसन बिभूषन बिराजत बिमल बर
मदन मरोरनि तरकि तन तोरतीं॥

प्यारे पातसाह के परम अनुराग रँगी
चाय भरी चायल चपल दृग जोरतीं।
काम अबला सी, कलाधर की कला री
चारु चंपक लता सी चपला सी चित चोरतीं ॥

बाबा दीनदयाल गिरि

(1)

केते सोम कला करौ करौ सुधा को दान।
नहीं चंद्रमणि जो द्रवै यह तेलिया पखान ॥
यह तेलिया पखान बड़ी कठिनाई जाकी।
टूटीं याके सीस बीस बहु बाँकी टाँकी ॥
बरनै दीनदयाल चंद! तुम ही चित चेतो।
कूर न कोमल होहिं कला जौ कीजे केतौ ॥

(2)

बरखै कहा पयोद इत मानि मोद मन माहिं।
यह तौ ऊसर भूमि है अंकुर जमिहैं नाहिं ॥
अंकुर जमिहैं नाहिं बरष सत जौ जल दैहै।
गरजै तरजै कहा, बृथा तेरो श्रम जैहै ॥
बरनै दीनदयाल न ठौर कुठौरहि परखै।
नाहक गाहक बिना बलाहक! ह्याँ तू बरखै ॥

(3)

चल चकई! तेहि सर बिषै जहँ नहिं रैन बिछोह।
रहत एक रस दिवस ही, सुहृद हंस संदोह ॥
सुहृद हंस संदोह कोह अरु द्रोह न जाको।
भोगत सुख-अंबोह, मोह दुख होय न ताको ॥
बरनै दीनदयाल भाग बिन जाय न सकई।
पिय मिलाप नित रहै, ताहि सर चल तू चकई ॥

(4)

कोलाहल सुनि खगन के, सरवर! जनि अनुरागि।
ये सब स्वारथ के सखा, दुर्दिन दैहैं त्यागि ॥

दुर्दिन देहैं त्यागि, तोय तेरो जब जैहै।
दूरहिं ते तजि आस, पास कोऊ नहिं ऐहै॥

(चिंतामणि, भाग-1, पृ. 106-07)

(5)

कोमल मनोहर मधुर सुरताल सने
नूपुर निनादनि सों कौन दिन बोलिहैं।
नीके मम ही के वृंद वृंदन सुमोतिन को
गहि कै कृपा की अबचोचन सों तोलिहैं॥
नेम धरि छेम सों प्रमुद होय दीनद्याल
प्रेम कोकनद बीच कब धौं कलोलिहैं।
चरन तिहारे जदुबंस राजहंस! कब
मेरे मन मानस में मंद मंद डोलिहैं॥

(6)

चरन कमल राजैं, मंजु मंजीर बाजैं।
गमन लखि लजावैं, हंसऊ नाहिं पावैं॥
सुखद कदमछाहीं, क्रीड़ते कुंज माहीं।
लखि लखि हरि सोभा, चित्त काको न लोभा॥

(7)

बहु छुद्रन के मिलन तें हानि बली की नाहिं।
जूथ जंबुकन तें नहीं केहरि कहुँ नसि जाहिं॥
पराधीनता दुख महा, सुखी जगत स्वाधीन।
सुखी रमत सुक बन विषै, कनक पींजरे दीन॥

पजनेस

(1)

छहरै छबीली छटा छूटि छितिमंडल पै
उमग उजेरो महाओज उजबक सी।
कवि पजनेस कंज मंजुल मुखी के गात
उपमाधिकाति कल कुंदन तबक सी॥
फैली दीप दीप दीप दीपति दिपति जाकी

दीपमालिका की रही दीपति दबक सी।
परत न ताब लखि मुख माहताब जब
निकसी सिताब आफताब की भभक सी॥

(2)

पजनेस तसद्दुक ता बिसमिल जुल्फे फुरकत न क़बूल कसे।
महबूब चुनाँ बदमस्त सनम अज दस्त अलाबल जुल्फ फँसे॥
मजमूए न काफ शिगाफ रुए सम क्यामत चश्म से खूँ बरसे।
मिजगाँ सुरमा तहरीर दुताँ नुकते बिन बे, किन ते, किन से॥

गिरिधरदास

(1)

चल्यो दरद जेहि फरद रच्यो बिधि मित्र दरद हर।
सरद सरोरुह बदन जाचकन बरद मरद बर॥
लसत सिंह सम दुरद नरद दिसि दुरद अरद कर।
निरखि होत अरि सरद, हरद सम जरद कांतिधर॥
कर करद करत बेपरद जब गरद मिलत बपु गाज को।
रन जुआ नरद वित नृप लस्यो करद मगध महराज को॥

(जरासंध बध)

(2)

सब के सब केशव के सबके हित के गज सोहते सोभा अपार हैं।
जब सैलन सैलन सैलन ही फिरैं सैलन सैलहि सीस प्रहार हैं॥
'गिरिधारन' धारन सों पदकंज लै धारन लै बसु धारन फार हैं।
अरि बारन बारन बारन पै सुर वारन वारन वारन वार है॥

(जरासंध वध)

असंगति

(3)

सिंधु जनित गर हर पियो, मरे असुर समुदाय।
नैन वान नैनन लग्यो, भयो करेजे घाय॥

(भारतीभूषण)

(4)

जाहि बिबाहि दियो पितु मातु नै पावक साखि सबै जन जानी।
साहब से 'गिरिधारन जू' भगवान समान कहै मुनि ज्ञानी॥
तू जो कहै वह दच्छिन है तो हमैं कहा बाम हैं बाम अजानी।
भागन सों पति ऐसो मिलै सबहीन को दच्छिन जो सुखदानी॥

(रसरत्नाकर)

(5)

जगह जड़ाऊ जामें जड़े हैं जवाहिरात
जगमग जोति जाकी जग में जमति है।
जामें जदुजानि जान प्यारी जातरूप ऐसी
जगमुख ज्वाल ऐसी जोन्ह सी जगति है॥
'गिरिधर दास' जोर जबर जवानी को है
जोहि जोहि जलजा हू जीव में जकति है।
जगत के जीवन के जिय को चुराए जोय
जोए जोषिता को जेठ जरनि जरति है॥

(ग्रीष्म वर्णन)

द्विजदेव (महाराज मानसिंह)

(1)

मिली माधवी आदिक फूल के ब्याज बिनोद लवा बरसायो करैं।
रचि नाच लतागन तानि बितान सबै बिधि चित्त चुरायो करैं॥
द्विजदेव जू देखि अनोखी प्रभा अलिचारन कीरति गायो करैं।
चिरजीवो बसंत! सदा द्विजदेव प्रसूननि की झरि लायो करैं॥

(2)

सुर ही के भार सूधे सबद सुकीरन के
मंदिरन त्यागि करैं अनत कहूँ न गौन।
द्विजदेव त्यौं ही मधुभारन अपारन सों
नेकु झुकि झूमि रहै मोगरे मरुअ दौन॥
खोलि इन नैनन निहारौं तौ निहारौं कहा
सुषमा अभूत छाय रही प्रति भौन भौन।
चाँदनी के भारन दिखात उनयो सो चंद
गंध ही के भारन बहत मंद मंद पौन॥

(3)

बोलि हारे कोकिल, बुलाय हारे केकीगन
सिखै हारी सखी सब जुगुति नई नई।
द्विजदेव की सौं लाज बैरिन कुसंग इन
अंगन हू आपने अनीति इतनी ठई॥
हाय इन कुंजन तें पलटि पधारे स्याम,
देखन न पाई वह मूरति सुधामई।
आवन समै में दुखदाइनि भई री लाज,
चलन समै में चल पलन दगा दई॥

(4)

आज सुभायन ही गई बाग, बिलोकि प्रसून की पाँति रही पगि।
ताहि समै तहँ आए गोपाल, तिन्हैं लखि औरौ गयो हियरो ठगि॥
पै द्विजदेव न जानि पर्‍यो धौं कहा तेहि काल परे अँसुवा जगि।
तू जो कही सखि! लोनो सरूप सो मो अँखियान को लोनी गई लगि॥

(5)

बाँके संकहीने राते कंज छबि छीने माते
झुकि झुकि झूमि झूमि काहू को कछू गनै न।
द्विजदेव की सौं ऐसी बनक बनाय बहु
भाँतिन बगारे चित चाहन चहूँधा चैन॥
पेखि परे प्रात जो पै गातन उछाह भरे
बार-बार तातें तुम्हें बूझती कछूक बैन।
एहो ब्रजराज! मेरो प्रेमधन लूटिबे को
बीरा खाय आए कितै आपके अनोखे नैन॥

(6)

भूले भूले भौंर बन भाँवरे भरैंगे चहूँ
फूलि फूलि किंसुक जके से रहि जाय हैं।
द्विजदेव की सौं वह कूजन बिसारि कूर
कोकिल कलंकी ठौर ठौर पछिताय हैं॥
आवत बसंत के न ऐहैं जौ पै स्याम तौ पै
बावरी! बलाय सों हमारेऊ उपाय हैं।
पीहैं पहिलेई तें हलाहल मँगाय या
कलानिधि की एकौ कला चलन न पायहैं॥

(7)

घहरि घहरि घन सघन चहूँधा घेरि
छहरि छहरि विष बूँद बरसावै ना।
द्विजदेव की सौं अब चूक मत दाँव, ए रे
पातकी पपीहा! तू पिया की धुनि गावै ना॥
फेरि ऐसौ औसर न ऐहैं तेरे हाथ, ए रे
मटकि मटकि मोर! सोर तू मचावै ना।
हौं तौ बिन प्रान, प्रान चहत तजोई अब,
कत नभ चंद! तू अकास चढ़ि धावै ना॥

ममारख

वह साँकरी कुंज की खोरी अचानक राधिका माधव भेंट भई।
मुसक्यानि भली अँचरा की अली त्रिबली की बली पर डीठि गई॥
झहराय, झुकाय, रिसाय 'ममारख' बाँसुरिया हँसि छीनि लई।
भृकुटी मटकाय, गुपाल के गाल में आँगुरी ग्वालि गड़ाय गई॥

(रसमीमांसा, पृ. 184)

ब्रजनाथ

नेही महा, ब्रजभाषा प्रवीन औ सुंदरताहु के भेद को जानै।
योग बियोग की रीति में कोविद, भावना भेद स्वरूप को ठानै॥
चाह के रंग में भीज्यो हियो, बिछुरे मिले प्रीतम सांति न मानै।
भाषाप्रबीन, सुछंद सदा रहै सो घन जू के कबित्त बखानै॥

(हिंदी साहित्य का इतिहास, पृ. 321)

ललितकिशोरी

जंगल में अब रमते हैं, दिल बस्ती से घबराता है।
मानुष गंध न भाती है, सँग मरकट मोर सुहाता है॥
चाक गरेबाँ करके दम दम आहें भरना आता है।
'ललितकिशोरी' इश्क रैन दिन ये सब खेल खेलाता है॥

(इतिहास, पृ. 572)

दक्खिनी हिंदी और उर्दू के कवि

वजही

(1)

न भुइँ पर बसे वह न आसमान में।
रहा शद उसी नार के ध्यान में॥
भुलाई चंचल धन वो यों शाह कों।
कि लुभवाए ज्यों कहरुबा काह कों॥
लगा शाह उसासाँ भरन आह मार।
कि नजदीक नाहे व गुनवंत नार॥

(2)

पिउ अपने काँ आज मैं निस सपने देखी सोयकर।
जब पिउ चलिया सेंति सेज तब सोते उट्ठी रोयकर॥
ना पूछूँ बहगन जोयसी कब मिलना पिउ सों होयसी॥

(चिंतामणि, भाग-3, पृ. 242)

नसरती

मआनी की सूरत की है आरसी।
दखिन का किया शेर जूँ फारसी॥
फसाहत में गर फारसी खुशकलाम।
धरे फ़ख्र हिंदी बचन पर मुदाम॥
मैं इस दो हुनर के खुलासों को पा।
किया शेर ताज : दोनों फन मिला॥

(चिंतामणि, भाग-3, पृ. 243)

अफजल

सखी रे! चैत रितु आई सुहाई।
अजहुँ उम्मीद मेरी बर न आई॥
रहे हैं भँवर फूलों के गले लाग।
मेरे सीनः जुदाई की लगी आग॥
सखी! दिन रैन मुझ नागिन डँसत है।
फिरूँ दौरी तमामै जग हँसत है॥

(चिंतामणी, भाग-3, पृ. 243)

वली

(1)

इस रैन अँधेरी में मत भूल पड़ूँ तिससूँ
टुक पाँव के बिछुवों की आवाज सुनाती जा।
मुझ दिल के कबूतर को पकड़ा है तेरी लट ने
यह काम धरम का है टुक इसको छुड़ाती जा।
तुझ मुख की परस्तिश में गई उम्र मेरी सारी
ऐ बुत की पूजनहारी इस बुत को पुजाती जा।
मुख बात बोलता हूँ शिकवः तेरे कपट का
तुझ नैन देखने को दिल ठाँठ कर चुका था।

(2)

जब सनम को खयाले बाग़ हुआ।
तालिबे नश्शए फ़राग हुआ॥
फ़ौज उश्शाक देख हर जानिब
नाज़नीं साहबे दिमाग़ हुआ॥
अश्क सूँ तुझ लबाँ की सुरखी के
जिगर लाल दाग़ दाग़ हुआ॥

(चिंतामणि, भाग-3, पृ. 243)

हातिम

खुदा के नूर का मथकर समुंदर।
यही चौदह रतन काढ़े हैं बाहर॥
अगर फ़हमीदः हिकमत आशना है।
इसी नुसख़े में चौदह बिद्‌दया हैं॥

(चिंतामणि, भाग 3, पृ. 244)

सौदा

ग़ज़ल

(1)

निकल के चौखट से घर की प्यारे जो पट की ओझल ठिठक रहा है।
सिमट के घट से तेरे दरस को नयन में जी आ अटक रहा है॥
अगिन ने तेरे विरह की जबसे झुलस दिया है कलेजा मेरा।
हिये की धड़कन मैं क्या बताऊँ यूँ कोयला सा चटक रहा है॥
जिन्हों की छाती से पार बरछी हुई है रन में वो सूरमा है
पड़ा वो सावंत मन में जिसके विरह का काँटा खटक रहा है॥
मुझे पसीना जो तेरे मुख पर दिखाई दे है तो सोचता हूँ।
य क्योंकि सूरज की जोत आगे हर एक तारा छटक रहा है॥
हिलोर यों लेती ओस की बूँद लग के फूलों की पंखड़ी से।
तुम्हारे कानों में जिस तरह से हर एक मोती लटक रहा है॥
कहीं जो लग चलने साथ देता हो इस तरह का कटर है पापी।
न जानूँ पेड़ी की धूल मैं हूँ जो मुझसे मुल्ला भटक रहा है॥
कभू लगा है न आते-जाते जो बैठकर टुक इसे निकालूँ।
सजन! जो काँटा है तुझ गली का सो पग में मेरे अटक रहा है॥
कोई जो मुझसे य पूछता होय क्यों तू रोता है कह तो हमसे।
हर एक आँसू मेरे नयन का जगह जगह सिर पटक रहा है॥
गुनी हो कैसा ही ध्यान जिसका तेरे गुनों से लगा है प्यारे।
गयान परबत भी है जो उसका तो छोड़ उसको सटक रहा है॥
जो बाट मिलने की होय उसका पता बता दो मुझे सिरिजन।
तुम्हारी बटियों में आज बरसों से यह बटोही भटक रहा है॥
जो मैंने सौदा से जाके पूछा, तुझे कुछ अपने भी मन की सुध-बुध।
य' रो के मुझसे कहा, किसी की लटक में लटकी लटक रहा है॥

(2)

कारी रैन डरावनी घर तें होइ निरास।
जंगल में जा सो रहे कोऊ आस न पास॥
बैरी पहुँचे आइ के तेरी देहली पास।
बेग ख़बर लो या नबी! अब पत की नहिं आस॥
खीझ खीझ चहुँ ओर से पड़े वह ज़ालिम टूट।
बेवों को डरपाय के ले गए घर को लूट॥
कहै हरम सर पीट कर खोकर अपनी लाज।
माटी में तू रल गयो दीन दुनी के लाज॥
खोयौ तैंने नीर बिन नबी के मन को चैन।
ज़ालिम तेरे हाथ से प्यासो गयो हुसैन॥

(चिंतामणि, भाग-3, पृ. 244-45)

नज़ीर अकबराबादी

(1)

यारो सुनो य दधि के लुटैया का बालपन।
औ मधुपुरी नगर के बसैया का बालपन॥
मोहन सरूप नृत्य करैया का बालपन।
बन बन में ग्वाल गौवें चरैया का बालपन॥
ऐसा था बाँसुरी के बजैया का बालपन।
क्या क्या कहूँ मैं कृष्ण कन्हैया का बालपन॥
परदे में बालपन के ये उनके मिलाप थे।
जोती सरूप कहिए जिन्हें सो वो आप थे॥

(2)

वाँ कृष्ण मदन मोहन ने जब सब ग्वालों से यह बात कही।
औ आपी से झट गेंद उठा उस काली दह में फेंक दई॥
यह लीला है उस नंदललन मनमोहन जसुमति छैया की।
रख ध्यान सुनो, दंडवत करो, जय बोलो कृष्ण कन्हैया की॥

(इतिहास, पृ. 571-72)

आधुनिक काल

पुरानी धारा

राजा लक्ष्मण सिंह

थक जायगी दामिनी तेरी तिया
बड़ी बेर लौं हास बिलास करे॥
टिक लीजियो रात में काहू अटा
जहँ सोवत होयँ परेवा परे॥

(चिंतामणि, भाग 3, पृ. 225)

भारतेन्दु हरिश्चन्द्र

(1)

आजु लौं जो न मिले तो कहा, हम तो तुम्हरे सब भाँति कहावैं।
मेरो उराहनो है कछु नाहिं, सबै फल आपने भाग को पावैं॥
जो हरिचंद भई सो भई, अब प्रान चले चहैं तासों सुनावैं।
प्यारे जू है जग की यह रीति, विदा के समय सब कंठ लगावैं॥

(चिंतामणि, भाग 1, पृ. 130)

(2)

नव उज्जल जलधार हार हीरक सी सोहति।
बिच बिच छहरत बूँद मध्य मुक्ता मनु पोहति॥
लोल लहर लहि पवन एक पै इक इमि आवत।
जिमि नरगन मन बिबिध मनोरथ करत मिटावत॥
कासी कहँ प्रिय जानि ललकि भेंट्यो उठि धाई।
सपनेहू नहिं तजी, रही अंकम लपटाई॥
कहुँ बँधे नव घाट उच्च गिरिवर सम सोहत।
कहुँ छतरी, कहुँ मढ़ी बढ़ी मन मोहत जोहत॥
धवल धाम चहुँ ओर फरहरत धुजा पताका।
घहरति घंटा धुनि, धमकत धौंसा करि साका॥

मधुरी नौबत बजति, कहूँ नारी नर गावत।
बेद पढ़त कहुँ द्विज, कहुँ जोगी ध्यान लगावत ॥

(चिंतामणि, भाग 1, पृ. 135-36)

कहुँ सुंदरी नहाति, नीर कर जुगल उछारत।
जुग अंबुज मिलि मुक्तगुच्छ मनु सुच्छ निकारत ॥
धोवति सुंदरि बदन करन अति ही छबि पावत।
बारिधि नाते ससि कलंक मनु कमल मिटावत ॥

(चिंतामणि, भाग-2, पृ. 26)

(3)

तरनि तनूजा तट तमाल तरुवर बहु छाए।
झुके कूल सों जल परसन हित मनहुँ सुहाए ॥
किधौं मुकुर मैं लखत उझकि सब निज निज सोभा।
कैं प्रनवत जल जानि परम पावन फल लोभा ॥
मनु आतप वारन तीर को सिमिटि सबै छाए रहत।
कै हरि सेवा हित नै रहै, निरखि नैन मन सुख लहत ॥
कहूँ तीर पर कमल अमल सोभित बहु भाँतिन।
कहुँ सैबालन मध्य कुमुदिनी लगि रहि पाँतिन ॥
मनु दृग धारि अनेक जमुन निरखति ब्रज सोभा।
कै उमगे प्रिय-प्रिया-प्रेम के अगनित गोभा ॥
कै करि कै कर बहु पीय को टेरत निज ढिग सोहई।
कै पूजन को उपचार लै चलति मिलन मन मोहई ॥
कै पिय-पद उपमान जानि यहि निज उर धारत।
कै मुख करि बहु भृंगन मिस अस्तुति उच्चारत ॥
कै ब्रज तियगन-बदन-कमल की झलकति झाँईं।
कै ब्रज हरिपद-परस हेतु कमला बहु आईं ॥
कै सात्विक अरु अनुराग दोउ ब्रजमंडल बगरे फिरत।
कै जानि लच्छमी-भौन यहि करि सतधा निज जल धरत ॥

(चिंतामणि, भाग-1, पृ. 136)

प्रतापनारायण मिश्र

बनि बैठिहै मान की मूरति सी, मुख खोलत बोलै न 'नाहीं', न 'हाँ'।
तुम ही मनुहारि कै हारि परे, सखियान की कौन चलाई तहाँ ॥

बरषा है 'प्रताप जू' धीर धरौ, अब लौं मन को समझायो जहाँ।
यह ब्यारि तबै बदलैगी कछू, पपिहा जब पूछिहै, 'पीव कहाँ' ॥

उपाध्याय बदरीनारायण (प्रेमघनजी)

बगियान बसंत बसेरो कियो, बसिए, तेहि त्यागि तपाइए ना।
दिन काम कुतूहल के जो बने, तिन बीच बियोग बुलाइए ना ॥
'घन प्रेम' बढ़ाय कै प्रेम, अहो! बिथा-बरि बृथा बरसाइए ना।
चित चैत की चाँदनी चाह भरी, चरचा चलिबे की चलाइए ना ॥

ठाकुर जगमोहन सिंह

अब यों उर आवत है सजनी, मिलि जाउँ गरे लगि कै छतियाँ।
मन की करि भाँति अनेकन औ मिलि कीजिय री रस की बतियाँ ॥
हम हारीं अरी करि कोटि उपाय, लिखो बहु नेह भरी पतियाँ।
जगमोहन मोहनी मूरति के बिना कैसे कटैं दुख की रतियाँ ॥

श्रीधर पाठक

बारि फुहार भरे बदरा, सोइ सोहत कुंजर से मतवारे।
बीजुरी जोति धुजा फहरै, घन गर्जन शब्द सोई हैं नगारे ॥
रोर को घोर को ओर न छोर, नरेसन की सी छटा छवि धारे।
कामिन के मन को प्रिय पावस आयो प्रिये! नव मोहिनी डारे ॥

बाबू जगन्नाथ दास 'रत्नाकर'

(1)

कान्ह दूत कैंधौं ब्रह्म-दूत ह्वै पधारे आप
धारे प्रन फेरन को मति ब्रजवारी की।
कहै रतनाकर पै प्रीति-रीति जानत ना
ठानत अनीति आनि नीति ले अनारी की ॥

मान्यो हम, कान्ह ब्रह्म एक ही, कह्यो जो तुम,
तौहू हमैं भावति न भावना अन्यारी की।
जैहैं बनि बिगरि न वारिधिता वारिधि की
बूँदता बिलैहैं बूँद बिबस बिचारी की॥

(2)

धरि राखौ ज्ञान गुन गौरव गुमान गोइ
गोपिन को आवत न भावत भडंग है।
कहै रतनाकर करत टाँय टाँय बृथा
सुनत न कोऊ यहाँ यह मुहचंग है॥
और हू उपाय केते सहज सुढंग, ऊधौ!
साँस रोकिबे को कहा जोग ही कुढंग है ?
कुटिल कटारी है, अटारी है उतंग अति
जमुना तरंग है, तिहारो सतसंग है॥

राय देवीप्रसाद 'पूर्ण'

नव कलित केसर वलित हरित सुपीत नीप निहारि कै।
करि असन दल कंदलीन जो कलियाहिं प्रथम कछार पै॥
हे घन! विपिन थल अमल परिमल पाय भूतल की भली।
मधुकर मतंग कुरंग बृंद जनायहैं तेरी गली॥

वियोगी हरि

पावस ही में धनुष अब, नदी तीर ही तीर।
रोदन ही में लाल दृग, नवरस ही में वीर॥
जोरि नाँव सँग 'सिंह' पद करत सिंह बदनाम।
ह्वैहौ कैसे सिंह तुम करि सृगाल के काम॥
या तेरी तरवार में नहिं कायर अब आब।
दिल हू तेरो बुझि गयो, वा में नेक न ताब॥

दुलारेलाल भार्गव

तन-उपवन सहिहै कहा बिछुरन-झंझाबात।
उड़्यो जात उर-तरु जबै चलिबे ही की बात॥
दमकति दरपन दरप दरि दीपसिखा दुति देह।
वह दृढ़, इक दिसि दिपत यह मृदु दस दिसनि सनेह॥
झर सम दीजै देस हित झर झर जीवन दान।
रुकि रुकि यों चरसा सरिस देबौ कहा, सुजान॥
गाँधी-गुरु तें ग्यांन लै चरखा अनहद जोर।
भारत सबद-तरंग पै बहत मुकुति की ओर॥

नई धारा : प्रथम उत्थान

भारतेन्दु हरिश्चंद्र

(1)

फरकि उठीं सब की भुजा खरकि उठीं तलवार।
क्यों आपुहि ऊँचे भए आर्य मोंछ के बार॥
सहसन बरसन सों सुन्यो जो सपनेहुँ नहिं कान।
सो 'जय भारत' शब्द क्यों पूर्यो आज जहान॥

हाय वहै भारत भुव भारी। सब ही बिधि सों भई दुखारी॥
हाय पंचनद, हा पानीपत। अजहुँ रहे तुम धरनि बिराजत॥
हाय चितौर निलज तू भारी। अजहुँ खरो भारतहि मँझारी॥
जा दिन तुव अधिकार नसायो। ताही दिन किन धरनि नसायो॥
तुम में जल नहिं जमुना गंगा। बढ़हु बेगि किन प्रबल तरंगा॥
बोरहु किन झट मथुरा कासी। धोवहु यह कलंक की रासी॥

भारत-किरिन जगत उजियारा। भारत जीव जियत संसारा॥
भारत-भुज-बल लहि जग रच्छित। भारत विद्या सों जग सिच्छित॥

(विजयिनी विजय वैजयंती) (इतिहास, पृ. 564-65, चिंतामणि, भाग 3, पृ. 107)

(2)

सब भाँति दैव प्रतिकूल, होइ यहि नासा।
अब तजहु बीरवर भारत की सब आसा॥
अब सुख सूरज को उदय नहीं इत ह्वैहै।
मंगलमय भारत भुव मसान ह्वै जैहै॥

(चिंतामणि, भाग 1, पृ. 132)

कहाँ करुणानिधि केसव सोए ?
जागत नाहिं अनेक जतन करि भारतवासी रोए॥

(नीलदेवी) (इतिहास, पृ. 565)

(3)

कहाँ हो ऐ हमारे राम प्यारे !
किधर तुम छोड़कर हमको सिधारे !
बुढ़ापे में यह दुख भी देखना था !
इसी को देखने को मैं बचा था !

(दशरथ-विलाप) (इतिहास, पृ. 571)

(4)

निज भाषा उन्नति अहै, सब उन्नति को मूल।
बिनु निज भाषा ज्ञान के, मिटत न हिय को सूल ॥

(इतिहास, पृ. 461)

(5)

अँगरेज-राज सुख साज सजे सब भारी।
पै धन बिदेस चलि जात यहै अति ख्वारी ॥

प्रतापनारायण मिश्र

तबहि लख्यो जहँ रह्यो एक दिन कंचन बरसत।
तहँ चौथाई जन रूखी रोटिहुँ को तरसत ॥
जहाँ कृषी वाणिज्य शिल्प सेवा सब माहीं।
देशिन के हित कछू तत्व कहुँ कैसेहु नाहीं ॥
कहिय कहाँ लगि नृपति दबे हैं जहँ रिन-भारन।
तहँ तिनकी धनकथा कौन जे गृही सधारन ॥

(क्रंदन)

उपाध्याय बदरीनारायण चौधरी 'प्रेमघन'

(1)

अचरज होत तुमहुँ सम गोरे बाजत कारे।
तासों कारे 'कारे' शब्दहु पर हैं वारे ॥

कारे श्याम, राम, जलधर जल-बरसनवारे।
कारे लागत ताही सों कारन कों प्यारे॥
यातें नीको है, तुम 'कारे' जाहु पुकारे।
यहै असीस देत तुमको मिलि हम सब कारे॥
सफल होहिं मन के सबही संकल्प तुम्हारे॥

(2)

भयो भूमि भारत में महाभयंकर भारत।
भए बीरवर सकल सुभट एकहि सँग गारत॥
मरे बिबुध नरनाह सकल चातुर गुनमंडित।
बिगरो जन समुदाय बिना पथ दर्शक पंडित॥
नए नए मत चले, नए झगरे नित बाढ़े।
नए नए दुख परे सीस भारत पर गाढ़े॥

भारत से लक्ष्मी-सरस्वती-दुर्गा का प्रस्थान

(3)

आजु लौं रही अनेक भाँति धीर धारि कै।
पै न भाव मोहिं बैठनो सु मौन मारि कै॥
जाति हौं चली वहीं सरस्वती जहाँ॥

(भारत सौभाग्य)

फ्रेडरिक पिन्काट

भारतेन्दु हरिश्चंद्र को पत्र

बैस बंस अवतंस, श्री बाबू हरिचंद जू।
छीर नीर कलहंस, टुक उत्तर लिखि देव मोहिं॥

पर उपकार में उदार अवनी में एक
भाषत अनेक यह राजा हरिचंद है।
विभव बड़ाई बपु वसन विलास लखि
कहत यहाँ के लोग बाबू हरिचंद है॥
चंद वैसो अमिय अनंदकर आरत को
कहत कविंद यह भारत को चंद है।

कैसै अब देखैं, को बतावै, कहाँ पावैं, हाय
कैसे वहाँ आवैं, हम कोई मतिमंद हैं॥
श्रीयुत सकल कविंद कुल-नुत बाबू हरिचंद।
भारत-हृदय-सतार-नभ उदय रहो जनु चंद॥

(इतिहास, पृ. 460)

नई धारा : द्वितीय उत्थान

श्रीधर पाठक

(1)

नाना कृपान निज पानि लिये । बपुनील बसन परिधान किए ॥
गंभीर घोर अभिमान हिये । छकि पारिजात मधु पान किए ॥
छिन छिन पर जोर मरोर दिखावत, पल पल पर आकृति कोर झुकावत ॥
यह मोर नचावत, सोरमचावत, स्वेत स्वेत बगपाँति उड़ावत ॥
नंदन प्रसून मकरंद बिंदु मिश्रित समीर बिनु धीर चलावत ॥

'सांध्य अटन'

(2)

विजन वन प्रांत था, प्रकृति मुख शांत था,
अटन का समय था, रजनि का उ़दय था।
प्रसव के काल की ल़ालिमा में लसा,
बाल-शशि व्योम की ओर था आ रहा।
सद्य-उत्फुल्ल-अरविंद-नभ नील सुवि–
शाल नभवक्ष पर जा रहा था चढ़ा ॥

'स्वर्गीयवीणा'

(3)

कहीं पै स्वर्गीय कोई बाला सुमंजु वीणा बजा रही है।
सुरों के संगीत की सी कैसी सुरीली गुंजार आ रही है ॥
कोई पुरंदर की किंकरी है कि या किसी सुर की सुंदरी है।
वियोगतप्ता सी भोगमुक्ता हृदय के उद्गार गा रही है ॥
कभी नई तान प्रेममय है, कभी प्रकोपन, कभी विनय है।
दया है, दाक्षिण्य का उदय है, अनेक बानक बना रही है ॥
भरे गगन में हैं जितने तारे, हुए हैं बदमस्त गत पै सारे।
समस्त ब्रह्मांड भर को मानो दो उँगलियों पर नचा रही है ॥

(4)

इस भारत में बन पावन तू ही तपस्वियों का तप आश्रम था।
जगतत्त्व की खोज में लग्न जहाँ ऋषियों ने अभग्न किया श्रम था॥
जब प्राकृत विश्व का विभ्रम और था, सात्त्विक जीवन का क्रम था।
महिमा बनवास की थी तब और, प्रभाव पवित्र अनूपम था॥

(5)

आज रात इससे परदेसी चल कीजे विश्राम यहीं।
जो कुछ वस्तु कुटी में मेरे करो ग्रहण, संकोच नहीं॥
तृण शय्या औ अल्प रसोई पाओ स्वल्प प्रसाद।
पैर पसार चलो निद्रा लो मेरा आशीर्वाद॥

प्रानपियारे की गुनगाथा, साधु! कहाँ तक मैं गाऊँ।
गाते गाते चुके नहीं वह, चाहे मैं ही चुक जाऊँ॥

(एकांतवासी योगी)

अयोध्यासिंह उपाध्याय 'हरिऔध'

(1)

चार डग हमने भरे तो क्या किया।
है पड़ा मैदान कोसों का अभी॥
मौलवी ऐसा न होगा एक भी।
खूब उर्दू जो न होवे जानता॥

(2)

रूपोद्यान प्रफुल्ल प्राय कलिका राकेंदुबिंबानना।
तन्वंगी कलहासिनी सुरसिका क्रीड़ा-कला-पुत्तली॥
शोभा वारिधि की अमूल्य मणि सी लावण्य लीला मयी।
श्री राधा मृदुभाषिणी मृगदृगी माधुर्य सन्मूर्ति थी॥

(3)

धीरे धीरे दिन गत हुआ, पद्मिनीनाथ डूबे।
आई दोषा, फिर गत हुई, दूसरा वार आया॥
यों ही बीती विपुल घटिका औ कई वार बीते।
आया कोई न मधुपुर से औ न गोपाल आए॥

(4)

क्यों पले पीस कर किसी को तू,
है बहुत पालिसी बुरी तेरी।
हम रहे चाहते पटाना ही,
पेट! तुझसे पटी नहीं मेरी॥

महावीरप्रसाद द्विवेदी

(1)

श्रीयुक्त नागरि! निहारि दशा तिहारी।
होवै 'विषाद मन माँहि अतीव भारी॥
प्राकार जासु नभमंडल में समाने।
प्राचीर जासु लखि लोकप हू सकाने॥
जाकी समस्त सुनि संपति की कहानी।
नीचे नवाय सिर देवपुरी लजानी॥

(2)

सुरम्य रूपे रस राशि रंजिते
विचित्र वर्णाभरणे! कहाँ गई ?
कवीन्द्रकान्ते! कविते! अहो कहाँ
मांगल्य मूलमय वारिद-वारि वृष्टि।

(3)

आरोग्ययुक्त बलयुक्त सुपुष्ट गात,
ऐसा जहाँ युवक एक न दृष्टि आता।
सारी प्रजा निपढ़ दीन दुखी यहाँ है,
कर्तव्य क्या न कुछ भी तुझको जहाँ है?

(4)

इंद्रासन के इच्छुक किसने करके तप अतिशय भारी।
की उत्पन्न असूया तुझमें, मुझसे कहो कथा सारी॥
मेरा यह अनिवार्य शरासन पाँच कुसुम-सायक धारी।
अभी बना लेवे तत्क्षण ही उसको निज आज्ञाकारी॥

मैथिलीशरण गुप्त

(1)

क्षत्रिय! सुनो अब तो कुयश की कालिमा को मेट दो।
निज देश को जीवन सहित तन मन तथा धन भेट दो॥
वैश्यो! सुनो व्यापार सारा मिट चुका है देश का।
सब धन विदेशी हर रहे हैं, पार है क्या क्लेश का॥

(भारत भारती)

(2)

थे, हो और रहोगे जब तुम, थी, हूँ और सदैव रहूँगी।
कल निर्मल जल की धारा सी आज यहाँ, कल वहाँ बहूँगी॥
दूती! बैठी हूँ सजकर मैं।
ले चल शीघ्र मिलूँ प्रियतम से धाम धरा धन सब तज कर मैं॥

(3)

अच्छी आँखमिचौनी खेली।
बार बार तुम छिपो और मैं खोजूँ तुम्हें अकेली।

(4)

निकल रही है उर से आह।
ताक रहे सब तेरी राह।
चातक खड़ा चोंच खोले है, संपुट खोले सीप खड़ी।
मैं अपना घट लिये खड़ा हूँ, अपनी अपनी हमें पड़ी॥

(झंकार)

(5)

पहले आँखों में थे, मानस में कूद मग्न प्रिय अब थे।
छींटे वही उड़े थे, बड़े बड़े अश्रु वे कब थे॥

(6)

सखि, नील नभस्सर से उतरा यह हंस अहा! तरता तरता।
अब तारक-मौक्तिक शेष नहीं, निकला जिनको चरता चरता॥
अपने हिमविंदु बचे तब भी, चलता उनको धरता धरता।
गड़ जायँ न कंटक भू तल के, कर डाल रहा डरता डरता॥

(7)

आकाशजाल सब ओर तना,
रवि तंतुवाय है आज बना!
करता है पद-प्रहार वही
मक्खी-सी भिन्ना रही मही!

(8)

घटना हो चाहे घटा उठ नीचे से नित्य।
आती है ऊपर सखी! छा कर चंद्रादित्य॥
इंद्रबधू आने लगी क्यों निज स्वर्ग विहाय।
नन्ही दूबों का हृदय निकल पड़ा यह, हाय॥
इस उत्पल से काय में हाय! उपल से प्राण।
रहने दे बक ध्यान यह, पावें ये दृग त्राण॥

(9)

वेदने! तू भी भली बनी।
पाई मैंने आज तुझी में अपनी चाह घनी॥
अरी वियोग समाधि अनोखी, तू क्या ठीक ठनी।
अपने को, प्रिय को, जगती को देखूँ खिंची-तनी॥

(10)

हा! मेरे कुंजों का कूजन रोकर निराश होकर सोया।
यह चंद्रोदय उसको उड़ा रहा है धवल वसन सा धोया॥

(11)

सखि, निरख नदी की धारा।
ढलमल ढलमल चंचल अंचल, झलमल झलमल तारा।
निर्मल जल अंतस्तल भर के उछल उछल कर छल छल करके,
थल थल तर के, कल कल धर के विखराती है पारा॥

(12)

ओ मेरे मानस के हास!
खिला सहस्रदल, सरस, सुवास!

(13)

सजनि! रोता है मेरा गान।
प्रिय तक नहीं पहुँच पाती है इसकी कोई तान।

(14)

बस इसी प्रिय-कानन-कुंज में–
मिलन भाषण के स्मृति पुंज में–
अभय छोड़ मुझे तुम दीजियो !
हसन रोदन से न पसीजियो !

(15)

आप अवधि बन सकूँ कहीं तो क्या कुछ देर लगाऊँ।
मैं अपने को आप मिटा कर जाकर उनको लाऊँ॥

(चिंतामणि, भाग 2, पृ. 133)

(16)

रह चिर दिन तू हरी भरी,
बढ़ सुख से बढ़, सृष्टि सुंदरी।

(17)

प्रभु नहीं फिरे, क्या तुम्हीं फिरे!
हम गिरे, अहो! तो गिरे, गिरे!

रामचरित उपाध्याय

(1)

कुशल से रहना यदि है तुम्हें, दनुज! तो फिर गर्व न कीजिए !
शरण में गिरिए रघुनाथ के, निबल के बल केवल राम हैं !

(2)

सुन कपे! यम, इंद्र, कुबेर की
न हिलती रसना मम सामने !
तदपि आप मुझे करना पड़ा
मनुज सेवक से वकवाद भी !

यदि कपे ! मम राक्षस राज का
स्तवन है तुझसे न किया गया,
कुछ नहीं डर है, पर क्यों वृथा
निलज! मानव मान बढ़ा रहा।

(रामचरित चिंतामणि)

गिरिधर शर्मा 'कविरत्न'

मैं जो नया ग्रंथ बिलोकता हूँ
भाता मुझे सो नव मित्र-सा है।
देखूँ उसे मैं नित बार बार,
मानो मिला मित्र मुझे पुराना।
'ब्रह्मन्! तजो पुस्तक-प्रेम आप,
देता अभी हूँ यह राज्य सारा'—
कहे मुझे यों यदि चक्रवर्ती,
'ऐसा न राजन्! कहिए'—कहूँ मैं !

लोचन प्रसाद पांडेय

(1)

चढ़ जाते पहाड़ों में जाके कभी, कभी झाड़ों के नीचे फिरें विचरें।
कभी कोमल पत्तियाँ खाया करें, कभी मीठी हरी-हरी घास चरें॥
सरिता-जल में प्रतिबिंब लखें निज, शुद्ध कहीं जलपान करें।
कहीं मुग्ध हो झर्झर निर्झर से तरु कुंज में जा तप ताप हरें॥
रहती जहाँ शाल रसाल तमाल के पादपों की अति छाया घनी।
चर के तृण आते, थके यहाँ बैठते थे मृग औ उसकी घरनी।
पगुराते हुए दृग मूँदे हुए वे मिटाते थकावट थे अपनी।
खुर से कभी कान खुजाते, कभी सिर, सींग पै धारते थे टहनी॥

(मृगी दुःख मोचन)

(2)

सुमन विटप वल्ली काल की क्रूरता से।
झुलस जब रही थी ग्रीष्म की उग्रता से॥

उस कुसमय में हा! भाग्य आकाश तेरा।
अयि नव लतिके! था घोर आपत्ति घेरा॥
अब-तब बुझता था जीवनालोक तेरा।
यह लख उर होता दुःख से दग्ध मेरा॥

द्विवेदी मंडल के बाहर की काव्यभूमि

राय देवीप्रसाद 'पूर्ण'

(1)

विगत आलस की रजनी भई । रुचिर उद्यम की द्युति छै गई ॥
उदित सूरज है नव भाग को । अरुन रंग नए अनुराग को ॥
तजि बिछौनन को अब भागिए । भरत खंड प्रजागण! जागिए ॥

(2)

देख तव बैभव, द्रुम कुल संत! बिचारा उसका सुखद निदान।
करे जो विषम काल को मंद, गया उस सामग्री पर ध्यान ॥
रँगा निज प्रभु ऋतुपति के रंग, द्रुमों में अमलतास! तू भक्त।
इसी कारण निदाघ प्रतिकूल, दहन में तेरे रहा अशक्त ॥

(3)

नंदनवन का सुना नहीं है किसने नाम।
मिलता है जिसमें देवों को भी आराम ॥
उसके भी वासी सुखरासी उग्र हुआ यदि उनका भाग।
आकर के इस कुसुमाकर में करते हैं नंदन रुचि त्याग ॥

(4)

है उत्तर में कोट शैल सम तुंग विशाल,
विमल सघन हिम वलित ललित धवलित सब काल ॥

(5)

हे नरदक्षिण! इसके दक्षिण-पश्चिम, पूर्व
है अपार जल से परिपूरित कोश अपूर्व।
पवन देवता गगनपंथ से सुघन घटों में लाकर नीर,
सींचा करते हैं यह उपवन करके सदा कृपा गंभीर ॥

(6)

कर देते हैं बाहर भुनगों का परिवार
तब करते हैं कीश उदुंबर का आहार।
पक्षी-गृह विचार तरुगण को नहीं हिलाते हैं गजवृंद।
हंस भृंग हिंसा के भय से खाते नहीं बंद अरविंद॥
धेनुवत्स जब छक जाते हैं पीकर छीर,
तब कुछ दुहते हैं गौओं को चतुर अहीर।
लेते हैं हम मधुकोशों से मधु जो गिरे आप ही आप।
मक्खी तक निदान इस थल की पातीं नहीं कभी संताप॥

(वसंत वियोग)

(7)

सरकारी कानून का रखकर पूरा ध्यान।
कर सकते हो देश का सभी तरह कल्यान॥
सभी तरह कल्यान देश का कर सकते हो।
करके कुछ उद्योग सोग सब हर सकते हो॥
जो हो तुममें जान, आपदा भारी सारी।
हो सकती है दूर, नहीं बाधा सरकारी॥

नाथूराम शंकर शर्मा

(1)

शंकर नदी नद नदीसन के नीरन की
भाप बन अंबर तें ऊँची चढ़ जाएगी।
दोनों ध्रुव छोरन लौं पल में पिघल कर
घूम घूम धरनी धुरी सी बढ़ जाएगी॥
झारेंगे अँगारे ये तरनि तारे तारापति
जारैंगे खमंडल में आग मढ़ जाएगी।
काहू बिधि विधि की बनावट बचैगी नाहिं
जो पै वा वियोगिनी की आह कढ़ जाएगी॥

(2)

फैल गया हुड़दंग होलिका की हलचल में।
फूल फूल कर फाग फला महिला-मंडल में॥

जननी भी तज लाज बनी ब्रज मक्खो सबकी।
पर मैं पिंड छुड़ाय जवनिका में जा दबकी॥

(गर्भरंडा रहस्य)

(3)

तेज न रहेगा तेजधारियों का नाम को भी
मंगल मयंक मंद मंद पड़ जायँगे॥
मीन बिन मारे मर जायँगे सरोवर में
डूब-डूब 'शंकर' सरोज सड़ जायँगे॥
चौंक चौंक चारों ओर चौकड़ी भरेंगे मृग,
खंजन खिलाड़ियों के पंख झड़ जायँगे॥
बोलो इन अँखियों की होड़ करने को अब
कौन से अड़ीले उपमान अड़ जायँगे॥

गयाप्रसाद शुक्ल 'सनेही'

तू है गगन विस्तीर्ण तो मैं एक तारा क्षुद्र हूँ।
तू है महासागर अगम, मैं एक धारा क्षुद्र हूँ॥
तू है महानद तुल्य तो मैं एक बूँद समान हूँ।
तू है मनोहर गीत तो मैं एक उसकी तान हूँ॥

रामनरेश त्रिपाठी

(1)

प्रिय की सुध-सी ये सरिताएँ, ये कानन कांतार सुसज्जित।
मैं तो नहीं किंतु है मेरा हृदय किसी प्रियतम से परिचित।
जिसके प्रेमपत्र आते हैं प्रायः सुख संवाद-सन्निहित॥

(2)

इसी तरह की अमित कल्पना के प्रवाह में मैं निशिवासर,
बहता रहता हूँ विमोहवश, नहीं पहुँचता कहीं तीर पर।
रात दिवस ही बूँदों द्वारा तन-घट में परिमित यौवन-जल,
है निकला जा रहा निरंतर, यह रुक सकता नहीं एक पल॥

(3)

सेवा है महिमा मनुष्य की न कि अति उच्च विचार द्रव्य-बल।
मूल हेतु रवि के गौरव का है प्रकाश ही न कि उच्च स्थल॥
मन की अमित तरंगों में तुम खोते हो इस जीवन का सुख॥

(4)

अर्द्धनिशा में तारागण से प्रतिबिंबित अति निर्मल जलमय।
नील झील के कलित कूल पर मनोव्यथा का लेकर आश्रय॥
नीरवता में अंतस्तल का मर्म करुण स्वर लहरी में भर।
प्रेम जगाया करता था वह विरही विरह-गीत गा गा कर॥
भोजपत्र पर विरह व्यथा मय अगणित प्रेमपत्र लिख लिख कर।
डाल दिए थे उसने गिरि पर, नदियों के तट पर, वन पथ पर॥
पर सुमना के लिए दूर थे ये वियोग के दृश्य-कदंबक।
और न विरही की पुकार ही पहुँच सकी उसके समीप तक॥

(5)

चारु चंद्रिका से आलोकित विमलोदक सरसी के तट पर,
बौर-गंध से शिथिल पवन में कोकिल का आलाप श्रवण कर।
और सरक आती समीप हैं प्रमदा करती हुई प्रतिध्वनि,
हृदय द्रवित होता है सुनकर, शशिकर छूकर यथा चंद्रमणि॥
किंतु उसी क्षण भूख-प्यास से विकल वस्त्र वंचित अनाथगण।
'हमें किसी की छाँह चाहिए'—कहते चुनते हुए अन्नकण।
आ जाते हैं हृदय-द्वार पर, मैं पुकार उठता हूँ तत्क्षण—
हाय! मुझे धिक् है जो इनका कर न सका मैं कष्ट-निवारण।

उमड़ घुमड़कर जब घमंड से उठता है सावन में जलधर।
हम पुष्पित कदंब के नीचे झूला करते हैं प्रति वासर।
तड़ित्प्रभा या घन-गर्जन से, भय या प्रेमोद्रेक प्राप्त कर,
वह भुजबंधन कस लेती है, यह अनुभव है परम मनोहर।
किंतु उसी क्षण वह गरीबिनी, अति विषादमय जिसके मुँह पर,
घुने हुए छप्पर की भीषण चिंता के हैं घिरे वारिधर।
जिसका नहीं सहारा कोई, आ जाती है दृग के भीतर,
मेरा हर्ष चला जाता है एक आह के साथ निकल कर।

(स्वप्न)

(6)

प्रतिक्षण नूतन वेष बनाकर रंग-बिरंग निराला।
रवि के सम्मुख थिरक रही है नभ में वारिद माला॥
नीचे नील समुद्र मनोहर, ऊपर नील गगन है।
घन पर बैठ बीच में बिचरूँ, यही चाहता मन है॥

सिंधु-बिहंग तरंग-पंख को फड़काकर प्रति क्षण में,
है निमग्न नित भूमि-अंड के सेवन में, रक्षण में॥

(पथिक)

(7)

मेरे लिए खड़ा था दुखियों के द्वार पर तू।
मैं बाट जोहता था तेरी किसी चमन में।
बन कर किसी के आँसू मेरे लिए बहा तू।
मैं देखता तुझे था माशूक के वदन में॥

(फुटकल)

लाला भगवानदीन

(1)

सुनि मुनि कौसिक तें साप को हवाल सब
बाढ़ी चित करुना की अजब उमंग है।
पद-रज डारि करे पाप सब छारि,
करि नवल सुनारि दियो धामहू उतंग है॥
'दीन' भनै ताहि लखि जात पतिलोक
ओर उपमा अभूत को सुझानो नयो ढंग है।
कौतुकनिधान राम रज की बनाय रज्जु
पद तें उड़ाई ऋषि-पतनी-पतंग है॥

(2)

वीरों की सुमाताओं का यश जो नहीं गाता।
वह व्यर्थ सुकवि होनें का अभिमान जनाता॥
जो वीर-सुयश गाने में है ढील दिखाता।
वह देश के वीरत्व का है मान घटाता॥

सब वीर किया करते हैं सम्मान कलम का।
वीरों का सुयश-गान है अभिमान कलम का॥

रूपनारायण पांडेय

(1)

अहह! अधम आँधी, आ गई तू कहाँ से ?
प्रलय-घन-घटा सी छा गई तू कहाँ से ?
पर-दुख-सुख तू ने हा! न देखा, न भाला।
कुसुम अधखिला ही, हाय! यों तोड़ डाला॥

(2)

बन बीच बसे थे, फँसे थे ममत्व में एक कपोत कपोती कहीं।
दिन रात न एक को दूसरा छोड़ता, ऐसे हिले मिले दोनों वहीं॥
बढ़ने लगा नित्य नया नया नेह, नई नई कामना होती रही।
कहने का प्रयोजन है इतना, उनकी सुख की रही सीमा नहीं॥

सत्यनारायण 'कविरत्न'

(1)

जो मों सों हँसि मिलै होत मैं तासु निरंतर चेरो।
बस गुन ही गुन निरखत तिह मधि सरल प्रकृति को प्रेरो॥
यह स्वभाव को रोग जानिए, मेरो बस कछु नाहीं।
नित नव विकल रहत याही सों सहृदय बिछुरन माँहीं॥
सदा दारु योषित-सम बेबस आज्ञा मुदित प्रमानै।
कोरो सत्य ग्राम को वासी कहा 'तकल्लुफ' जानै॥

(पद्मसिंह शर्मा को पत्र)

(2)

अलबेली कहुँ बेलि द्रुमन सों लिपटि सुहाई।
धोए धोए पातन की अनुपम कमनाई॥
चातक शुक कोयल ललित बोलत मधुरे वोल।
कूकि कूकि केकी कलित कुंजन करत कलोल॥
निरखि घन की घटा॥

लखि वह सुषमा जाल लाल निज बिन नंदरानी।
हरि सुधि उमड़ी घुमड़ी तन उर अति अकुलानी॥
सुधि बुधि तजि माथौ पकरि, करि करि सोच अपार।
दृग जल मिस मानहुँ निकरि बही बिरह की धार॥
कृष्ण रटना लगी॥
कौने भेजौं दूत, पूत सों बिथा सुनावै।
बातन में बहराइ जाइ ताको यहँ लावै॥
त्यागि मधुपुरी को गयो छाँड़ि सबन के साथ।
सात समुंदर पै भयो दूर द्वारकानाथ॥
जाइगो को उहाँ॥
नित नव परत अकाल, काल को चलत चक्र चहुँ।
जीवन को आनंद न देख्यो जात यहाँ कहुँ॥
बढ़्यो यथेच्छाचारकृत जहँ देखौ तहँ राज।
होत जात दुर्बल विकृत दिन दिन आर्यसमाज॥
दिनन के फेर सों॥
जे तजि मातृभूमि सों ममता होत प्रवासी।
तिन्हें बिदेसी तंग करत दै बिपदा खासी॥
नारी शिक्षा अनादरत जे लोग अनारी।
ते स्वदेश अवनति प्रचंड पातक अधिकारी॥
निरखि हाल मेरो प्रथम लेहु समुझि सब कोइ।
विद्या बल लहिं मति परम अबला सबला होइ॥
लखौ अजमाइ कै॥

(भ्रमर दूत)

(3)

भयो क्यों अनचाहत को संग ?
सब जग के तुम दीपक, मोहन! प्रेमी हमहुँ पतंग॥
लखि तव दीपति, देह शिखा में निरत, बिरह लौ लागी।
खींचति आप सों आप उतहि यह, ऐसी प्रकृति अभागी॥
यदपि सनेह भरी तव बतियाँ, तउ अचरज की बात।
योग वियोग दोउन में इक सम नित्य जरावत गात॥

नई धारा : तृतीय उत्थान
द्वितीय उत्थान के भीतर से नई धारा का प्रवर्तन

मैथिलीशरण गुप्त

(1)

मेरे आँगन का एक फूल।
सौभाग्य भाव से मिला हुआ,
श्वासोच्छ्वासन से हिला हुआ,
संसार-विटप से खिला हुआ
झड़ पड़ा अचानक झूल झूल।

(2)

तेरे घर के द्वार बहुत हैं, किससे होकर आऊँ मैं ?
सब द्वारों पर भीड़ बड़ी है, कैसे भीतर जाऊँ मैं ?

(3)

निकल रही है उर से आह,
ताक रहे सब तेरी राह।
चातक खड़ा चोंच खोले है
संपुट खोले सीप पड़ी।
मैं अपना घट लिये खड़ा हूँ,
अपनी अपनी हमें पड़ी।

(4)

प्यारे! तेरे कहने से जो यहाँ अचानक मैं आया।
दीप्ति बढ़ी दीपों की सहसा, मैंने भी ली साँस, कहा।
सो जाने के लिए जगत् का यह प्रकाश है जाग रहा।
किंतु उसी बुझते प्रकाश में डूब उठा मैं और बहा।
निरुद्देश्य नख रेखाओं में देखी तेरी मूर्ति, अहा!

मुकुटधर पांडेय

(1)

हुआ प्रकाश तमोमय मग में,
मिला मुझे तू तत्क्षण जग में,
दंपति के मधुमय विलास में,
शिशु के स्वप्नोत्पन्न हास में,
वन्य कुसुम के शुचि सुवास में,
था तव क्रीड़ा स्थान। (1917)

(2)

मेरे जीवन की लघु तरणी,
आँखों के पानी में तर जा।
मेरे उर का छिपा खजाना,
अहंकार का भाव पुराना,
बना आज तू मुझे दिवाना,
तप्त श्वेत बूँदों में ढर जा। (1917)

(3)

जब संध्या को हट जावेगी भीड़ महान।
तब जाकर मैं तुम्हें सुनाऊँगा निज गान॥
शून्य कक्ष के अथवा कोने में ही एक।
बैठ तुम्हारा करूँ वहाँ नीरव अभिषेक॥ (1927)

बदरीनाथ भट्ट

दे रहा दीपक जल कर फूल।
रोपी उज्ज्वल प्रभा-पताका अंधकार हिय हूल॥

द्विवेदी काल में प्रवर्तित खड़ी बोली की काव्यधारा

ठाकुर गोपालशरण सिंह

(1)

पृथ्वी पर ही मेरे पद हों
दूर सदा आकाश रहे।

(2)

सज धजकर मृदु व्यथा-सुंदरी तजकर सब घर-बार।
दुःखयामिनी में जीवन की करती है अभिसार॥

(3)

तू अनंत द्युतिमय प्रकाश है, मैं हूँ मलिन अँधेरा।
पर सदैव सम्बन्ध अटल है जग में मेरा तेरा॥
उदय अस्त तक तेरा साथी मैं ही हूँ इस जग में।
मैं तुझमें ही मिल जाता हूँ होता जहाँ सबेरा॥

(4)

चुकती है नहीं निशा तेरी, है कभी प्रभात नहीं होता।
तेरे सोहाग का सुख, बाले! आजीवन रहता है सोता॥
हैं फूल फूल जाते मधु में, सुरभित मलयानिल बहती है।
सब लता-वल्लियाँ खिलती हैं, बस तू मुरझाई रहती है॥
सब आशाएँ अभिलाषाएँ उर-कारागृह में बंद हुईं।
तेरे मन की दुख-ज्वालाएँ मेरे मन में छंद हुईं॥

अनूप शर्मा

पीछे दृष्टिगोचर था गोल चक्र पूषण का
घूमता हुआ जो नील संपुटी में चलता।
मानो जलयान के वितल पृष्ठ भाग मध्य

आता चला फेन पीत पिंड-सा उबलता॥
उछल रहे थे धूमकेतु धुरियों से तीव्र
यान-केतु ताडित नभचक्र था उछलता।
मारुत का, मन का प्रवेग पड़ा पीछे जब–
आगे चला वाजियूथ आतप उगलता॥

जगदंबा प्रसाद 'हितैषी'

किरण

(1)

दुखिनी बनी दीन कुटी में कभी, महलों में कभी महारानी बनी।
बनी फूटती ज्वालामुखी तो कभी हिमकूट की देवी हिमानी बनी॥
चमकी बन विद्युत रौद्र कभी घन आनंद अश्रु-कहानी बनी।
सविता ससि स्नेह सोहाग सनी, कभी आग बनी कभी पानी बनी॥
भवसिंधु के बुद्बुद प्राणियों की तुम्हें शीतल श्वाँसा कहें, कहो तो।
अथवा छलनी बनी अंबर के उर की अभिलाषा कहें, कहो तो॥
घुलते हुए चंद्र के प्राण की पीड़ा-भरी परिभाषा कहें, कहो तो।
नभ से गिरती नखतावलि के नयनों की निराशा कहें, कहो तो॥

(2)

परिचय

हूँ हितैषी सताया हुआ किसी का, हर तौर किसी का बिसारा हुआ।
घर से किसी के हूँ निकाला हुआ, दर से किसी के दुतकारा हुआ॥
नजरों से गिराया हुआ किसी का, दिल से किसी का हूँ उतारा हुआ।
अजी, हाल हमारा हो पूछते क्या? हूँ मुसीबत का इक मारा हुआ॥

श्यामनारायण पांडेय

(1)

सावन का हरित प्रभात रहा, अंबर पर थी घन घोर घटा।
फहराकर पंख थिरकते थे, मन भाती थी बन मोर छटा॥
वारिद के उर में चमक दमक, तड़ तड़ थी बिजली तड़क रही।
रह रहकर जल था बरस रहा, रणधीर भुजा थी फड़क रही॥

(2)

धरती की प्यास बुझाने को वह घहर रही थी घनसेना।
लोहू पीने के लिए खड़ी यह हहर रही थी जनसेना॥
नभ पर चम चम चपला चमकी, चम चम चमकी तलवार इधर।
भैरव अमंद घननाद उधर, दोनों दल की ललकार इधर॥

(3)

कलकल बहती थी रणगंगा अरिदल को डूब नहाने को।
तलवार वीर की नाव बनी चटपट उस पार लगाने को॥
वैरीदल की ललकार गिरी, वह नागिन सी फुफकार गिरी।
था शोर मौत से बचो बचो, तलवार गिरी, तलवार गिरी॥
क्षण इधर गई, क्षण उधर गई, क्षण चढ़ी बाढ़ सी उतर गई।
था प्रलय चमकती जिधर गई, क्षण शोर हो गया किधर गई॥

तुलसीराम शर्मा 'दिनेश'

कृष्ण का संदेश : गोपियों के प्रति

(1)

दीन दरिद्रों के देहों को मेरा मंदिर मानो।
उनके आर्त उसाँसों को ही वंशी के स्वर जानो॥

कृष्ण का संदेश : बलराम के प्रति

(2)

जो ढकता है जग के तन को, जो रखता लज्जा सबकी।
जिसके पूत पसीने द्वारा बनती है मज्जा सबकी॥
आज कृषक वह पिसा हुआ है इन प्रमत्त भूपों द्वारा।
उसकी घर की गायों का रे ! दूध बना मदिरा सारा॥

छायावादी काव्यधारा

जयशंकर प्रसाद

आँसू

(1)

झंझा झकोर गर्जन है
बिजली है, नीरदमाला।
पाकर इस शून्य हृदय को
सबने आ डेरा डाला॥

[झंझा झकोर—क्षोभ, आकुलता। गर्जन—वेदना की तड़प। बिजली—चमक या टीस। नीरदमाला—अंधकार। शून्य शब्द विशेषण के अतिरिक्त आकाश वाचक भी है जिससे उक्ति में बहुत सुंदर समन्वय आ जाता है। (हिंदी साहित्य का इतिहास, पृ. 640)]

(2)

पतझड़ था, झाड़ खड़े थे
सूखे से फुलवारी में।
किसलय दल कुसुम बिछाकर
आए तुम इस क्यारी में॥

[पतझड़—उदासी। किसलय दल कुसुम—वसंत-सरसता और प्रफुल्लता। (हिंदी साहित्य का इतिहास, पृ. 641)]

(3)

लहरों में प्यास भरी है
है भँवर पात्र से खाली।
मानस का सब रस पीकर
लुढ़का दी तुमने प्याली॥

(4)

जल उठा स्नेह दीपक-सा
नवनीत हृदय था मेरा।

अब शेष धूमरेखा से
चित्रित कर रहा अँधेरा॥

[धूमरेखा—बातों की धुँधली स्मृति। अँधेरा—हृदय का अंधकार या शून्यता। (चिंतामणि, भाग-2, पृ. 177)]

(5)

कामना कला की विकसी
कमनीय मूर्ति हो तेरी।
खिंचती अब हृदय पटल पर
अभिलाषा बनकर मेरी॥

(चिंतामणि, भाग-2, पृ. 177)

(6)

अवकाश असीम सुखों से
आकाशतरंग बनाता।
हँसता सा छायापथ में
नक्षत्र समाज दिखाता॥

[अवकाश-दिक्—Space. आकाशतरंग—Ether Waves. (हिं. सा. का इति., पृ. 648)]

(7)

नीचे विपुला धरणी है
दुख भार वहन सी करती।
अपने खारे आँसू से
करुणा सागर को भरती॥

(8)

उनका सुख नाच रहा था
दुख-द्रुम दल के हिलने से।
शृंगार चमकता उनका
मेरी करुणा मिलने से॥

[विरह व्यथा का क्षोभ—द्रुम दल का हिलना। चिंतामणि, भाग-2, पृ. 177)]

(9)

चिरदग्ध दुखी यह वसुधा
आलोक माँगती, तब भी।

तुम तुहिन बरस दो कन कन
यह पगली सोये अब भी॥

(10)

चेतना लहर न उठेगी
जीवन समुद्र थिर होगा।
संध्या हो सर्ग प्रलय की,
विच्छेद मिलन फिर होगा॥

(11)

तेरे प्रकाश में चेतन
संसार वेदनावाला।
मेरे समीप होता है
पाकर कुछ करुण उजाला॥

लहर

(1)

उठ उठ री लघु लघु लोल लहर!
करुणा की नव अँगड़ाई सी
मलयानिल की परछाईं सी
इस सूखे तट पर छहर-छहर!
उठ उठ गिर गिर फिर फिर आती
नर्तित पद चिह्न बना जाती
सिकता की रेखाएँ उभार
भर जाती अपनी तरल सिहर!

[लहर–सरस कोमल भाव। सूखा तट–शुष्क जीवन। (हिंदी साहित्य का इतिहास, पृ. 641, 650)]

(2)

निज अलकों के अंधकार में तुम कैसे छिप आओगे ?
इतना सजग कुतूहल! ठहरो, यह न कभी बन पाओगे॥
आह, चूम लूँ जिन चरणों को चाँप चाँप कर उन्हें नहीं
दुख दो इतना, अरे! अरुणिमा ऊषा सी वह उधर बही।

तुम हो कौन और मैं क्या हूँ, इसमें क्या है धरा सुनो।
मानस जलधि रहे चिर चुंबित, मेरे क्षितिज! उदार वनो॥

(3)

ले चल वहाँ भुलावा देकर मेरे नाविक! धीरे धीरे!
जिस निर्जन में सागर लहरी
अंबर के कानों में गहरी
निश्छल प्रेम-कथा कहती हो, तज कोलाहल की अवनी रे!
जिस गंभीर मधुर छाया में—
विश्व चित्रपट चल माया में—
विभुता विभु सी पड़े दिखाई दुख-सुख वाली सत्य बनी रे!
श्रम-विश्राम क्षितिज वेला से,
जहाँ सृजन करते मेला से—
अमर जागरण, उषा नयन से—बिखराती हो ज्योति घनी रे!

(4)

बीती विभावरी जाग री!
अंबर-पनघट में डुबो रही
तारा-घट ऊषा नागरी!
खग कुल कुल कुल-सा बोल रहा,
किसलय का अंचल डोल रहा,
लो, यह लतिका भी भर लाई
मधु मुकुल नवल रस गागरी!

(5)

जग की सजग कालिमा रजनी में मुखचंद्र दिखा जाओ!
प्रेम-वेणु की स्वर लहरी में जीवन-गीत सुना जाओ!

स्नेहालिंगन की लतिकाओं की झुरमुट छा जाने दो!
जीवन-धन! इस जले जगत को वृंदावन बन जाने दो!

(6)

अपलक जगती हो एक रात!
सब सोए हों इस भूतल में,
अपनी निरीहता संबल में,

चलती हो कोई भी न बात !
वक्षस्थल में जो छिपे हुए–
सोते हों हृदय अभाव लिए–
उनके स्वप्नों का हो न प्रात !

(7)

मेरा अनुराग फैलने दो
नभ के अभिनव कलरव में !
जाकर सूनेपन के तम में
बन किरन कभी आ जाना !

कामायनी

(1)

मनु का मन था विकल हो उठा संवेदन से खाकर चोट !
संवेदन! जीवन जगती को जो कटुता से देता घोंट !
संवेदन का और हृदय का यह संघर्ष न हो सकता !
फिर अभाव असफलताओं की गाथा कौन कहाँ बकता !

(आशा सर्ग)

(2)

मनु! तुम श्रद्धा को गए भूल!
उस पूर्ण आत्मविश्वासमयी को उड़ा दिया था समझ तूल।
तुम भूल गए पुरुषत्व मोह में, कुछ सत्ता है नारी की !
समरसता है सम्बन्ध बनी अधिकार और अधिकारी की !

(इड़ा सर्ग)

(3)

यह अभिनव मानव प्रजा सृष्टि।
द्वयता में लगी निरंतर ही वर्णों की करती रहे वृष्टि।
अनजान समस्याएँ ही गढ़ती, रचती हो अपनी ही विनष्टि।
कोलाहल कलह अनंत चले, एकता नष्ट हो, बढ़े भेद।
अभिलषित वस्तु तो दूर रहे, हाँ, मिले अनिच्छित दुखद खेद॥

(इड़ा सर्ग)

(4)

बिखरी अलकें ज्यों तर्कजाल।
वह विश्व मुकुट-सा उज्ज्वलतम शशिखंड सदृश था स्पष्ट भाल।
गुंजरित मधुप से मुकुल सदृश वह आनन जिसमें भरा गान।
वक्षस्थल पर एकत्र धरे संसृति के सब विज्ञान ज्ञान।
था एक हाथ में कर्मकलश वसुधा जीवन रस सार लिये।
दूसरा विचारों के नभ को था मधुर अभय अवलंब दिये॥

(इड़ा सर्ग)

(5)

हाँ! तुम ही हो अपने सहाय।
जो बुद्धि कहे उसको न मानकर फिर किसकी नर शरण जाय ?
यह प्रकृति परम रमणीय अखिल ऐश्वर्य भरी शोधक विहीन।
तुम उसका पटल खोलने में परिकर कसकर बन कर्मलीन।
सबका नियमन शासन करते, बस बढ़ा चलो अपनी क्षमता।
तुम जड़ता को चैतन्य करो, विज्ञान सहज साधन उपाय।

(इड़ा सर्ग)

(6)

हम संवेदनशील हो चले यही मिला सुख।
कष्ट समझने लगे बनाकर निज कृत्रिम दुख॥
प्रकृत शक्ति तुमने यंत्रों से सबकी छीनी।
शोषण कर जीवनी बना दी जर्जर झीनी॥

(संघर्ष सर्ग)

(7)

अधिकार न सीमा में रहते।
पावस निर्झर से वे बहते॥

श्रम भाग वर्ग बन गया जिन्हें।
अपने बल का है गर्व उन्हें॥

सब पिए मत्त लालसा घूँट।
मेरा साहस अब गया छूट॥

(दर्शन)

(8)

(श्रद्धा बोली,) "बन विषय ध्वांत।
सिर चढ़ी रही पाया न हृदय, तू विकल कर रही है अभिनय।
सुख दुख का मधुमय धूप छाँह, तूने छोड़ी यह सरल राह।
...चेतनता का भौतिक विभाग कर बाँट दिया जग को विराग।
...चिति का स्वरूप यह नित्य जगत्, यह रूप बदलता है शत शत।
कण विरह मिलन मय नृत्य निरत, उल्लासपूर्ण आनंद सतत॥

(दर्शन सर्ग)

(9)

अपने दुख सुख से पुलकित यह मूर्त्त विश्व सचराचर।
चिति का विराट वपु मंगल यह सत्य सतत चिर सुंदर !

(आनंद सर्ग)

सुमित्रानंदन पंत

वीणा

(1)

हुआ था जब संध्या आलोक
हँस रहे थे तुम पश्चिम ओर
विहग-रव बनकर मैं, चितचोर !
गा रहा था गुण; किन्तु कठोर
रहे तुम नहीं वहाँ भी, शोक !

(2)

प्रथम रश्मि का आना रंगिणि! तूने कैसे पहचाना ?
कहाँ कहाँ हे बाल विहंगिनि! पाया तूने यह गाना ?
निराकार तम मानो सहसा ज्योति पुंज में हो साकार,
बदल गया द्रुत जगज्जाल में धरकर, नाम-रूप नाना।
खुले पलक, फैली सुवर्ण छवि, खिली सुरभि, डोले मधुबाल।
स्पंदन, कंपन, नवजीवन फिर सीखा जग ने अपनाना।

(3)

मारुत ने जिसकी अलकों में
चंचल चुंबन उलझाया।
अंधकर का अलसित अंचल
अब द्रुत ओढ़ेगा संसार।
जहाँ स्वप्न सजते शृंगार।

पल्लव

(4)

सुरीले ढीले अधरों बीच
अधूरा उसका लचका गान।
विकच बचपन को, मन को खींच
उचित बन जाता था उपमान।

(चिंतामणि, भाग 2, पृ. 178)

बाल्य सरिता के कूलों से
खेलती थी तरंग-सी नित!
इसी में था असीम अवसित!

(चिंतामणि, भाग 2, पृ. 152)

मेरा मधुकर का सा जीवन
कठिन कर्म है, कोमल है मन...
...धूलि की ढेरी में अनजान
छिपे हैं, मेरे मधुमय गान!
कुटिल काँटे हैं कहीं कठोर
जटिल तरुजाल है किसी ओर
सुमन दल चुन चुन कर निशि भोर
खोजना है अजान वह छोर!

गिरिवर के उर से उठ उठकर
उच्चाकांक्षाओं से तरुवर
हैं झाँक रहे नीरव नभ पर,
अनिमेष, अटल, कुछ चिंतापर!

मिले थे दो मानस अज्ञात
स्नेह शशि बिंबित था भरपूर,
अनिल-सा कर अकरुण आघात
प्रेम प्रतिमा कर दी वह चूर!

(चिंतामणि, भाग 2, पृ. 177-78)

(उच्छ्वास : सावन भादों)

(5)

तड़ित् सा सुमुखि! तुम्हारा ध्यान
प्रभा के पलक मार, उर चीर,
गूढ़ गर्जन कर जब गंभीर
मुझे करता है अधिक अधीर,
जुगनुओं से उड़ मेरे प्राण
खोजते हैं तब तुम्हें निदान!

पूर्व सुधि सहसा जब सुकुमारि
सरल शुक सी सुखकर सुर में
तुम्हारी भोली बातें
कभी दुहराती है उर में!

अचल के जब वे विमल विचार
अवनि से उठ उठ कर ऊपर
विपुल व्यापकता में अविकार
लीन हो जाते वे सत्वर।

(आँसू : भादों की भरन)

(6)

वारि बेलि सी फैल अमूल
छा अपत्र सरिता के कूल
विकसा औ सकुचा नवजात
बिना नाल के फेनिल फूल!

(बीचि विलास)

(7)

जब निरस्त्र त्रिभुवन का यौवन
गिर कर प्रबल तृषा के भार,

रोमावलि की शर-शय्या में
तड़प तड़प करता चीत्कार,
हरते हो तब तुम जग का दुख
बहा प्रेम सुरसरि की धार!

(अनंग)

(8)

गूढ़ कल्पना सी कवियों की
अज्ञाता के विस्मय-सी
ऋषियों के गंभीर हृदय-सी
बच्चों के तुतले भय-सी!

हाँ सखि! आओ बाँह खोल हम
लगकर गले जुड़ा लें प्राण।
फिर तुम तम में, मैं प्रियतम में
हो जावें द्रुत अन्तर्धान!

(छाया)

(9)

न अपना ही, न जगत् का ज्ञान,
न परिचित हैं निज नयन, न कान,
दीखता है जग कैसा तात!
नाम गुण रूप अजान?

(शिशु)

(10)

अहे तिमिर चरते शशि शावक!

इंदु दीप से दग्ध शलभ शिशु,
शुचि उलूक, अब हुआ विहान,
अंधकारमय मेरे उर में
आओ, छिप जाओ अनजान!

(नक्षत्र)

(11)

फिर परियों के बच्चों से हम
सुभग सीप के पंख पसार!

समुद पैरते शुचि ज्योत्स्ना में
पकड़ इंदु के कर सुकुमार!

(बादल)

(12)

मृदुल होंठों का हिमजल हास
उड़ा जाता निःश्वास समीर।
सरल भौंहों का शरदाकाश
घेर लेते घन, घिर गंभीर!

अहे निष्ठुर परिवर्तन!
...अहे वासुकि सहस्र फन!
लक्ष अलक्षित चरण तुम्हारे चिह्न निरंतर।
छोड़ रहे हैं जग के विक्षत वक्षस्थल पर।
शत शत फेनोच्छ्वसित स्फीत फूत्कार भयंकर।
घुमा रहे हैं घनाकार जगती का अंबर!
मृत्यु तुम्हारा गरल दंत, कंचुक कल्पांतर!
अखिल विश्व ही विवर,
वक्र कुंडल
दिङ्. मंडल!

तुम नृशंस नृप से जगती पर चढ़ अनियंत्रित
करते हो संसृति को उत्पीड़ित, पद मर्दित,
नग्न नगर कर, भग्न भवन, प्रतिमाएँ खंडित,
हर लेते हो विभव, कला कौशल चिर संचित,
आधि व्याधि, बहु वृष्टि, वात उत्पात, अमंगल,
वह्नि, बाढ़, भूकंप तुम्हारे विपुल सैन्यदल!

मूँदती नयन मृत्यु की रात,
खोलती नव जीवन की प्रात!
...म्लान कुसुमों की मृदु मुसकान
फलों में फलती फिर अम्लान!

स्वीय कर्मों ही के अनुसार
एक गुण फलता विविध प्रकार।

कहीं राखी बनता सुकुमार
कहीं बेड़ी का भार !
वेदना ही में तप कर प्राण
दमक दिखलाते स्वर्ण हुलास,
...अलभ है इष्ट, अतः अनमोल
साधना ही जीवन का मोल !

बिना दुख के सब सुख निःसार
बिना आँसू के जीवन भार !
दीन दुर्बल है रे संसार
इसी से क्षमा, दया औ प्यार !

आज का दुख, कल का आह्लाद,
और कल का सुख, आज विषाद,
समस्या स्वप्न गूढ़ संसार,
पूर्ति जिसकी उस पार!

विश्वमय हे परिवर्तन !
अतल से उमड़ अकूल अपार
मेघ से विपुलाकार
दिशावधि में पल विविध प्रकार
अतल में मिलते तुम अविकार !

(परिवर्तन)

गुंजन

(13)

क्या यह जीवन ? सागर में
जलभार मुखर भर देना !
कुसुमित पुलिनों की क्रीड़ा-
व्रीड़ा से तनिक न लेना ?

(14)

सुख दुख के मधुर मिलन से
यह जीवन हो परिपूरन,

फिर घन में ओझल हो शशि
फिर शशि से ओझल हो घन !
जग पीड़ित है अति दुख से
जग पीड़ित रे ! अति सुख से,
मानव जग में बँट जाएँ
दुख सुख से औ सुख दुख से !

(15)

दुख दावा से नव अंकुर
पाता जग जीवन का वन,
करुणार्द्र विश्व का गर्जन
बरसाता नव जीवन-कण !

(16)

खुल खुल नव नव इच्छाएँ
फैलातीं जीवन के दल,
गा-गा प्राणों का मधुकर
पीता मधुरस परिपूरण!

(17)

जग के दुख दैन्य शयन पर
यह रुग्णा जीवन-बाला....
पीली पड़, निर्बल, कोमल,
कृश देहलता कुम्हलाई,
विवसना, लाज में लिपटी,
साँसों में शून्य समाई!

(चाँदनी)

(18)

मेरे मन के मधुवन में
सुषमा के शिशु ! मुसकाओ !
नव नव साँसों का सौरभ
नव मुख का सुख बरसाओ !

(मानव)

(19)

यह शैशव का सरल हास है
सहसा उर में है आ जाता !
...यह ऊषा का नव विकास है
जो रज को है रजत बनाता !
...यह लघु लहरों का विलास है
कलानाथ जिसमें खिंच आता !

(20)

सुनता हूँ; इस निस्तल जल में
रहती मछली मोतीवाली,
पर मुझे डूबने का भय है
भाती तट की चल जल-माली !
आएगी मेरे पुलिनों पर
वह मोती की मछली सुंदर,
मैं लहरों के तट पर बैठा
देखूँगा उसकी छवि जी-भर !

(21)

दूर उन खेतों के उस पार
जहाँ तक गई नील झंकार,
छिपा छाया-वन में सुकुमार
स्वर्ग की परियों का संसार !

(22)

मुक्त पंखों में उड़ दिन रात
सहज स्पंदित कर जग के प्राण,
शून्य नभ में भर दी अज्ञात
मधुर जीवन की मादक तान !

छोड़ निर्जन का निभृत निवास
नीड़ में बँध जग के सानंद,
भर दिए कलरव से दिशि-आस
गृहों में कुसुमित, मुदित, अमंद!
रिक्त होते जब जब तरुवास
रूप धर नव नव तू तत्काल,

नित्य नादित रखता सोल्लास
विश्व के अक्षय वट की डाल!

(विहग के प्रति)

(23)

नीले नभ के शतदल पर
वह बैठी शारद हासिनि!
मृदु करतल पर शशि-मुख धर
नीरव, अनिमिष, एकाकिनि!

(चाँदनी)

(24)

हँस पड़े कुसुमों में छविमान
जहाँ जग में पद-चिह्न पुनीत,
वहीं सुख के आँसू बन, प्राण
ओस में लुढ़क, दमकते गीत!

युगांत

(25)

जो सोए स्वप्नों के तम में
वे जागेंगे यह सत्य बात।
जो देख चुके जीवन निशीथ
वे देखेंगे जीवन-प्रभात !

(26)

सुंदरता का आलोक स्रोत है फूट पड़ा मेरे मन में!
जिससे नव जीवन का प्रभात होगा फिर जग के आँगन में!

मैं सृष्टि एक रच रहा नवल भावी मानव के हित, भीतर!
सौन्दर्य, स्नेह उल्लास मुझे मिल सका नहीं जग में बाहर!

(27)

जग जीवन में जो चिर महान् सौंदर्यपूर्ण औ सत्यप्राण !
मैं उसका प्रेमी बनूँ नाथ ! जिसमें मानव हित हो समान !

(28)

हाय मृत्यु का ऐसा अमर अपार्थिव पूजन !
जव विषण्ण निर्जीव पड़ा हो जग का जीवन !

मानव ! ऐसी भी विरक्ति क्या जीवन के प्रति ?
आत्मा का अपमान, प्रेत औ छाया से रति ?

शव को दें हम रूप, रंग, आदर मानव का ?
मानव को हम कुत्सित चित्र बनावें शव का ?

(ताजमहल)

(29)

बाँसों का झुरमुट—
संध्या का झुटपुट—

ये नाप रहे निज घर का मग
कुछ श्रमजीवी धर डगमग डुग
भारी है जीवन, भारी पग !

(30)

द्रुत झरो जगत् के जीर्ण पत्र !
हे स्रस्त, ध्वस्त! हे शुष्क शीर्ण !
हिम ताप पीत, मधु वात भीत,
तुम वीतराग, जड़ पुराचीन !

कंकाल-जाल जग में फैले
फिर नवल रुधिर, पल्लव लाली !

(31)

झरें जाति कुल वर्ण पर्ण घन !
अंध नीड़ से रूढ़ रीति छन !

(32)

गर्जन कर मानव-केसरि !
प्रखर नखर नव जीवन की लालसा गड़ाकर,
छिन्न भिन्न कर दे गत युग के शव को दुर्धर !

(33)

प्रिय तितली ! फूल-सी ही फूली
तुम किस सुख में हो रही डोल ?
क्या फूलों से ली, अनिल कुसुम !
तुमने मन के मधु की मिठास ?

युगवाणी

(34)

पशुबल से कर जन शासित,
जीवन के उपकरण सदृश
नारी भी कर ली अधिकृत !

अपने ही भीतर छिप छिप
जग से हो गई तिरोहित !

(35)

व्याधि सभ्यता की है निश्चित पूर्ण सत्य का पूजन !
प्राणहीन वह कला, नहीं जिसमें अपूर्णता शोभन !
सीमाएँ आदर्श सकल, सीमाविहीन यह जीवन,
दोषों से ही दोष शुद्ध है मिट्टी का मानवपन !

(36)

आत्मा औ भूतों में स्थापित करता कौन समत्व ?
बहिरंतर, आत्मा भूतों से है अतीत वह तत्व।
भौतिकता आध्यात्मिकता केवल उसके दो कूल।
व्यक्ति विश्व से, स्थूल-सूक्ष्म से परे सत्य के मूल।

(37)

जल्दी से टीले के नीचे उधर, उतरकर
हैं चुन ले जाते कूड़े से निधियाँ सुंदर—
सिगरेट के खाली डिब्बे, पन्नी चमकीली,
फीतों के टुकड़े, तसवीरें नीली-पीली।

वह्नि, बाढ़, उल्का, झंझा की भीषण भू पर
कैसे रह सकता है कोमल मनुज कलेवर।

(दो लड़के)

(38)

उस निर्जन टीले पर
दोनों चिलबिल
एक दूसरे से मिले
मित्रों से हैं खड़े,
मौन मनोहर
दोनों पादप
सह वर्षातप
हुए साथ ही बड़े
दीर्घ सुदृढ़तर !

(दो मित्र)

सूर्यकांत त्रिपाठी 'निराला'

(1)

अमरण भर बरण गान
वन वन उपवन उपवन
जागी छवि, खुले प्राण।

मधुप-निकर कलरव भर
गीति-मुखर पिक प्रिय स्वर
स्मर शर हर केशर झर
मधुपूरित गंध, ज्ञान।

(गीतिका, गीत सं. 7)

(2)

कौन तम के पार ? (रे कह)
अखिल-पल के स्रोत, जल जग,
गगन घन-घन-धार! (रे कह)
गंध व्याकुल कूल उर सर,
लहर कच कर कमल मुख पर

हर्ष अलि हर स्पर्श शर, सर,
गूँज बारंबार! (रे कह)

निशा प्रिय उर शयन सुख धन
सार या कि असार ?(रे कह)

(गीतिका, गीत सं. 12)

(3)

आज नहीं है मुझे और कुछ चाह,
अर्द्धविकच इस हृदय कमल में आ तू,
प्रिये! छोड़ बंधनमय छंदों की छोटी राह।
गजगामिनि वह पथ तेरा संकीर्ण, कंटकाकीर्ण।

(प्रगल्भ प्रेम : अनामिका)

(4)

ढीले करते हो भव बंधन नर नारियों के ?
अथवा
हो मलते कलेजा पड़े, जराजीर्ण
निर्निमेष नयनों से
बाट जोहते हो तुम मृत्यु की
अपनी संतानों से बूँद भर पानी को तरसते हुए

(खंडहर के प्रति : अनामिका)

(5)

निःस्तब्ध मीनार
मौन हैं मकबरे–
भय में आशा को जहाँ मिलते थे समाचार।
टपक पड़ता था जहाँ आँसुओं में सच्चा प्यार।

मधुर मलय में यहीं
गूँजी थी एक वह जो तान
...कृष्ण घन अलक में
कितने प्रेमियों का यहाँ पुलक समाया था।

(दिल्ली : अनामिका)

(6)

यौवन के तीर पर प्रथम था आया जब
स्रोत सौंदर्य का
वीचियों में कलरव सुख चुंबित प्रणय का
था मधुर आकर्षणमय
मज्जनावेदन मृदु फूटता सागर में।

सब कुछ तो था असार
अस्तु, वह प्यार
सब चेतन जो देखता
स्पर्श में अनुभव रोमांच
हर्ष रूप में—परिचय

खींचा उसी ने था हृदय यह
जड़ों में चेतन गतिकर्षण मिलता कहाँ ?

(रेखा : अनामिका)

(7)

वह तोड़ती पत्थर
देखा उसे मैंने इलाहाबाद के पथ पर।

(वह तोड़ती पत्थर : अनामिका)

महादेवी वर्मा

(1)

यह दोनों दो ओरें थीं
संसृति की चित्रपटी की।
उस दिन मेरा दुख सूना
मुझ बिन वह सुषमा फीकी।

(2)

तुमको पीड़ा में ढूँढ़ा
तुममें ढूँढूँगी पीड़ा।

परिशिष्ट

परिशिष्ट-क

आचार्य रामचंद्र शुक्ल की कविताएँ

मानव और मानवेतर प्रकृति

(1)

देते हैं घुड़की यह अर्थ-ओज-भरी हरि,
"जीने का हमारा अधिकार क्या न गया रह ?
पर प्रतिषेध के प्रसार बीच तेरे नर !
क्रीड़ामय जीवन-उपाय है हमारा यह।
दानी जो हमारे रहे, वे भी पास तेरे हुए,
उनकी उदारता भी सकता नहीं तू सह।
फूली-फली पृथिवी उमंग उपकार की तू
छेंकता है जाता, हम जायँ कहाँ, तू ही कह !"

(2)

काया की न छाया यह केवल तुम्हारी, द्रुम !
अंतस के मर्म का प्रकाश यह छाया है।
भरी है इसी में वह स्वर्ग-स्वप्न-धारा अभी
जिसमें न पूरा-पूरा नर बह पाया है।
शांतिसार शीतल प्रसार यह छाया धन्य !
प्रीति सा पसारे इसे कैसी हरी काया है।
हे नर ! तू प्यारा इस तरु का स्वरूप देख
देख फिर घोर रूप तूने जो कमाया है॥

(चिंतामणि, भाग-1, पृ. 105-06 पर उद्धृत)

(3)

एहो! बन, बंजर, कछार, हरे-भरे खेत
विटप, विहंग ! सुनो, अपनी सुनावें हम।
छूटे तुम, तो भी चाह चित्त से न छूटी यह,
बसने तुम्हारे बीच फिर कभी आवें हम।
सड़े चले जा रहे हैं बँधे अपने ही बीच
जो कुछ बचा है उसे बचा कहाँ पावें हम ?
मूल रस-स्रोत हो हमारे वही, छोड़ तुम्हें,
सूखते हृदय सरसाने कहाँ जावें हम ?

(4)

रूपों से तुम्हारे पले होंगे जो हृदय वे ही
मंगल की योग विधि पूरी पाल पावेंगे।
जोड़ के चराचर की सुख-सुषमा के साथ
सुख को हमारे शोभा सृष्टि की बनावेंगे।
वे ही इस महँगे हमारे नर जीवन का
कुछ उपयोग इस लोक में दिखावेंगे।
सुमन विकास, मृदु आनन के हास, खग–
मृग के विलास बीच भेद को घटावेंगे॥

(5)

नर में नारायण की कला भासमान कर
जीवन को वे ही दिव्य ज्योति सा जगावेंगे।
कूप से निकाल हमें छोड़ रूप सागर में
भव की विभूतियों में भाव सा रमावेंगे।
वैसे तो न जाने कितने ही कुछ काल कला
अपनी दिखाते अस्त होते चले जावेंगे।
जीने के उपाय तो बतावेंगे अनेक, पर
जिया किस हेतु जाय, वे ही बतलावेंगे॥

(चिंतामणि, भाग-2, पृ. 47-48 पर उद्धृत)

दूरता के गर्भ में

(6)

धुँधले दिगंत में विलीन हरिदाभ रेखा
किसी दूर देश की सी झलक दिखाती है।
जहाँ स्वर्ग भूतल का अंतर मिटा है चिर
पथिक के पथ की अवधि मिल जाती है।
भूत औ भविष्यत् की भव्यता भी सारी छिपी
दिव्य भावना सी वही भासती भुलाती है।
दूरता के गर्भ में जो रूपता भरी है वही
माधुरी हो जीवन की कटुता मिटाती है॥

(चिंतामणि, भाग-2, पृ. 104 पर उद्धृत)

बलिपशु

(7)

उस बलिपशु को देख आज जिसका तू, रे नर!
अपने रँग में रक्त बहायेगा वेदी पर।
होता उसको ज्ञान कहीं तेरा है जैसा,
क्रीड़ा करता कभी उछलता फिरता ऐसा ?
अंत काल तक हरा हरा चारा चभलाता।
हनन हेतु उस उठे हाथ को चाटे जाता।
आगम का अज्ञान ईश का परम अनुग्रह॥

[पोप की कविता 'एसे ऑन मैन' की कुछ पंक्तियों का यह अनुवाद 'चिंतामणि', भाग-1, पृ. 122 पर उद्धृत]

पूजा सामग्री

(8)

जो कुछ दे तू हमें उसी से काम हमारा सरता है।
कमी न होती उसमें कुछ वह पीछे तुझ पर फिरता है।
सरिताएँ सब बहती बहती जगहित आतीं जातीं।
अविच्छिन्न धारा से तेरे पद धोने को फिर धातीं।
सभी कुसुम अपने सौरभ से सकल सृष्टि को महकाते।
तेरी पूजा में वे अपना महायोग हैं रच पाते॥

जग वंचित हो जिससे ऐसी तेरी पूजन वस्तु नहीं।
जग हित में आई न वस्तु जो तव पूजन की नहीं, नहीं ॥

[गीतांजलि के एक गीत का यह अनुवाद 'चिंतामणि', भाग-2, पृ. 69-70 पर उद्धृत]

सूर्यास्त

(9)

सं—दंश
स्वर्ण 'गुन्' जाल
सिखर पर
रजत
पाठ करता है
बड़े-बड़े घंटे बजते हैं गेरू से
मोटे निठल्ले नगाड़े
और एक उत्तुंग
पवन
खींचता है
सागर
को
स्वप्न
से

[ई. ई. कमिंग्ज की कविता 'सनसेट' का यह अनुवाद 'चिंतामणि', भाग-2, पृ. 184 पर उद्धृत]

परिशिष्ट : ख

संस्कृत काव्यांश

वाल्मीकि

(1)

मा निषाद! प्रतिष्ठां त्वमगमः शाश्वती समाः।
यत् क्रौंचमिथुनादेकमवधीः काममोहितम्॥

(वा. रा./बाल. 2/5)

ओ निषाद! तू अनंत वर्षों तक प्रतिष्ठा (स्थिति) को प्राप्त न हो क्योंकि तूने क्रौंच के जोड़े में से एक कामपीड़ित नर का वध कर दिया है।

(चिंतामणि, भाग-2, पृ. 44)

(2)

(ईर्ष्या के कारण क्रोध की उत्पत्ति)

''ऐसा धात्री का वचन सुन कुब्जा अत्यंत डाह से उस कैलास श्रृंग सदृश प्रासाद पर से उतरी। उस काल में वह पापदृष्टि दासी जो क्रोध से जली जाती थी, कैकयी के पास, जो सोती थी, जाकर बोली।''

धात्र्यास्तु वचनं श्रुत्वा कुब्जा क्षिप्रममर्षिता।
कैलास शिखराकारात् प्रासादादवरोहत॥
सा दह्यमाना क्रोधेन मंथरा पापदर्शिनी।
शयानामेव कैकयीमिदं वचनमब्रवीत्॥

(अयोध्या. 7/12-13)

(रसमीमांसा, पृ. 351)

(3)

(कई मनोविकारों की स्वच्छंद योजना—)

''देखो, दशरथ रामचंद्र को यौवराज्य देना चाहते हैं सो मैं अथाह भय में डूबी, दुःख और शोक से युक्त हो, और आग से जलाई जाती-सी हो, तेरे हित के लिए यहाँ आई हूँ।''

अक्षयं सुमहद् देवि! प्रवृत्तं त्वद् विनाशनम्।
रामं दशरथो राजा यौवराज्यमभिषेक्ष्यति॥

सास्यगाधे भये मग्ना दुःखशोकसमन्विता।
दह्यमानानलेनेव त्वद्धितार्थमिहागता ॥

(अयोध्या. 7/20-21)

(रसमीमांसा, पृ. 351)

(4)

(मंथरा ने जब कैकयी के हृदय में अपने प्रति सुहृद भाव उत्पन्न कर लिया तब कैकयी कहती है—)

"एक तुझे छोड़ और सब टेढ़े अंग-भंग युक्त और परम पापिष्ठ हैं और तू वायु से झुके कमल के समान प्रियदर्शना है। तेरा वक्षस्थल स्कंधपर्यंत इस मांस के लोंदे से भरा और ऊँचा है और नीचे सुंदर नाभि से युक्त उदर वक्षस्थल से मानो लज्जित होकर शांत अर्थात् धँसा हुआ है...तेरा मुख विमल चंद्र के तुल्य है।"

नाहं समवबुद्धयेयं कुब्जे राज्ञश्चिकीर्षितम्।
सन्ति दुःसंस्थिताः कुब्जे वक्राः परमपापिकाः ॥
त्वं पद्ममिव वातेन सन्नता प्रियदर्शना।
उरस्तेऽभिनिविष्टं वै यावत् स्कंधात् समुन्नतम् ॥
अधस्ताच्चोदरं शान्तं सुनाभमिव लज्जितम्।...
विमलेन्दुसमं वक्त्रमहो राजसि मंथरे।....

(अयोध्या. 9/40-43)

(रसमीमांसा, पृ. 352)

(5)

"अब उस काल में नराधिप अमर्ष से 'अहो! धिक्कार है' ऐसा वचन कह फिर शोक से मूर्च्छित हो गए। फिर कुछ अधिक बिलंब में संज्ञा को प्राप्त हो अति दुःखित हुए, तदनंतर क्रुद्ध हो तेज से जलाते हुए कैकयी से बोले।"

मंडले पन्नगो रुद्धो मंत्रैरिव महाविषः।
अहोधिगिति सामर्षो वाचमुक्त्वा नराधिपः ॥
मोहमापेदिवान् भूयः शोकोपहतचेतनः।
चिरेण तु नृपः संज्ञां प्रतिलभ्य सुदुःखितः ॥
कैकयीमब्रवीत् क्रुद्धो निर्दहन्निव तेजसा।

(अयोध्या. 12/5-7)

(रसमीमांसा, पृ. 352)

(6)

"हे राम! मेरे मन से उत्पन्न यह शोक रूप अग्नि जो तुम्हारे अदर्शन रूप वायु से बढ़कर, विलाप दुःख रूप ईंधन से और आँसू रूप घृत से प्रदीप्त और चिंता रूप धूम से पूर्ण है, मुझे भस्म कर देगी।"

अयं तु मामात्मभवस्तवादर्शनमारुतः।
विलापदुःखसमिधो रुदिताश्रुहुताहुतिः॥
चिंताबाष्पमहाधूमस्तवागमनचिन्तजः।
कर्शयित्वाधिकं पुत्र निःश्वासायाससंभवः॥
त्वया विहीनामिह मां शोकाग्निरतुलो महान्।
प्रधक्ष्यति यथा कक्ष्यं चित्रभानुर्हिमात्यये॥

(अयोध्या. 24/6-8)

(रसमीमांसा, पृ. 352)

(7)

(रतिभाव का अमर्ष—)

"ऐसा राम का वचन सुन प्रियवादिनी वैदेही प्रेमपूर्वक क्रुद्ध हो पति से बोली।"

एवमुक्ता तू वैदेही प्रियार्हा प्रियवादिनी।
प्रणयादेव संक्रुद्धा भर्तारमिदमब्रवीत्॥

(अयोध्या. 27/1)

(रसमीमांसा, पृ. 353)

(8)

ज्योत्स्ना तुषार-मलिना पौर्णमास्यां न राजते।
सीतेव चातपश्यामा लक्ष्यते न तु दृश्यते॥

(अरण्य 16/14)

पाले से धुँधली पड़ी हुई पूनम की चाँदनी ऐसी दिखाई देती है जैसी धूप से साँवली पड़ी हुई सीता।

(चिंतामणि, भाग-2, पृ. 15)

(9)

(मारीच को मार आश्रम की ओर लौटते हुए रामचंद्रजी इस प्रकार शंका प्रकट करते हैं—)

दुःखिता खरघातेन राक्षसाः पिशिताशनाः।
तैः सीता निहता घोरैर्भविष्यति, न संशयः॥

(अरण्य. 58/16)

खर के वध से दुखी मांसभक्षी घोर राक्षसों ने सीता को मार डाला होगा, इसमें कोई संदेह नहीं।

(रसमीमांसा, पृ. 173)

(10)

(आश्रम में जानकी को न पाकर रामचंद्रजी इस प्रकार वितर्क करते हैं–)

हृता मृता वा नष्टा वा भक्षिता वा भविष्यति।
निलीनाऽप्यथवा भीरुरथवा वनमाश्रिता॥
गता विचेतुं पुष्पाणि फलान्यपि च वा पुनः।
अथवा पद्मिनीं याता जलार्थं वा नदीं गता॥

(अरण्य. 60/8-9)

सीता का हरण हो गया होगा या वह मर गई होगी या फिर उसे राक्षसों ने खा डाला होगा, या फिर वह भीरु स्वभावा कहीं वन में खो गई होगी, वन में फूल चुनने गई होगी या फल जुटाने या फिर जल लाने के लिए कमल सरोवर की ओर गई होगी या नदी की ओर ?

(रसमीमांसा, पृ. 173)

(11)

अवश्याय निपातेन किंचित्प्रक्लिन्न शाद्वला।
वनानां शोभते भूमिर्निविष्टतरुणातपा॥ 20॥
स्पृशंस्तु विपुलं शीतमुदकं द्विरदः सुखम्।
अत्यंततृषितो वन्यः प्रतिसंहरतेकरम्॥ 21॥
अवश्यायतमोनद्धा नीहारतमसावृताः।
प्रसुप्ता इव लक्ष्यन्ते विपुष्पा वनराजयः॥ 23॥
बाष्पसंछन्नसलिला रुतविज्ञेयसारसाः।
हिमार्द्रबालुकैस्तीरैः सरितो भान्ति साम्प्रतम्॥ 24॥
जराजर्जरितैः पद्मैः शीर्णकेसरकर्णिकैः।
नालशेषैर्हिमध्वस्तैर्न भान्ति कमलाकराः॥ 26॥

(वा. रा., अरण्य., सर्ग 16)

(वन की भूमि, जिसकी हरी-हरी घास पाला गिरने से कुछ गीली हो गई है, नई धूप पड़ने से कैसी शोभा दे रही है।

अत्यंत प्यासा जंगली हाथी बहुत शीतल जल के स्पर्श से अपनी सूँड़ सिकोड़ता है। बिना फूल के वनसमूह कुहरे के अंधकार में सोए से जान पड़ते हैं। नदियाँ, जिनका जल कुहरे से ढका हुआ है और जिनमें के सारस पक्षी केवल शब्द से जाने जाते हैं, हिम से आर्द्र बालू के तटों से ही पहचानी जाती

हैं। कमल, जिनके पत्ते जीर्ण होकर झड़ गए हैं, जिनकी केसर और कर्णिका टूट-फूटकर छितरा गई है, पाले से ध्वस्त होकर नालमात्र खड़े हैं।)

(चिंतामणि, भाग-2, पृ. 11)

(12)

एषा घर्मपरिक्लिष्टा नववारिपरिप्लुता।
सीतेव शोकसंतप्ता मही बाष्पं विमुंचति ॥ 7 ॥
एष फुल्लार्जुनः शैलः केतकैरभिवासितः।
सुग्रीव इव शांतारिर्धाराभिरभिषिच्यते ॥ 9 ॥
नीलमेघाश्रिता विद्युत् स्फुरंती प्रतिभाति मे।
स्फुरंती रावणस्यांके वैदेहीव तपस्विनी ॥ 12 ॥

(वा. रा. किष्किंधा, सर्ग 28)

धूप से तपी हुई, नवीन जल से सिंची हुई यह भूमि भाप को शोकसंतप्त सीता के समान छोड़ रही है।
केतकों से सुगंधित और फूलयुक्त अर्जुनोंवाला यह पर्वत, शांत हो गया है वैरी जिसका ऐसे सुग्रीव के समान धाराओं से सींचा जा रहा है।
काले मेघ के सहारे चमकती हुई बिजली मुझको ऐसी मालूम पड़ती है जैसे रावण की गोद में फड़कती हुई तपस्विनी सीता।

(चिंतामणि, भाग-2, पृ. 16)

(13)

क्वचित् प्रकाशं क्वचिदप्रकाशं
नभः प्रकीर्णाम्बुधरं विभाति।
क्वचित् क्वचित् पर्वतसन्निरुद्धम्
रूपं यथा शांतमहार्णवस्य ॥

(वा. रा. किष्किंधा., सर्ग 28/17)

कहीं मेघों के होने और कहीं न होने से, कहीं आकाश प्रकाशित और कहीं अप्रकाशित दृष्टिगोचर होता है जैसे शांत समुद्र का रूप पर्वतों से संरुद्ध होने के कारण कहीं प्रकाशित और कहीं अप्रकाशित रहता है।

(चिंतामणि, भाग-1, पृ. 133)

(14)

व्यामिश्रितं सर्जकदंब पुष्पै-
र्नवं जलं पर्वतधातुताम्रम्।
मयूरकेकाभिरनुप्रयातम्
शैलापगाः शीघ्रतरं वहन्ति ॥ 18 ॥

रसाकुलं षट्पदसन्निकाशं
प्रभुज्यते जम्बुफलं प्रकामम्।
अनेकवर्णं पवनावधूतं
भूमौ पतत्याम्रफलं विपक्वम् ॥
मुक्तासकाशं सलिलं पतद्वै
सुनिर्मलं पत्रपुटेषु लग्नम्।
हृष्टा विवर्णच्छदना विहंगाः
सुरेन्द्रदत्तं तृषिताः पिबन्ति ॥

(किष्किंधा., सर्ग 28)

(पर्वत की नदियाँ सर्ज और कदंब के फूलों से मिश्रित, पर्वतधातुओं (गेरू) से लाल, नए गिरे जल से कैसी शीघ्रता से बह रही हैं जिनके साथ मोर बोल रहे हैं।
रस से भरे, भौंरों के समान काले जामुन के फलों को लोग खा रहे हैं। अनेक रंग के पके आम के फल वायु के झोंकों से टूटकर भूमि पर गिरते हैं।
प्यासे पक्षी, जिनके पंख पानी से बिगड़ गए हैं, मोती के समान इंद्र के दिये हुए जल को, जो पत्तों की नोंक पर लगा है, हर्षित होकर पी रहे हैं।)

(चिंतामणि, भाग-2, पृ. 10)

कालिदास

(1)

त्वय्यात्तं कृषिफलमिति भ्रूविलासानभिज्ञैः
प्रीतिस्निग्धैर्जनपदवधूलोचनैः पीयमानः।
सद्यः सीरोत्कषणसुरभिक्षेत्रमारुह्य मालं
किंचित् पश्चाद् ब्रज लघुगतिर्भूय एवोत्तेरेण ॥

(पूर्व मेघ/16)

खेती का फल तुम्हारे अधीन है—इस उमंग से ग्रामवधूटियाँ भौंहें चलाने में भोले, पर प्रेम से गीले अपने नेत्रों में तुम्हें भर लेंगी। माल क्षेत्र के ऊपर इस प्रकार उमड़-घुमड़ कर बरसना कि हल से तत्काल खुरची हुई भूमि गंधवती हो उठे। फिर कुछ देर बाद चटक गति से पुनः उत्तर की ओर चल पड़ना।

(उद्धृत, चिंतामणि, भाग-1, पृ. 134)

(2)

तां कस्यांचिद् भवनबलभौ सुप्तपारावतायां
नीत्वा रात्रिं चिरविलसनात् खिन्नविद्युत्कलत्रः।

(पूर्वमेघ/38)

देर तक बिलसने से जब तुम्हारी बिजली रूपी प्रियतमा थक जाए, तो तुम वह रात्रि किसी महल की अटारी में, जहाँ कबूतर सोते हों, बिताना।

(उद्धृत, चिंतामणि, भाग-2, पृ. 8)

(3)

आमेखलं संचरतां घनानां छायामधः सानुगतां निषेव्य।
उद्वेजिता वृष्टिभिरांश्रयन्ते श्रृंगाणि यस्यातपवन्ति सिद्धाः ॥ 5 ॥
कपोलकण्डूः करिभिर्विनेतुं विघट्टितानां सरलद्रुमाणाम्।
यत्र स्रुतक्षीरतया प्रसूतः सानूनि गंधः सुरभीकरोति ॥ 9 ॥
भागीरथीनिर्झरसीकराणां वोढा मुहुः कंपितदेवदारुः।
यद् वायुरन्विष्ट मृगैः किरातैरासेव्यते भिन्नशिखंडिबर्हः ॥ 15 ॥

(कुमार संभवम्, सर्ग-1)

(मेखला तक घूमनेवाले मेघों के नीचे के शिखरों में प्राप्त छाया को सेवन करके वृष्टि से कँपे हुए सिद्ध लोग जिसके धूपवाले शिखरों का सेवन करते हैं। जिस (हिमालय) में कपोलों की खुजली मिटाने के लिए हाथियों के द्वारा रगड़े गए सरल (सलई) के पेड़ों से टपके हुए दूध से उत्पन्न सुगंध शिखरों को सुगंधित करती है। गंगा के झरने के कणों को ले जानेवाला, बार-बार देवदारु के पेड़ों को कँपाने वाला, मयूरों की पूँछों को छितरानेवाला जिसका पवन मृगों को ढूँढ़नेवाले किरातों द्वारा सेवन किया जाता है।)

(उद्धृत, चिंतामणि, भाग-2, पृष्ठ 11-12)

(4)

एवंवादिनि देवर्षो पार्श्वे पितुरधोमुखी।
लीलाकमलपत्राणि गणयाभास पार्वती ॥

(कुमार. 6/84)

("पिता के पास बैठी हुई पार्वती के सामने जब सप्तर्षियों ने शिव के साथ उसके विवाह की चर्चा चलाई तब वह सिर नीचा किए लीलाकमल के दल गिनने लगी।")

(रसमीमांसा, पृ. 189)

(5)

तुल्यानुरागपिशुनं ललितार्थबंधं
पत्रे निवेशितमुदाहरणं प्रियायाः।
उत्पक्षमणा मम सखे! मदिरेक्षणाया-
स्तस्याः समागतमिवाननमाननेन ॥

(विक्रमोर्वशीयम् 2/13)

इस पत्र में समान प्रेम की सूचना देनेवाले और ललित अर्थ से गुंफित, प्रियतमा के शब्द अंकित हैं। मानो उठी हुई बरौनियों से युक्त उस नशीली दृष्टिवाली सुंदरी के मुख से मेरा मुख मिल गया हो!

(जायसी, भूमिका, पृ. 62)

(6)

("कहाँ यह निषिद्ध कार्य, कहाँ मेरा चंद्रवंश! क्या वह फिर कभी दिखाई पड़ेगी ? अहो, यह क्या, मैंने तो कामादि दोषों का शमन करनेवाले शास्त्र पढ़े हैं। अहा! क्रोध में भी प्रियदर्शन उसका मुखड़ा! भला निष्कल्मष कृतविध लोग मेरे इस आचरण पर क्या कहेंगे ? हाय! वह तो अब स्वप्न में भी दुर्लभ है। हे चित्त! धीरज धर। न जाने कौन धन्य युवा उसका अधरपान करेगा")

(रसमीमांसा, पृ. 197)

क्वाकार्यं, शशलक्ष्मणः क्व च कुलं, भूयोपि दृश्येत सा
दोषाणां प्रशमाय नः श्रुतमहो, कोपेऽपि कान्तं मुखम्।
किं वक्ष्यन्त्यपकल्मषः कृतधिमः, स्वप्नेऽपि सा दुर्लभा
चेतः स्वास्थ्यमुपैहि, क्व खलु युवा धन्योऽधरं पास्यति ॥

(विक्रमो.)

(7)

तस्याः खुरन्यासपवित्रपांसुमपांसुलानां धुरि कीर्त्तनीया।
मार्गं मनुष्येश्वर धर्मपत्नी श्रुतेरिवार्थं स्मृतिरन्वगच्छत् ॥

(रघु. 2/2)

पतिव्रताओं में अग्रणी, राजा दिलीप की धर्मपत्नी सुदक्षिणा ने नंदिनी के खुरों के रखने से पवित्र धूलिवाले मार्ग का उसी भाँति अनुकरण किया जैसे वेद के वाक्यार्थ का, स्मृति अनुसरण करती है।

(जायसी, भूमिका, पृ. 74)

(8)

कुसुमजन्म ततो नवपल्लवास्तदनु षट्पद कोकिल कूजितम्।
इति यथाक्रममाविरभून्मधुर्द्रुमवतीमवतीर्य वनस्थलीम् ॥

(रघुवंशम् 9/26)

पहले फूलों की उत्पत्ति, फिर नए-नए पल्लव, उसके बाद भौरों की गुंजार और कोयलों का कुहकना, इस प्रकार वसंत क्रमानुसार पेड़ोंवाली वनभूमि में उतर कर प्रकट हुआ।

(उद्धृत, चिंतामणि, भाग-2, पृ. 16)

(9)

कालांतरश्यामसुधेषु नक्तं इतस्ततो रुढ़तृणांकुरेषु।
त एव मुक्ता गुणशुद्धयोऽपि हर्म्येषु मूर्च्छन्ति न चंद्रपादाः ॥ 18 ॥
रात्रावनाविष्कृतदीपभासः कांतामुखश्रीवियुता दिवापि।
तिरस्क्रियंते कृमितंतुजालैर्विच्छिन्नधूपप्रसराः गवाक्षाः ॥ 20 ॥

(रघुवंशम्, सर्ग 16)

(समय के फेर में काले पड़े हुए चूनेवाले मंदिरों में, जिनके इधर-उधर घास के अंकुर उगे हैं, रात्रि के समय मोती की माला के समान वे चंद्रकिरणें अब प्रकाश नहीं करतीं।

रात्रि में दीपक के प्रकाश से रहित और दिन में स्त्रियों के मुख की कांति से शून्य, जिनमें से धुएँ का निकलना बंद हो गया है, ऐसे झरोखे मकड़ियों के जालों से ढक गए हैं।)

(उद्धृत, चिंतामणि, भाग-2, पृ. 12)

भवभूति

(1)

एते त एव गिरयो विरुवन्मयूरा–
स्तान्येव मत्तहरिणानि वनस्थलानि।
आमंजुवंजुलतानि च तान्यमूनि
नीरंध्र-नीलनिचुलानि सरिलटानि ॥

(उत्तर रामचरितम्, 2/23)

बोलते हुए मोरोंवाले यही वे पर्वत हैं, मस्त हिरनोंवाले यही वे वनस्थल हैं, अत्यंत सुंदर अशोक के वृक्षों और लताओं से युक्त और अत्यंत घने हरितश्याम हिज्जल वृक्षों से सम्पन्न यही वे नदी के किनारे हैं।

(उद्धृत, चिंतामणि, भाग-1, पृ. 134)

(2)

उत्पत्स्यते हि मम कोऽपि समानधर्मा
कालो ह्ययं निरवधिर्विपुला च पृथ्वी।

मेरा कोई समानधर्मा अवश्य उत्पन्न होगा क्योंकि यह काल अनंत है और पृथ्वी बहुत विस्तृत।

(उद्धृत, चिंतामणि, भाग-1, पृ. 81)

माघ

अरुण जलज राजी मुग्ध हस्ताग्रपादा बहुल मधुप माला कज्जलेन्दीवराक्षी।
अनुपतति विरावैः पत्रिणां व्याहरंती रजनिमचिर जाता पूर्वसंध्या सुतेव ॥ 40 ॥
वितत पृथु वरत्रा तुल्यरूपैर्मयूखैः कलश इव गरीयान् दिग्भिराकृष्यमाणः।
कृतचपल विहंगालाप कोलाहलाभिर्जलनिधि जलमध्यादेष उत्तार्यतेऽर्कः ॥ 44 ॥
व्रजति विषयमक्ष्णामंशुमाली न यावत् तिमिरमखिलमस्तं तावदेवाऽरुणेन।
परपरिभवितेजस्तन्वतामाशु कर्तुं प्रभवति हि विपक्षोच्छेदमग्रेसरोऽपि ॥ 25 ॥

(शिशुपाल वधम्, सर्ग 11)

(अरुण कमल रूपी कोमल हाथ-पैरवाली, मधुपमाला रूपी कज्जलयुक्त कमलनेत्रवाली, पक्षियों के कलरवरूपी रोदनवाली यह प्रभातवेला सद्योजात बालिका के समान रात्रि रूपी अपनी माता की ओर लपकी आ रही है। जिस प्रकार घड़ा खींचते समय स्त्रियाँ कुछ कोलाहल करती हैं उसी प्रकार के पक्षियों के कोलाहल से पूर्ण दिशा रूपी स्त्रियाँ, दूर तक फैली हुई किरण रूपी रस्सियों से, सूर्य रूपी घड़े को बाँधकर बड़े भारी कलश के समान समुद्र के भीतर से खींचकर ऊपर निकाल रही हैं। सूर्य के उदय होने से पहले ही सूर्य के साथी अरुण ने सारा अंधकार दूर कर दिया, वैरियों को नष्ट करनेवाले स्वामियों के आगे चलनेवाला सेवक भी शत्रुओं को मार भगाने में समर्थ होता है।)

(चिंतामणि, भाग-2, पृ. 13 पर उद्धृत)

श्रीहर्ष

न तुला विषये तवाकृतिर्न वचो वर्त्मनि ते सुशीलता।
त्वदुदाहरणाऽकृतौ गुणा इति सामुद्रिक-सार-मुद्रणा ॥

(नैषधीय. 2/51)

(चिंतामणि, भाग-1, पृ. 149 पर उद्धृत)

(हे हंस!) तुम्हारी आकृति अतुलनीय है, असाधारण है; तुम्हारी सुशीलता का वर्णन वाणी के द्वारा संभव नहीं है। उत्तम आकृति में गुण होते हैं—सामुद्रिकों के इस सिद्धान्त के लिए तुम उदाहरणस्वरूप हो।

मंखक

एतद्‌बभ्रुकचानुचारिकिरणं राजद्रुहोऽह्नः शिर-
श्लेदाभं वियतः प्रतीचि निपतत्यब्धौ रवेर्मण्डलम्।
एषापि द्युरमा प्रियानुगमनं प्रोद्‌दामकाष्ठोत्थिते
संध्याग्नौ विरचय्य तारकमिषाज्जातास्थिशेषस्थितिः ॥

(अर्थात् नेवले के बालों के सदृश पीली किरणों को प्रकट करता हुआ सूर्य का यह बिंब, चंद्रमा का द्रोह करनेवाले दिन के कटे हुए सिर के समान, आकाश से पश्चिम समुद्र में गिरता है। दिशाओं में उत्पन्न संध्या रूपी प्रचंड अग्नि में अपने प्रियतम का अनुगमन करके आकाश की श्री (शोभा) भी तारों के बहाने (रूप में) अस्थिशेष हो गई। मतलब यह कि सती हो जानेवाली आकाशश्री की जो हड्डियाँ रह गईं वे ही ये तारे हैं।)

(चिंतामणि, भाग-2, पृ. 17 पर उद्‌धृत)

हनुमन्नाटक के कर्ता

(1)

या विभूतिर्दशग्रीवे शिरश्छेदेऽपि शंकरात्।
दर्शनाद्‌ रामदेवस्य सा विभूतिर्विभीषणे ॥

(हनुमन्नाटकम्)

दशग्रीव रावण को जो विभूति शिवजी को अपने सिर काटकर चढ़ा देने पर मिली, विभीषण को वही विभूति राम के दर्शन-मात्र से प्राप्त हो गई।

(उद्‌धृत, गो. तुलसीदास, पृ. 49)

(2)

रे रे वृक्षाः पर्वतस्थाः गिरिगहनलताः वायुना वीज्यमाना
रामोऽहं व्याकुलात्मा दशरथतनयः शोकशुक्रेण दग्धः।
बिम्बोष्ठी चारुनेत्री सुविपुलजघना बद्धनागेन्द्रकांची
हा! सीता केन नीता मम हृदयगता को भवान् केन दृष्टा ॥

(हनुमन्नाटकम् 5/10)

(रसमीमांसा, पृ. 79)

ओ पर्वत पर स्थित वृक्षो, वायु से आंदोलित पहाड़ी लताओ, मैं हूँ दशरथपुत्र राम शोकदग्ध और विरह व्याकुल। बिम्बाफल के समान लाल ओठोंवाली, सुन्दर नेत्रोंवाली, पुष्ट जघनों वाली, सिंह की सी कटिवाली मेरी हृदयेश्वरी सीता को कौन ले गया ? किसी ने देखा है ?

सूक्ति

(1)

उत्कृष्ट मध्यम निकृष्ट जनेषु मैत्री
यद्वच्छिलासु सिकतासु जलेषु रेखा।
वैरं निकृष्टमभिमध्यम उत्तमे च
यद्वच्छिलासु सिकतासु जलेषु रेखा॥

(उद्‌धृत, गो. तुलसीदास, पृ. 44)

उत्कृष्ट, मध्यम और निकृष्ट मनुष्यों के साथ मैत्री क्रमशः पत्थर, बालू और पानी पर खींची गई रेखा के समान होती है और इसके विपरीत, उत्कृष्ट, माध्यम और निकृष्ट मनुष्यों के साथ वैर पानी, बालू और पत्थर पर खींची गई लकीर के समान होता है।

(2)

रात्रिर्गमिष्यति भविष्यति सुप्रभातम्
भास्वानुदेष्यति हसिष्यति पंकजश्रीः।
इत्थं विचारयति कोशगते द्विरेफे
हा हन्त! हन्त! नलिनीं गज उज्जहार॥

(जायसी, भूमिका, पृ. 164)

रात बीतेगी, सबेरा होगा, सूरज उगेगा, कमल खिलेगा—पंखुड़ियों में बंद भौंरा यह सब सोच ही रहा था कि हाय! हाथी ने कमल को उखाड़ लिया।

(3)

शैले शैले न माणिक्यं मौक्तिकं न गजे गजे।
साधवो न हि सर्वत्र चंदनं न वने वने॥

(जायसी, भूमिका, पृ. 164)

सभी पर्वतों में माणिक्य नहीं होता, सभी हाथियों में मुक्ता नहीं होती, साधु सब जगह नहीं होते, सभी वनों में चंदन नहीं होता।

भर्तृहरि

(1)

पुरा विद्वत्तासीदुपशमवतां क्लेशहतये
गता कालेनासौ विषय-सुख-सिद्ध्यै विषयिणाम्।

(वैराग्य शतकम्, श्लोक 27)

पूर्वकाल में विद्वता (अर्थात् विद्या) चित्त को शांति प्रदान करती थी, और उसे क्लेश मुक्त करती थी, परवर्ती काल में वह विषयी लोगों के विषय-सुख का साधन बन गई।

(चिंतामणि, भाग-2, पृ. 134)

(2)

तृषा शुष्यत्यास्ये पिबति सलिलं स्वादु सुरभि
क्षुधार्त्तः सन् शालीन् कवलयति शाकादिवलितान्।
प्रदीप्ते कामाग्नौ सुदृढ़तरमाश्लिष्यति वधूम्
प्रतीकारं व्याधेः सुखमिति विपर्यस्यति जनः॥

(वै. श., श्लोक 86)

(प्यासे होने पर स्वादिष्ट और सुगंधित जल-पान, भूखे होने पर शाकादि के साथ चावलों का भोजन और हृदय में अनुरागाग्नि के प्रज्वलित होने पर प्रियात्मा का आलिंगन करनेवाले मनुष्य विलक्षण मूर्ख हैं। क्योंकि प्यास आदि व्याधियों की शांति के लिए जलपान आदि प्रतीकारों ही को वे सुख समझते हैं। वे नहीं जानते कि उनका यह उपचार बिल्कुल ही उलटा है।)

(चिंतामणि, भाग-3, पृ. 97)

अमरुक शतकम्

शून्यं वासगृहं विलोक्य शयनादुत्थाय किंचिच्छनै-
र्निद्राव्याजमुपागतस्य सुचिरं निर्वर्ण्य पत्युर्मुखम्।
विस्रब्धं परिचुम्ब्य जातपुलकामालोक्य गण्डस्थलीं
लज्जानम्रमुखी प्रियेण हसता बाला चिरं चुंबिता॥ 82॥

(नवोढ़ा नायिका ने वासगृह को शून्य देखकर शय्या से धीरे-धीरे कुछ उठकर निद्रा के बहाने लेटे हुए पति के मुख को बड़ी देर तक देखा (कि कहीं जागते तो नहीं हैं) फिर (सोता हुआ समझकर) विश्वासपूर्वक चुंबन किया, पर उसके गंडस्थल को (हर्ष से) पुलकित देखकर उस बाला ने लज्जा से मुँह नीचा कर लिया और प्रिय ने हँसते हुए उसका बहुत देर तक चुंबन किया।)

(रसमीमांसा, पृ. 139)

भोजप्रबंध

(एक कवि जी किसी राजा के सुयश की फैलती हुई सफेदी से घबराकर कहते हैं–)

यथा यथा ते सुयशोऽभिवर्द्धते
सितां त्रिलोकीमिव कुर्त्तुमुद्यतम्।
तथा तथा मे हृदयं विदूयते
प्रियालकालीधवलत्वशंकया ॥ 76 ॥

हे राजन्! समस्त त्रिलोकी को उज्ज्वल कर देने को उद्यत आपका सुयश जैसे जैसे बढ़ रहा है वैसे-वैसे मेरा हृदय यह सोचकर सूखा जा रहा है कि कहीं मेरी प्रियतमा के काले केश भी सफेद न हो जाएँ!

काव्यप्रकाश

("वह राजा भद्रात्मा है, उसने शिलीमुखों का संग्रह किया है, दान से उसका घर सुशोभित है।")

भद्रात्मनो दुरधिरोहतनार्विशालवंशोन्नतेः कृतशिलीमुखसंग्रहस्य।
यस्यानुपप्लुतगतेः परवारणस्य दानांबुसेकमुभगः सततं करोऽभूत् ॥ 2/12 ॥

(रसमीमांसा, पृ. 313)

साहित्यदर्पण

(1)

किं रुद्धः प्रियया कयाचिदथवा सख्या ममोद्वेजितः
किं वा कारण गौरवं किमपि यन्नाद्यागतो बल्लभः।

(सा. द., पृ. 81)

क्या किसी अन्य प्रियतमा ने रोक लिया ? अथवा मेरी सखी ने ही अप्रसन्न कर दिया? अथवा कोई विशेप कार्य अटक गया जिससे प्रियतम अब तक नहीं आए।

(रसमीमांसा, पृ. 172)

(2)

हरस्तु किंचित् परिवृत्त धैर्यश्चंद्रोदयारंभ इवांबुराशिः।
उमामुखे विम्वफलाधरोष्ठे व्यापारयामास विलोचनानि ॥

(सा. द., पृ. 125)

हिमालय में कामदेव के माया फैलाने के बाद पूजा के लिए आई हुई बसंतपुष्पालंकृत पार्वती को देखकर चंद्रोदय के समय उमड़े हुए समुद्र की भाँति, शिवजी का धैर्य कुछ विचलित हो गया और बिंबाफल के समान अधरोष्ठ से युक्त पार्वती के मुख पर अपनी भाव-भरी दृष्टि डालने लगे।

(उपर्युक्त श्लोक 'साहित्यदर्पण' में कुमारसंभव' (3/67) से उद्‌धृत है।) (रसमीमांसा, पृ. 183)

(3)

नयनयुगा सेचनकं मानसवृत्त्यापि दुष्प्रापम्।
रूपमिदं मदिराक्ष्या मदयति हृदयं दुनोति च मे॥

(सा. द., पृ. 128)

नेत्रों को तृप्त करनेवाला और मन को भी दुर्लभ, (शरीर की तो बात ही क्या) यह इस मस्त नेत्रवाली तरुणी का सुंदर रूप मेरे हृदय को आनंदित भी करता है और अति दुर्लभ होने से दुःखी करता है।)

(रसमीमांसा, पृ. 199)

(4)

("चंदन छूट गया है, अंजन नहीं रह गया है, शरीर भी पुलकित है, हे झूठी दूती, तू वापी स्नान करने गई थी, उस अधम (नायक) के पास नहीं गई थी।")

(रसमीमांसा, पृ. 314-15)

निःशेषश्च्युतचंदनं स्तनतटं निर्मृष्टरागोऽधरो
नेत्रे दूरमनंजने पुलकिता तन्वी तवेयं तनुः।
मिथ्यावादिनि दूति बांधवजनस्याज्ञातपीडागमे
वापीं स्नातुमितो गतासि न पुनस्तस्याधमस्यांतिकम्॥

(सा. द., पृ. 44)

(5)

("गुरुजनों के बीच नायिका ने नायक की ओर भाव से देख लीलाकमल का मुख बंद कर दिया") (संकेत का समय संध्या है—यह अर्थ व्यंग्य है।)

(रसमीमांसा, पृ. 315)

संकेतकालमनसं विटं ज्ञात्वा विदग्धया।
हसन्नेत्रार्पिताकूतं लीलापद्मं निमीलितम्॥

(सा. द., पृ. 45)

(6)

("इस बालक के पिता इस कुएँ का खारा पानी न पीएँगे। मैं झटपट तमालाकुल सोते पर जाती हूँ। पुराने नरसल की गाँठें देह में खरोट डालें तो डालें।")

(रसमीमांसा, पृ. 321)

दृष्टिं हे प्रतिवेशिनि क्षणमिहाप्यस्मद् गृहे दास्यसि।
प्रायेणास्य शिशोः पिता न विरसाः कौपीरपः पास्यति।
एकाकिन्यपि यामि सत्वरमितः स्रोतस्तमालाकुलं
नीरन्ध्रास्तनुमालिखन्तु जरठच्छेदा नलग्रंथयः ॥

(साहित्य द., पृ. 135)

(7)

("दक्षिण दिशा में जाने से (दक्षिणायन होने से) सूर्य का तेज भी मंद हो जाता है। परंतु उसी दिशा में रघु का प्रताप पांड्य देश के राजाओं से नहीं सहा गया।")

(रसमीमांसा, पृ. 322)

दिशि मंदायते तेजो दक्षिणस्यां रवेरपि।
तस्यामेव रघोः पाण्ड्याः प्रतापं न विषेहिरे ॥

(साहित्य दर्पण, पृ. 135)

(साहित्य दर्पण में यह श्लोक 'रघुवंश' (4/49) से उद्धृत है।)

(8)

("उस वेणुहारी को दूर से अपनी ओर झपटते देख बलराम ने भी सँभलकर पराक्रम के साथ उसे ऐसा देखा जैसे मत्त मातंग को केसरी देखे।")

(रसमीमांसा., पृ. 322)

आपतंतममुं दूरादूरीकृतपराक्रमः।
बलोऽवलोकयामास मातंगमिव केसरी ॥

(सा. द., पृ. 134)

(9)

("रण में क्रोध से ओठ चबाते हुए जिस राजा ने शत्रुनारियों के ओठों को पति के प्रगाढ़ दंतक्षत की व्यथा से छुड़ा दिया।")

(रसमीमांसा, पृ. 322)

गाढकांतदशनक्षत व्यथासंकटादरिवधूजनस्य यः।
ओष्ठविद्रुमदलान्यमोचयन्निदर्शयन् युधि रुपा निजाधरम् ॥

(सा. द., पृ. 135)

(10)

("हे वीर, केवल रात्रि में ही चंद्रमा की किरणों से प्रकाशित होनेवाले भुवनमंडल को अब आपकी कीर्ति दिन-रात शोभित कर रही है।")

(रसमीमांसा, पृ. 323)

रजनीषु विमलभानोः करजालेन प्रकाशितं वीर।
धवलयति भुवनमंडलमखिलं तव कीर्तिसंततिः सततम् ॥

(सा. द., पृ. 136)

(11)

("उस समय रावण की मुकुटमणियों के बहाने राक्षस-श्री के आँसू पृथ्वी पर गिरे")

(रसमीमांसा, पृ. 323)

दशाननकिरीटेभ्यस्तत्क्षणं राक्षसश्रियः।
मणिव्याजेन पर्यस्ताः पृथिव्यामश्रुबिन्दवः ॥

(सा. द., पृ. 136)

(सा. द. में यह श्लोक 'रघुवंश' (10/75) से उद्धृत है।)

(12)

("हे त्रिकलिंग देश तिलक! आपकी अकेली कीर्तिराशि इंद्रपुरी की स्त्रियों के अनेक भूषणों के रूप में परिणत हो गई—चोटी में मल्लिका के पुष्प हुई, हाथ में श्वेत कमल, गले में हार, शरीर में चंदन लेप।")

(रसमीमांसा, पृ. 323)

धम्मिल्ले नवमल्लिका समुदयो हस्ते सिताम्भोरुहं
हारः कंठतटे पयोधरयुगं श्रीखंडलेपो घनः।
एकोऽपि त्रिकलिंगभूमितिलक त्वत्कीर्तिराशिर्ययौ
नानामंडनतां पुरंदरपुरी वामभ्रुवां विग्रहे ॥

(सा. द., पृ. 136)

(13)

("हे सुमुखि! इस सूए के बच्चे ने किस पर्वत पर कितने दिनों तक क्या तप किया है कि यह तुम्हारे ओठ के सदृश लाल बिंबफल का स्वाद ले रहा है।")

(रसमीमांसा, पृ. 324)

शिखरिणि क्व नु नाम कियच्चिरं किमभिधानमसावकरोत्तपः।
सुमुखि, येन तवाधरपाटलं दशति बिम्बफलं शुकशावकः ॥

(सा. द., पृ. 137)

(14)

("हे सखि! वसंत में काम के बाणों ने करोड़ों की संख्या प्राप्त करके पंचता छोड़ दी और वियोगिनियों को पंचता प्राप्त हुई।")

(रसमीमांसा, पृ. 324)

सुभगे कोटिसंख्यत्वमुपेत्य मदनाशुगैः।
वसंते पंचता त्यक्ता पंचतासीद् वियोगिनाम्॥

(सा. द., पृ. 138)

(15)

("हे क्रोधशीले! चमेली की कली पर गूँजता हुआ भ्रमर ऐसा मालूम होता है मानो कामदेव की विजययात्रा का विजयशंख बज रहा है।")

(रसमीमांसा, पृ. 325)

मल्लिकामुकुले चंडि भाति गुंजन्मधुव्रतः।
प्रयाणे पंचबाणस्य शंखमापूरयन्निव॥

(सा. द., पृ. 138)

(16)

("उसी के नेत्र नेत्र होंगे जिसके सामने यह तरुणी होगी।")

(रसमीमांसा, पृ. 326))

धन्यः स एव तरुणो नयने तस्यैव नयने च।
युवजनमोहनविद्या भवितेयं यस्य सम्मुखे सुमुखी॥

(सा. द., पृ. 139)

(17)

("देख! मैं तुझसे कहता हूँ, यहाँ विद्वानों की मंडली है, अपनी बुद्धि को स्थिर करके काम करना।")

(रसमीमांसा, पृ. 326)

त्वामस्मि वच्मि विदुषां समवायोऽत्र तिष्ठति।
आत्मीयां मतिमास्थाय स्थितिमत्र विधेहि तत्॥

(सा. द., पृ. 140)

(18)

("वह लावण्य! वह कांति! वह रूप! और वह वचनावली! उस समय तो ये सब अमृतवर्षी थे परंतु अव अत्यंत संतापकारी हो गए हैं।")

(रसमीमांसा, पृ. 326)

लावण्यं तदसौ कांतिस्तद्रूपं स वचः क्रमः।
तदा सुधास्पदमभूदधुना तु ज्वरो महान्॥

(रसमीमांसा, पृ. 140)

(19)

("एकांतवास की आज्ञा देने में तत्पर और भुक्ति-मुक्ति देनेवाला सदागम (सच्छास्त्र अथवा अच्छे पुरुष का आना) किसे आनंदित नहीं करता ?")

(रसमीमांसा, पृ. 327)

भुक्तिमुक्तिकृदेकान्तसमादेशनतत्परः।
कस्य नानंदनिष्यंदं विदधाति सदागमः॥

(सा. द., पृ. 141)

(20)

("अलौकिक बुद्धि से युक्त संपूर्ण पृथ्वी को धारण करनेवाला यह कोई पुरुषोत्तम राजा सुशोभित है।")

अनन्यसाधारणधीर्धृताखिलवसुंधरः।
राजते कोऽपि जगति स राजा पुरुषोत्तमः॥

(सा. द., पृ. 141)

(21)

("तूने अभी सायंकाल स्नान किया है। शरीर में शीतल चंदन का लेप किया है, सूर्य अस्त हो गया है (धूप भी नहीं है), और आराम से धीरे-धीरे तू यहाँ आई है, तेरी सुकुमारता अद्भुत है जो इस समय तू ऐसी क्लांत हो गई है।")

(रसमीमांसा, पृ. 327)

सायं स्नानमुपासितं मलयजेनांगं समालेपितं
यातोऽस्ताचलमौलिमंबरमणिर्विस्रब्धमत्रागतिः।
आश्चर्यं तव सौकुमार्यमभितः क्लांतासि येनाधुना
नेत्रद्वन्द्वममीलनव्यतिकरं शक्नोति ते नासितुम्॥

(सा. द. पृ. 141)

(22)

("जैसे पीन स्तनों से सुशोभित दीर्घ और चंचल नेत्रवाली प्रिय के आगमन के महोत्सव में द्वार पर खड़ी हुई मांगलिक पूर्ण कलश और कमलों की बंदनवार बिना यत्न के ही संपादित कर रही है।")

(रसमीमांसा, पृ. 329)

अत्युन्नतस्तनयुगा तरलायताक्षी
द्वारि स्थिता तदुपयानमहोत्सवाय।
सा पूर्ण कुंभ नवनीरज तोरण स्रक्-
संभार मंगलमयत्नकृतं विधत्ते॥

(सा. द., पृ. 148)

(23)

("हा! यह वह हाथ है जो रशना का आकर्षण करता था, कपोलों का स्पर्श करता था"...)

(रसमीमांसा, पृ. 329)

अयं स रशनोत्कर्षी पीनस्तनविमर्दनः।
नाभ्यूरूजघनस्पर्शी नीवीविस्रंसनः करः॥

(सा. द., पृ. 149)

(24)

("हे राजेन्द्र! पृथ्वी और आकाश के मध्य सर्वत्र प्रकाश करता हुआ वैरि-वंश का दावानल रूप यह आपका प्रताप सर्वत्र जग रहा है।")

(रसमीमांसा, पृ. 330)

दीपयन् रोदसी रंध्रमेष ज्वलति सर्वतः।
प्रतापस्तव राजेन्द्र वैरिवंशदवानलः॥

(सा. द., पृ. 152)

(25)

("संधि करने में सर्वस्व छिनता है और विग्रह करने में प्राणों का भी निग्रह होता है। अलाउद्दीन के साथ न तो संधि हो सकती है और न ही विग्रह।")

(रसमीमांसा, पृ. 330)

संधौ सर्वस्वहरणं विग्रहे प्राणनिग्रहः।
अल्लावदीननृपतौ न संधिर्न च विग्रहः॥

(सा. द., पृ. 153)

(26)

("जिस नगरी के ऊँचे-ऊँचे प्रासादों में जड़े लाल मणियों का गगनचुंबी प्रकाश यौवनमद से मत्त रमणियों को बिना संध्याकाल के ही संध्या का भ्रम उत्पन्न करके कामकलाओं से पूर्ण भूषणादि रचना में प्रवृत्त करता है।")

(रसमीमांसा, पृ. 330-31)

यत्रोन्मदानां प्रमदाजनानामभ्रंलिहः शोणमणीमयूखः।
संध्याभ्रमं प्राप्नुवतामकांडेऽप्यनंगनेपथ्यविधिं विधत्ते ॥

(सा. द., पृ. 154)

(27)

("जलक्रीड़ा के समय चंचल हथेलियों से बार-बार राधा के मुख को ढाँककर खोलकर चक्रवाक के जोड़े का संयोग और वियोग करनेवाले कौतुकी कृष्ण संसार की रक्षा करें।")

(रसमीमांसा, पृ. 340)

जलकेलितरलकरतलमुक्तः पुनः पिहित राधिका वदनः।
जगदवतु कोकयूनोर्विघटन-संघटन-कौतुकी कृष्णः ॥

(सा. द., पृ. 165)

परिशिष्ट : ग

प्राकृत काव्यांश

(1)

("भगत जी, बेधड़क घूमिए, उस कुत्ते को, जो तुम्हें तंग किया करता था, नदी किनारे उस कुंज में रहनेवाले सिंह ने मार डाला।")

(रसमीमांसा, पृ. 319)

भम धम्मिअ बीसत्थो सो सुणओ अज्ज मारिओ देण।
गोलाणइकच्छकुडंगवासिणा दरीअसीहेण ॥

(सा. द., पृ. 131)

(2)

["पथिक, इन उठे हुए पयोधरों को देखकर यदि ठहरना चाहते हो तो ठहर जाव।" (पयोधर = मेघ और स्तन)]

(रसमीमांसा, पृ. 320)

पंथिअ ण एत्थ सत्थरमत्थि मणं पत्थरत्थले गामे।
उण्णअ पओहरं पेक्खिऊण जइ बससि ता वससु ॥

(सा. द., पृ. 133)

(3)

("युवतियों की ओर लक्ष्य रखनेवाले मुखों से युक्त नव पल्लव रूप पत्र (पंख) वाले नए-नए आम के मौरों के बाण वसंत में कामदेव तैयार करता है।")

(रसमीमांसा, पृ. 323)

सज्जेइ सुरहियासोण दाव अप्पेइ जुअइजण लक्ख मुहे।
अहिणव सहआर मुहे णवपल्लवपत्तले अणंगस्स सरे ॥

(सा. द., पृ. 135)

(4)

("हे सुंदर! हजारों स्त्रियों से भरे हुए तुम्हारे हृदय में अवकाश न पाकर वह कामिनी और सब काम छोड़कर दिन-रात अपने दुर्बल शरीर को और भी दुर्बल बना रही है।")

(रसमीमांसा, पृ. 325)

महिला सहस्सभरिए तुह हिअए सुहअ सा अमाअन्ती ।
अणुदिणमणण्ण कम्मा अंग तणुअं पि तणुएइ ॥

(साहित्य दर्पण, पृ. 138)

(5)

("प्रिया का व्रणयुक्त ओष्ठ देखकर किसके मन में क्षोभ न होगा। हे भ्रमरयुक्त पद्म को सूँघनेवाली निवारित वामा, अब तू सहन कर।")

कस्स ण होइ रोसो दट्ठूण पिआए सब्वणं अहरम् ।
सब्भमर पउमग्घाइणि वारिअवामे सहसु एण्हिम् ॥

(सा. द., पृ. 160)

परिशिष्ट-घ : बँगला काव्यांश

रवीन्द्रनाथ

("हीरा, मोती और माणिक की घटा, शून्य दिगंत के इंद्रजाल इंद्रधनुष की छटा की भाँति यदि लुप्त हो जाती है तो हो जाए, केवल एक बूँद आँखों का आँसू—यह शुभ्र, समुज्ज्वल ताजमहल—काल के कपोल प्रांत पर बचा रहे।")

(चिंतामणि, भाग-2, पृ. 173)

(इसका मूल बँगला रूप नीचे दिया जा रहा है—)

हीरा मुक्ता माणिक्येर घटा
येन शून्य दिगंतेर इंद्रजाल इंद्रधनुच्छटा
याय यदि लुप्त हये याक,
शुधु थाक
एक बिन्दु नयनेर जल
कालेर कपोल तले शुभ्र समुज्ज्वल
ए ताजमहल।

("शा-जाहान")

(2)

हे सम्राट् कवि,
एइ तव हृदयेर छवि,
एइ तव नव मेघदूत,
अपूर्व अद्भुत

('शाहजाहान', चिंतामणि, भाग-2, पृ. 173)

(3)

(शुक्लजी ने गीतांजलि का एक गीत 'काव्य में रहस्यवाद' शीर्षक निबंध में उद्धृत किया है—मूल नहीं, उसका पद्यबद्ध भावानुवाद। यह उद्धरण 'परिशिष्ट-क' में संकलित है।)

परिशिष्ट-ङ : अंग्रेजी काव्यांश

शेक्सपियर

(1)

The poet's eye in fine frenzy rolling
Doeth glance from heavn to earth and earth to heaven.

(सौंदर्य मद में झूमती हुई कवि की दृष्टि स्वर्ग से भूलोक और भूलोक से स्वर्ग तक बिचरती रहती है।)

(उद्धृत, हिं. सा. का इति., पृ. 536)

(2)

Where love is great,
The littlest doubts are fears
Where little fears grow great,
Great love is there.

(जायसी, भूमिका, पृ. 92)

वड्र्सवर्थ

I stopped and said , with inly muttered voice,
It doth not love the shower, nor seek the cold;
This neither is its courage nor its choice,
But its necessity in being old.

[A Lesson]

(मैं रुक गया और मन ही मन कहने लगा—यह न तो इस झड़ी को चाहता है, न इस ठंड को ही। न तो यह इसका साहस ही है, न रुचि। यह जरावस्था की अवशता है।)

(उद्धृत, चिंतामणि, भाग-2, पृ. 50)

(2)

(...उस घर का लालच न कर। बहुत से तेरे ऐसे लोग इसी तरह ताकते और सोचते-विचारते रह जाते हैं। उनकी चले तो वे प्रकृति की पुस्तक के इस बहुमूल्य पत्ते को अपवित्र निष्ठुरता से नोंच फेंके। यह समझ रख कि यह घर यदि आज तेरा हो जाए तो जो कुछ आकर्षण इसमें है वह सब हवा हो जाए। इसकी छत, खिड़की, दरवाजे, चढ़ी हुई फूल की लताएँ सब दीनों की पवित्र वस्तुएँ हैं।)

('एक पथिक को शिक्षा'
उद्धृत, चिंतामणि, भाग-2, पृ. 106)

Admonition To A Traveller

But covet not the abode; forbear to sigh
As many do; repining while they look;
Instruders-who would tear from Nature's book
This precious leaf with harsh impiety.
Think what the home must be if it were thine,
Even thine, though few thy wants !-Roofs, window, door
The very flowers are sacred to the Poor,
The roses to the porch which they entwine:
Yea, all that now enchants thee, from the day.
On which it should be touch'd, would melt away!

(3)

''हमारा जन्म एक प्रकार की निद्रा या विस्मृति है। जीवन के नक्षत्र हमारी आत्मा का—जिसका उदय हमारे साथ होता है—विधान कहीं अन्यत्र ही हुआ करता है, वह किसी दूर देश से आती है। आने में न तो हममें एकदम विस्मृति ही रहती है, न शुद्धरूपता ही। ईश्वर के पास से हम दिव्य और भव्य घनखंडों में से होते हुए आते हैं। बचपन में हमारे चारों ओर स्वर्ग का आभास कुछ-कुछ बना रहता है। पर ज्यों-ज्यों बालक बढ़ता जाता है त्यों-त्यों इस भव्य कारागार की छाया में बंद होता जाता है। फिर भी उस ज्योति का आभास उसे कुछ काल तक अपने आनंद में मिलाता रहता है। युवावस्था की ओर बढ़ता हुआ वह यद्यपि अपने उदय की दिशा से दूर होता जाता है, पर प्रकृति का पुजारी तब तक भी बना रहता है। उसका मार्ग दिव्य सौंदर्य की भावना से जगमगाता

है। अंत में जब वह बढ़कर पूरा मनुष्य हो जाता है तब आनंद की वह आभा जीवन के मध्याह्न के प्रखर में विलीन हो जाती है।"

Our birth is but a sleep and a forgetting;
The Soul that rises with us 'our life's Star'
Hath had elsewhere its setting
And cometh from afar;
Not in entire forgetfulness,
And not in utter nakedness,
But trailing clouds of glory do we come
From God, who is our home:
Heaven lies about us in our infancy!
Shades of the prison-house begin to close
Upon the growing Boy,
But he beholds the light, and whence it flows,
He sees it in his joy;
The Youth, who daily farther from the east
Must travel, still is Nature's preist,
And by the vision splendid
Is on his way attended:
At length the Man perceives it die away,
And fade into the light of common day.

[Ode on Intimations of Immortality From Recollections of Early childhood, (बाल्यावस्था की स्मृति द्वारा अमरत्व का संकेत उद्धृत, चिंतामणि., भाग-2, पृ. 107-08)]

(4)

"अपने लड़कपन के दिनों का स्मरण कीजिए! वे ही हरे-भरे मैदान, अमराइयाँ और नाले आदि जो अब साधारण दृश्य जान पड़ते हैं, कैसी आनंदमयी दिव्य प्रभा से मंडित दिखाई पड़ते थे। फूल अब भी सुंदर लगते हैं, चंद्रमा अब भी शरदाकाश में सुहावना लगता है, पर इन सबकी वह दिव्य आभा अब पृथ्वी पर कहाँ जो लड़कपन में हृदय को आनंदोल्लास से भर देती थी।"

(उद्धृत, चिंतामणि, भाग-2, पृ. 108, शुक्ल जी ने यहाँ उपर्युक्त कविता के आरंभिक अंश का हिंदी भावार्थ दिया है लेकिन इसके साथ मूल अंग्रेजी काव्यांश उद्धृत नहीं किया है। पाठकों की सुविधा के लिए हम यहाँ मूल अंग्रेजी काव्यांश भी दे रहे हैं।)

There was a time when meadow, grove, and stream,
The earth, and every common sight
To me did seem
Apparell'd in celestial light,
The glory and the freshness of a dream.
It is not now as it hath been of yore;-
Turn where soe'er I may,
By night or day,
The things which I have seen I now can see no more,
The rainbow comes and goes,
And lovely is the rose;
The moon doth with delight
Look round her when the heavens are bare;
Waters on a starry night
Are beautiful and fair;
The sunshine is a glorious birth;
But yet I know, where'er I go,
That there hath past away a glory from the earth.

(5)

("हे पृथ्वी और समुद्र पर की गति और साधन! तुम हमारी पुरानी रसभावना के साथ मेल नहीं खाते हो, पर अब यह न होगा कि तुम इस कारण अनुपयुक्त समझे जाओ। तुम्हारी उपस्थिति चाहे प्रकृति की रमणीयता को कितना ही भ्रष्ट करे पर मन को भविष्य के हेर-फेर का ऐसा अगम ज्ञान, दृष्टि की वह सीध, प्राप्त करने में बाधा न देगी जिससे यह खुले कि तुम तत्त्वतः हो क्या।")

(रसमीमांसा, पृ. 249)

Motions and Means on land and sea at war
With old poetic feeling, not for this
Shall ye, by poets even, be judged amiss
Nor shall your presence, howsoe'er it mar
The loveliness of Nature, prove a bar
To the mind's gaining that prophetic sense
Of future change, that point of vision, whence
May be discovered what is soul ye are.

शेली

(1)

I made a nosegay.....
Kept these imprisoned children of the house
Within my hand,—and then elate and gay
I hastened to spot from whence I had come,
That I might there present it—O! to whom ?

[(मैने फूलों को चुन-चुनकर बहुत सुंदर स्तवक तैयार किया और बड़े आह्लाद के साथ वहाँ दौड़ा गया जहाँ से आया था कि उसे अर्पित करूँ। पर अरे! किसे ?)]

(Question, 'जिज्ञासा'। उद्‌धृत, चिंतामणि, भाग-2, पृ. 68)

(2)

"प्रकृति के गुप्त से गुप्त पथों में वह उसकी छाया की तरह जाता है—जहाँ ज्वालामुखी से उठी हुई लपट की रक्त आभा तुषारमंडित पर्वतशिखर के ऊपर छाई हुई है।...जहाँ ऐसी अँधेरी गुप्त गुफाएँ हैं जो ज्वलंत और विषाक्त धाराओं के बीच चक्कर खाती बड़ी दूर तक चली गई हैं और जिनमें अब तक न लोभ मनुष्य को ले गया है, न साहस का अभिमान। गुफा के भीतर बड़े-बड़े दीवानखाने पड़े हैं जिनके ऊपर फैली हुई छत हीरे और सोने से जड़ी है। स्फटिक के ऊँचे-ऊँचे खंभे खड़े हैं। बीच-बीच में उज्ज्वल मुक्तामयी वेदियाँ दिखाई पड़ती हैं। पुष्पराग के सिंहासन इधर-उधर पड़े झलकते हैं।"
("अलास्टर" या "दि स्पिरिट ऑव सॉलिट्यूड" शीर्षक कविता का यह अनूदित अंश शुक्लजी ने 'चिंतामणि' भाग-2, पृ. 10 पर उद्‌धृत किया है।)

(3)

("स्त्रीत्व का आध्यात्मिक आदर्श उपस्थित करनेवाले (एपीसाइकीडियन) में प्रिया की मधुर वाणी प्रकृति के क्षेत्र में कहाँ-कहाँ सुनाई पड़ती है—")

In solitudes,
Her voice came to me through the whispering words,
And from the fountains, and the odours deep
Of flowers which like lips murmurring in their sleep
Of the sweet kisses which had lulled them there,
Breathed but of her to the enamoured air;

And from the breezes whether low or loud,
And from the rain of every passing cloud,
And from the singing of the summer birds,
And from all sounds, all silence.

(भावार्थ–निर्जन स्थानों के मर्मर करते हुए काननों में, झरनों में, उन पुष्पों की पराग गंध में जो उस दिव्य चुंबन के सुखस्पर्श से सोए हुए कुछ बर्राते से मुग्ध पवन को उसका परिचय दे रहे हैं, इसी प्रकार मंद या तीव्र समीर में, प्रत्येक दौड़ते हुए मेघखंड की झड़ी में, वसंत के विहंगमों के कलकूजन में तथा प्रत्येक ध्वनि में और निःस्तब्धता में भी मैं उसी की वाणी सुनता हूँ।)

(जायसी, भूमिका, पृ. 155-56)

(4)

''वह प्रभात से सायंकाल तक झील में झलमलाती धूप और इश्कपेंचों के फूलों पर बैठी पीली मधुमक्खियों को देखता रहेगा। इसकी परवाह न करेगा कि इन वस्तुओं की सत्ता क्या है। वह इनके (इन रूपों के) द्वारा ऐसे रूप (कल्पना में) संघटित करेगा जो अमरत्व के अंगज होंगे और जिनकी सत्ता मनुष्य सत्ता से भी वास्तविक होगी।''

He will watch from dawn to gloom
The lake-reflected sun illume
The yellow bees in the ivy-bloom,
Nor heed nor see what things they be—
But from these create he can
Forms more real than living Man,
Nurslings of Immortality!

("The Poet's Dream", 'कवि-स्वप्न', उद्धृत, चिंतामणि, भाग-2, पृ. 109-10)

ब्राउनिंग

(1)

''यदि मनुष्य केवल आनंद से तृप्त होने के लिए ही, ढूँढ़ने, पाने और आनंद लेने के लिए ही, बना है तब तो जीवन का इतना गर्व–उसके महत्त्व की इतनी चर्चा–व्यर्थ है। यह आनंद पूरा हुआ कि मनुष्यों के दिन भी पूरे हुए समझिए। क्या पेट भरे पशु पक्षी को भी संशय या चिंता सताती है ?

फिर, प्रत्येक बाधा को, जो भूतल के सम-सुगम को विषम और दुर्गम करती हो, खुशी से आने दो, प्रत्येक दंश (पहुँचाए हुए कष्ट) को जो न बैठा रहने देता हो, न खड़ा रहने, बराबर चलाता ही रहता हो, खुशी से लगने दो। हमारे आनंद बारह आने क्लेश ही हो जाएँ तो क्या ? प्रयत्नवान् रहो और जो कुछ श्रम पड़े उसे गनीमत समझो। सीखो, कष्ट की परवाह न करो, साहस करो, क्लेश से मुँह न मोड़ो।")

Poor want of life indeed,
Were man but formed to feed.
On joy, to solely seek and find and feast;
Such feasting ended, then
As sure an end to men;
Irks care the eropful bird ? freights
Doubt the maw-crammed beast ?
Then welcome each rebuff
That turns earth smothness rough
Each sting that bids nor sit, nor stand but go,
Be our joys three-parts pain!
Strive and hold cheer the strain;
Learn, nor account the pang; dare never
Grudge the throw!

(चिंतामणि, भाग-2, पृ. 40)

(2)

("किस प्रकार उस 'परोक्ष हृदय' का आभास ईसाई मत ने पहले पहल संसार की भिन्न-भिन्न जातियों को दिया, इसका वर्णन अंग्रेज कवि ब्राउनिंग ने बड़े मार्मिक ढंग से किया है। कारसिश नामक एक विद्वान अरब हकीम की भेंट लाजरस नामक एक यहूदी से होती है जो अपनी जाति के एक ईसाई हकीम द्वारा अपने मरकर जिलाए जाने की बात कहता है और ईसाई मत के प्रेमतत्त्व का संदेश भी सुनाता है। अरब हकीम उस यहूदी से मिलने का वृत्तांत अपने एक मित्र को लिखते हुए उक्त प्रेममार्ग की चर्चा इस प्रकार करता है–")

The very God! think Abib! dust thou think ?
So the all-great were all-loving too–
So, through the thunder comes a human voice,
Saying, 'O heart I made, a heart beats here!
Face, my hands fashioned, see it in myself.

thou hast no power, nor mayest concieve of mine.
But love I gave thee with myself to love,
And thou must love me who have died for thee.

(भावार्थ–हबीब! सोचो तो; वही सर्वशक्तिमान् ईश्वर प्रेममय है। मेघगर्जन के बीच से मनुष्य का सा यह स्वर सुनाई पड़ता है–हे मेरे बनाए हुए हृदय! इधर भी हृदय है। हे मेरे बनाए हुए मुखड़े! मुझमें भी मुखड़ा देख। तुझमें शक्ति नहीं है और न तू मेरी शक्ति का अनुमान कर सकता है। पर प्रेम मैंने तुझको दिया है कि तू मुझसे प्रेम कर जो तेरे लिए मर चुका है।)

(जायसी, भूमिका, पृ. 132-33)

डब्ल्यू. बी. ईट्स

(1)

Red rose, proud rose, sad rose of all my days!

Come near, that no more blinded by man's fate,
I find under the boughs of lone and had hate,
In all poor foolish things that live a day,
Eternal beauty wandering on her way.

("लाल गुलाब, गर्वीले गुलाब, मेरे सब दिन के उदास गुलाब! पास आओ, जिसमें मनुष्य की गति देखकर मुझमें जो अंधापन आ जाता है वह दूर हो और मैं राग और द्वेष की नाना शाखाओं के तले बैठा हुआ बेचारी इन सब क्षण-भर रहनेवाली मुग्ध वस्तुओं में अनंत सौन्दर्य की अनंत गति का दर्शन करूँ।")

(उद्‌धृत, चिंतामणि, भाग-2, पृ. 70-71)

I said, 'A line will take us ours may be;
Yet if it does not seem a moments's thought,
Our stitching and unstitching has been knot.'

(उद्‌धृत, चिंतामणि, भाग-2, पृ. 94, शुक्लजी ने यहाँ हिंदी भावानुवाद तो नहीं दिया है लेकिन इस पर टिप्पणी करते हुए लिखा है, "ईट्स ने इस बात का खंडन जोर के साथ किया है कि कवियों में भावना एकबारगी आती जाती

है और वे लिखते जाते हैं। स्वयं ईट्स अपनी कविताओं की बहुत काट-छाँट करते हैं, यहाँ तक कि दूसरे संस्करण में उनकी बहुत-सी कविताएँ बदली हुई मिलती हैं।")

मिस रोज मकाले

Only through a creek in the doors blind face
He would reach a thieving hand,
To draw some clue to his own strange place
From the other land.
But his closed hand came back emptyly
As a dream drops from him who wakes;
And not might he know but how a muffled sea
In whispers breaks.
On either side of a gray barrier,
The two blind countries lie,
But he knew not which held him prisoner,
Nor yet know I.

(उद्धृत, चिंतामणि, भाग-2, पृ. 96 शुक्लजी ने इसका भी भावानुवाद नहीं दिया है लेकिन इसे उद्धृत करने से पहले जो टिप्पणी की है, वह यह है–
"जिन्होंने (मिस रोज मकाले ने) 1914 ई. में 'दो अंध देश' (दि टू ब्लांइड कंट्रीज') नाम की एक छोटी सी पुस्तक में अपनी कविताओं का संग्रह निकाला है। इसमें उन्होंने नाना सुंदर रूपों और व्यापारों से जगमगाते हुए इस भौतिक जगत् का बड़ी सहृदयता से निरीक्षण किया है पर इसे चारों ओर वेष्टित किए हुए एक दूसरा मंडल या जगत् भी उन्हें दिखाई पड़ा है जो भौतिक न होने पर भी सत्य है। इस अभौतिक जगत् का उन्हें इतना प्रत्यक्ष आभास मिलता है कि कभी-कभी वे संदेह में पड़ जाती हैं कि वे दोनों में से किस जगत् की हैं। उनके देखने में नाना कौतुकपूर्ण रूपों से युक्त इस छायामय जगत् में आत्मा एक परदेसी की तरह घूमती फिरती आ जाती है। यहाँ वह ज्ञान द्वार की दूसरी ओर से (अर्थात् अगोचर जगत् से) किसी और ही जगत् के लोगों की परदे में दबी हुई सी वाणी आती हुई सुना करती हैं।")

अबर क्रोम्बे

(1)

The fool's adveture (मूर्ख का अनुसंधान साहस)
...poor fool,
And did'st thee think this present sensible world was God?
It is a name....
The name Lord God chooses to go by, made in
Language of stars and heavens and life.

("अरे मूर्ख! तूने क्या इस प्रस्तुत गोचर जगत् को ब्रह्म समझा था ? यह तो आकाश, नक्षत्र और जीवन रूपी भाषा में व्यक्त एक नाम है जो अपने लिए उसने रख लिया है।" उद्‌धृत, चिंतामणि, भाग-2, पृ. 57)

Seeker-Then thou art God?
Within-A many call me so.
And yet, though words were never large enough to take me
made, I have a better name.
Seaker--Then truely who art thou ?
Within–I am thyself.

("जिज्ञासु–तो फिर तू ही ब्रह्म है ?
अन्तर्वाणी–हाँ, बहुत लोग ऐसा ही कहते हैं। फिर भी, यद्यपि शब्दों के भीतर मेरा स्वरूप नहीं आ सकता, मेरा इससे अच्छा नाम भी है।
जिज्ञासु–फिर तू है कौन ?
अन्तर्वाणी–मैं तू ही हूँ (तेरी आत्मा हूँ)।")

(उद्‌धृत, चिंतामणि, भाग-2, पृ. 58)

तुरीयावस्था (The trance)

(3)

"मैं निश्चय (जिसका सम्बन्ध बुद्धि या विचार से होता है) के ऊपर उठ गया था, काल से परे हो गया था। दिक् के ज्योतिष्क मंडलों से तथा उस कोने से जिसे चेतना या ज्ञान कहते हैं, बिल्कुल बाहर हो गया था। उस दशा

में हे प्रभो! क्या मैं तुम्हारे बीच में नहीं था।"

I was exalted above surety
And out of time did fall
I stood outside the burning rims of place,
Outside that corner, conciousness.
Then was I not in the midst of Thee Lord God?

(उद्धृत, चिंतामणि, भाग-2, पृ. 58)

(4)

(नीचे की पंक्तियाँ उद्धृत करने से पहले शुक्लजी टिप्पणी करते हैं—"उक्त ज्ञानातीत (ट्रैंसेडेंटल) दशा से—चाहे वह कोई दशा हो या न हो—काव्य का कोई सम्बन्ध नहीं है। स्वयं अबर क्रोम्बे ने ही अपनी एक दूसरी कविता 'शरीर और आत्मा' (सोल एंड बाडी) में, काव्य की वास्तविक भूमि क्या है, इसका आभास दिया है। उस कविता में, आत्मा इस 'चेतना के तंग घेरे' से बाहर होने के लिए मनोमय कोश (ज्ञानेन्द्रियाँ और मन जिनसे सांसारिक विषयों की प्रतीति होती है) को फेंका ही चाहती है कि शरीर उसको चेतावनी देता है कि ऐसा करने से—")

"तू इस विस्मयपूर्ण आनद को खो बैठेगा जिसे मैंने अपनी विषय विधायिनी इंद्रियों द्वारा इस प्रिय जगत् में खड़ा कर रखा है। फिर यह नीलहरित, यह सौरभ, यह संगीत कहाँ ? फिर यह शाद्वल प्रसार, यह मंद प्रशांत अनिल स्पर्श और ढलते सूर्य का स्वर्णाभ विराम कहाँ ? फिर ये ऊँची उठी हुई पर्वतों की चोटियाँ कहाँ, जो आँखों पर कुहरे की पट्टी बांधे (ध्यानावस्थित हो) मानो नित्य और दिव्य अनाहत स्वर सुन रही हैं।"

Thou wilt miss the wonder I have made for thee
Of this dear world with my fashioning senses–
The blue, the fragrance, the singing and the green.

Great spaces of grassy land, and all the air
One quiet, the sun taking golden case
Upon an afternoon tall hills that stand in weather-blinded trances
As if they heared drawn upward and held there
Some God's eternal tune.

(उद्धृत, चिंतामणि, भाग-2, पृ. 59)

(5)

(नीचे की पंक्तियाँ अबर क्रोम्बे की कविता 'संत थूमा का आत्मविक्रय' (सेल आव सेंट टामस) से उद्‌धृत करने से पहले शुक्लजी की टिप्पणी ध्यान देने योग्य है, "ईसाइयों में एक प्रवाद प्रचलित है कि ईसा के चेले थूमा दक्षिण भारत में उपदेश करने आए थे। उसी प्रवाद के आधार पर यह कविता पर रची गई है। ईसा थूमा को भारतवर्ष में प्रचार के लिए भेजते हैं और वे भाग भाग आते हैं। जब वे दूसरी बार भागने पर होते हैं तब हजरत ईसा उनसे कहते हैं–")

"थूमा! अपना पाप समझो। तुम डर से नहीं भागे हो, न! आदमी एक बार डर से सिटपिटाता है, पर फिर साहस करके सब प्रकार की आपत्तियाँ झेलने के लिए तैयार हो जाता है। तुम भागे हो अपनी बुद्धिमानी और दूरदर्शिता के कारण। यह बुद्धिमानी भी बड़ा भारी पाप है क्योंकि यह मनुष्य की अंतःप्रकृति में निहित अज्ञात शक्तिपथों पर विश्वास नहीं करने देती। उनकी प्रेरणाओं को यह सस्ते अनुभवलब्ध विवेचन के पलड़े पर रखकर तोलती है। यह लालसा को ज्ञान या विचार के घेरे में डालकर संकुचित करती है। पर यह समझ रखो कि मनुष्य उतना ही बड़ा हो सकता है जितना बड़ा उसका अभिलाष होगा। अतः आत्मदृष्टि उतनी ही दूर तक बँधी न रखो जितनी दूर तक तुम्हारे ज्ञान और बुद्धि के दीपक का प्रकाश पहुँचता है। अपनी लालसा को अज्ञात के अंधकार की ओर छानबीन करने के लिए बढ़ाओ। संभव को जानकर उसके बाहर अनहोनी बातों और असंभव लक्ष्यों की ओर बढ़ो। धीरे धीरे तुम देखोगे कि तुम्हारी ज्ञान की लालसा का क्षेत्र भी आप से आप वैसा ही व्यापक हो जाएगा।"

(उद्‌धृत, चिंतामणि, भाग-2, पृ. 59-60)

(6)

The eternal wedding

नित्य का संयोग

....so we are driven
Onward and upward, in a wind of beauty,
Until man's race will be welded by its joy
Into some high incomparable day,
Where perfectly delight may know itself-
No longer need a strife to know itself ·
Only by prevailing over pain.

("हम सौंदर्य की वायु में पड़े बराबर आगे और ऊँचे बढ़ते जाते हैं। इस प्रकार मनुष्य जाति अंत में वह अनुपम दिन देखेगी जब आनंद अपनी अनुभूति आप अकेले कर लेगा—इस अनुभूति के लिए उसे किसी प्रकार के द्वंद्व की अपेक्षा न होगी। आनंद स्वयंप्रकाश होगा, केवल क्लेश के परिहार के रूप में न होगा।")

(उद्धृत, चिंतामणि, भाग-2, पृ. 61-62)

(7)

(नीचे की पंक्तियाँ उद्धृत करते हुए शुक्लजी ने टिप्पणी की, "अबर क्रोम्बे ने अपनी 'निकास' (ऐन एस्केप) नाम की कविता में असीम और ससीम के अभिलाष के जिस द्वंद्व का वर्णन बड़े रमणीय रूप विधान के साथ किया है, वह वास्तव में—भारतीय दृष्टि से—व्यक्त और गोचर के प्रति ही है।")

Desire of infinite things, desire of fine it—'tis
The races of the twin makes men.
—As two young winds schooled among the slopes
and voes of rival hills that each to other look.
Across a sunken torn on a still day,
run forth from their sundered nurserries, and meet
in the middle air...
And when they close, their struggle is called men.
Distressing with his strife and flurry the blade
Pool of existance, that lay quiet before
Holding the calm watch of eternity.

(उद्धृत, चिंतामणि, भाग-2, पृ. 66-67)

पोप

The lamb thy riot dooms to bleed today,
Had he the reason, would he skip and play ?
Pleased to the last he crops the flow'ry food,
And licks the hand just raised to shed his blood,
The blindness to the future kindly given.

(पोप की 'एसे ऑन मैन' शीर्षक कविता का यह अंश शुक्लजी ने 'चिंतामणि' भाग-1 में 'कविता क्या है?' शीर्षक निबंध में पृ. 122 पर उद्धृत किया है। इसका शुक्लजी का किया हुआ काव्यानुवाद परिशिष्ट-क में संकलित है।)

ई. ई. कमिंग्ज

Sunset

Stinging
gold swames
upon the spires
silver
chants the litanies the
great bells are ringing with rose
the lewd fat bells
and a tall
wind
is dragging
the
sea
with
dream
S

(यह कविता शुक्लजी ने 'चिंतामणि' भाग-2 में पृ. 184 पर 'काव्य में अभिव्यंजनावाद' वाले प्रसिद्ध भाषण में उद्धृत की है। इसका जो अत्यंत रचनात्मक हिंदी काव्यानुवाद शुक्लजी ने प्रस्तुत किया था वह 'परिशिष्ट-क' में संकलित है।)

संदर्भ ग्रंथ

1. हिन्दी साहित्य का इतिहास, रामचंद्र शुक्ल, 17वाँ पुनर्मुद्रण, 2029 वि., ना. प्र. स. वाराणसी।
2. जायसी ग्रंथावली, रामचंद्र शुक्ल, 14वाँ संस्करण, ना. प्र. स. वाराणसी।
3. गोस्वामी तुलसीदास, रामचंद्र शुक्ल, 14वाँ संस्करण, ना. प्र. स., वाराणसी।
4. सूरदास, रामचंद्र शुक्ल, सातवाँ संस्करण, ना. प्र. स., वाराणसी।
5. रसमीमांसा, रामचंद्र शुक्ल, चौथा संस्करण, ना. प्र. स., वाराणसी।
6. चिंतामणि, भाग-1, रामचंद्र शुक्ल, 1975, इंडियन प्रेस (पब्लिकेशंस) प्रा. लि. इलाहाबाद।
7. चिंतामणि, भाग-2, रामचंद्र शुक्ल, सं. 2029 वि., नवीन संस्करण, ना. प्र. स., वाराणसी।
8. चिंतामणि, भाग-3, रामचंद्र शुक्ल, प्रथम संस्करण, 1983, राजकमल प्रकाशन, नई दिल्ली।
9. साहित्य दर्पण (विमला टीका : शालिग्राम शास्त्री), नवम संस्करण 1977, पुनर्मुद्रण 1982, मोतीलाल बनारसीदास, दिल्ली।

●●●